◎国家教育考试科研规划2021年度重点课题（GJK2021008）

◎2022年广东省"新强师工程"示范培训项目

◎2021年广东省教学质量与教学改革工程项目（粤教高函〔2021〕29号）

◎广东省高等教育教学改革项目（粤教高函〔2020〕20号）

◎广东省"十三五"教育规划项目（2020GXJK100）

新课程背景下的
新高考数学内容研究

苏洪雨　著

中南大学出版社
www.csupress.com.cn

·长沙·

图书在版编目 (CIP) 数据

新课程背景下的新高考数学内容研究 / 苏洪雨著
.—长沙：中南大学出版社，2024.3

ISBN 978-7-5487-5624-8

Ⅰ.①新… Ⅱ.①苏… Ⅲ.①中学数学课—教学研究
—高中 Ⅳ.① G633.602

中国国家版本馆 CIP 数据核字 (2023) 第215827号

新课程背景下的新高考数学内容研究

XIN KECHENG BEIJING XIA DE XIN GAOKAO SHUXUE NEIRONG YANJIU

苏洪雨　著

□出 版 人	林绵优	
□责任编辑	浦　石	
□责任印制	李月腾	
□出版发行	中南大学出版社	
	社址：长沙市麓山南路	邮编：410083
	发行科电话：0731-88876770	传真：0731-88710482
□印　　装	湖南省众鑫印务有限公司	

□开　　本	710 mm × 1000 mm 1/16	□印张 15.75	□字数 265千字
□版　　次	2024年3月第1版	□印次 2024年3月第1次印刷	
□书　　号	ISBN 978-7-5487-5624-8		
□定　　价	88.00元		

第二，详细分析了高中数学课程的基本理念。对于每一个理念进行解析，并探讨数学核心素养与课程宗旨的关联。课程理念的剖析可以帮助教师更好的理解新课程的思想与本质，从而为教学做好准备，例如"把握数学本质"是展开"基于情境、问题导向、深度思维、高度参与"教学的大前提，创设合适的教学情境，启发学生思考，引导学生把握数学内容的本质。而数学核心素养与课程内容的关联分析是帮助教学能够把理念和学生核心素养培养建立联系。

第三，对高中数学新课程目标和新高考之间的关系进行分析。新课程从"四基""四能""数学核心素养"等多个角度阐述了课程总目标，这些目标的设定为高考改革指明了方向，通过分析近年来的新高考试题，可以探讨二者的紧密关系，也为高考内容分析提供研究基础。

第四，详细分析高中数学新课程结构。相比较于原来的课程，新课程在结构上进行了较大的调整，必修课和选修课都与以往有很大的不同。从课程的构成和定位两个方面进行讨论，也分析了数学文化如何融入课程内容。对于课程结构的理解可以从整体上把握高中数学课程，也有助于单元教学。

第五，从新课程的角度研究高考数学内容。高考内容包括必修课程和选择性必修课程，这是高中新课程的主干知识，也是高考的核心内容。对这些内容的详细分析，可以先从知识结构进行理解，再对相关的概念、定理、法则等进行讨论，分析教学的重点和难点，并对核心素养进行解读，提出教学建议，进行知识拓展等。新课程是新高考命题的基础，也是数学教学的根本，因此，这部分的研究有助于新课程改革的不断推进。

第六，从新高考研究的视角提出高中数学教学建议，包括学习评价和教学评价等问题。新高考基于数学核心素养命题，要遵循新课程的命题建议，在此分析了命题原则和命题路径，并通过对相关的高考题目分析，展示了命题特点，这也提出了新高考改革中教师专业发展的问题。

随着新课程改革的不断发展，新高考的改革也在不断推进。这也促使教师对新高考的数学内容有着更多的研究。由于时间关系，上述的研究可能还有很多不足之处，在后续的理论分析和教学实践中，对于新课程与新高考将开展更多的讨论，希望能够对数学教学提供一定的参考。

前　言

2013年11月党的十八届三中全会审议通过了《中共中央关于全面深化改革若干重大问题的决定》，提出推进考试招生制度改革，探索招生和考试相对分离、学生考试多次选择、学校依法自主招生、专业机构组织实施、政府宏观管理、社会参与监督的运行机制，从根本上解决一考定终身的弊端。2019年，江苏、福建、湖北、湖南、广东等8省市发布高考综合改革实施方案。新高考改革方案规定不分文理科，高考数学试题也不分理科卷和文科卷。同时，高考内容也发生变革，从"考知识"向"考能力素养"转变。强化在高考命题中落实立德树人根本任务，突出关键能力和核心素养考查，增强试题的应用性、探究性、开放性，引导学生在独立思考、解决实际问题中建构知识、培养能力、提升素养。加强考教衔接，依据高中课程标准命题，降低机械刷题，引导教学回归课标、回归课堂。

高考内容和形式的改革促进了数学课程和教学的发展。高中数学新课程以学生发展为本，立德树人，提升学生数学核心素养；在原有的基础上，优化课程结构，突出主线，精选教学内容，把握数学本质，启发思考，改进教学，重视过程评价，聚焦素养，提高质量。高中数学教材基于新课程标准要求，在课程体系、结构、内容等多方面进行了改革，体现了数学的本质，注重了现实情境设计，从发展学生数学建模素养和数学探究能力的角度进行编写，对高中数学教学提出了新的要求，例如，注重数学阅读、问题表征、探究过程等。新课程与新高考相辅相成，互相促进发展。在新课程的背景下，有必要对新高考数学内容进行深入研究，从而提升数学教学质量，促进学生数学核心素养发展。

《新课程背景下的新高考数学内容研究》包括六个部分：

第一，对于新课程改革的背景进行了详细分析，课程思想以立德树人为核心，从社会发展对数学的需要和解决高中课改中的问题，以及高考改革衔接等多方面进行讨论。

目　　录

第1章 高中数学新课程改革背景

2018年1月,《普通高中数学课程标准(2017年版)》〔以下简称《课标(2017年版)》〕正式颁布,《课标(2017年版)》在课程结构、课程理念、课程内容、课程实施方面发生了很大的变化。在此,从课程指导思想层面,对课程改革的背景,尤其是对党的教育方针和教育思想进行分析;从新时代发展的角度,探讨经济、科技和社会生活对数学的需求,以及新时代对提高全民素质和人才质量培养的新要求;从数学教学实践上,解决高中课改突出问题的需要,对课改的基本理念、教材编写的基本思路、数学教学等进行剖析;更为重要的是与考试评价合理衔接,促进教学评一体化。

1.1 落实立德树人根本任务的需要

教育的根本任务在于"育人",而要"育人"就必须把"立德"作为第一要务。"立德"既是"树人"的前提条件,也是"树人"题中应有之义。新一轮课程改革,也正是旨在更好地实现立德树人的教育目标而开展的。党的十九大明确提出:"要全面贯彻党的教育方针,落实立德树人根本任务,发展素质教育,推进教育公平,培养德智体美全面发展的社会主义建设者和接班人。"从国家发展层面来讲,落实立德树人根本任务的本源问题是"培养什么人、怎样培养人、为谁培养人"。从教育的本质层面来讲,需要厘清教育的真正目的。数学家、教育家怀特海说:"我们的目标是要塑造既有广泛的文化修养又在某个特殊方面有专业知识的人才,他们的专业知识可以给他们进步、腾飞的基础,而他们所具有的广泛的文化,使他们有哲学般深邃,又有艺术般高雅。"即教育的目的是激发和引导人的自我发展之路。数学学科在当今社会发展中已经从幕后走到台前,其在社会、经济和科技发展中起到基础且关键作用。因此,对学生数学价值观、数学能力和数学品格的数学核心素养培养,也即数学"立德树人"教育,在人的理性思维、科学精神和促进个人智力发展的过程中起到不可替代的作用，具有不可估量的价值①。

我国新一轮基础教育课程改革强调不仅注重学生的基础知识、基本技能及各种基本能力（包括创新能力、实践能力和主体精神）的培养，更加注重国家公民和世界公民的培养、注重学生个性的培养、注重学生适应信息化社会的能力的培养，尤其要重视德育，培养具有"道德理性"的全面发展的人②。

数学学科具有独特的魅力，在落实立德树人根本任务的过程中，可以培养学生"讲理"的德行，"守规"的习惯；数学的理性精神之根本就是求真、求善、求美。数学课程应该让学生真实地面对数学家们当初面对的情境，经历发现问题、提出问题、分析问题、解决问题的全过程，在教学过程中让学生体验经典的数学问题，让学生欣赏一些与学习内容相关的经典数学问题，就可以让学生较为充分地感受到数学的真善美。数学学科立德树人的价值还深刻体现在数学的观念、思想和方法中，甚至是由此获得的结论的奇异、美妙之中，体现在其巨大的创新、创造（发现）的功能上，而数学家们在观念、思想和方法的创新、创造的过程中表现出的科学精神，即理性思维、批判质疑、勇于探究的精神与品质也正是"立德树人"根本任务的重要内容③。基于立德树人的数学教学，要帮助学生掌握现代生活和进一步学习所必需的数学知识、技能、思想和方法；提升学生的数学素养，引导学生会用数学眼光观察世界，会用数学思维思考世界，会用数学语言表达世界；促进学生思维能力、实践能力和创新意识的发展；在学生形成正确世界观、人生观、价值观等方面发挥独特作用。

1.2 新时代发展对数学的需要

《课标（2017年版）》认为：面对经济、科技的迅猛发展和社会生活的深刻变化，面对新时代社会主要矛盾的转化，面对新时代对提高全体国民素质和人才培养质量的新要求，面对我国高中阶段教育基本普及的新形势，普通高中课程方案

---

① 张永华. 高中数学课程开展"立德树人"的整体设计 [J]. 上海中学数学，2021（10）：1-4.

② 彭张力，冯文全，夏茂林. 立德树人视角下对基础教育新课程实施问题的思考 [J]. 现代教育科学，2018（5）：99-105.

③ 石志群. 数学教学如何"立德树人" [J]. 数学通报，2022，61（1）：24-26, 32.

和课程标准实验稿还有一些不相适应和亟待改进之处[①]。

　　数学是研究数量关系和空间形式的一门科学。数学源于对现实世界的抽象，基于抽象结构，通过符号运算、形式推理、模型构建等，理解和表达现实世界中事物的本质、关系和规律。数学与人类生活和社会发展紧密关联。数学不仅是运算和推理的工具，还是表达和交流的语言。数学承载着思想和文化，是人类文明的重要组成部分。数学是自然科学的重要基础，并且在社会科学中发挥越来越大的作用，数学的应用已渗透到现代社会及人们日常生活的各个方面。随着现代科学技术特别是计算机科学、人工智能的迅猛发展，人们获取数据和处理数据的能力都得到很大的提升。伴随着大数据时代的到来，人们常常需要对网络、文本、声音、图象等反映的信息进行数字化处理，这使数学的研究领域与应用领域得到极大拓展。数学直接为社会创造价值，推动社会生产力的发展。

1.2.1　经济、科技和社会生活的迅猛发展

　　随着我国经济体制改革的深入，经济获得了前所未有的发展机会，并逐渐步入了发展的快车道，在这个过程中，数学的运用也越来越多。企业进行金融经济分析时，要充分利用数学的功能与价值，在确定其量化的价值与辅助性的前提下，运用导数、微分方程、函数模型、极限理论等经济学理论，以使企业能够更好地进行金融经济活动，以适应目前的金融市场和环境。数学，作为一门核心的基础科学，在探索客观自然规律、解决当代社会发展中的重要应用问题、推动社会生产力的发展方面发挥着日益重要的作用。丘成桐院士呼吁，要重视数学和基本科学在应用科学中的重要性。在他看来，互联网、人工智能等技术，其背后的重要工具其实都是数学[②]。

　　随着大国竞争的加剧，我国在科技发展领域面临着前所未有的挑战，从芯片到软件，从5G网络到人工智能，一些发展与超越中的"卡脖子""核心"技术问题，都需要我们自主创新发展，并获得自主知识产权。2020年9月11日，习近平总书记在科学家座谈会上深刻指出，国家科技创新力的根本源泉在于人，全部科技

---

① 中华人民共和国教育部.普通高中数学课程标准（2017年版）[S].北京：人民教育出版社，2018：3.

② 杜莹，许胜.南京应用数学中心建设成果显著[N].南京日报，2022-08-08（A02）.

史都证明，谁拥有了一流创新人才、拥有了一流科学家，谁就能在科技创新中占据优势。国家的竞争靠科技，科技的发展靠创新，培养创新人才已经成为当今教育的核心任务。数学作为基础学科，可以说是地位超然，在现代信息社会中的作用举足轻重。任正非在一次采访中27次提到数学，他甚至语出惊人："中国要踏踏实实在数学、物理、化学、神经学、脑科学……各方面努力去改变，我们才可能在这个世界上站起来。"数学教育既要使学生掌握现代生活和学习中所需要的数学知识与技能，更要发挥数学在培养人的理性思维和创新能力方面的不可替代的作用。当前为了迎接挑战，我们必须更加重视数学在构建信息社会底层技术上的作用，重视数学在培养科技创新人才方面的价值[①]。

现代社会生活和生产的变化一日千里，社会的发展带来了社会生活方式、内容以及节奏的变化，这样的变化与数学有密切联系。数学对社会发展的影响说明了数学在社会发展中的地位和作用，同时也反映出在未来社会中，人们在数学方面应具备更高的素养，社会的发展对数学课程提出新的更高的要求。随着现代社会发展，对数学的需求范围越来越大，也越来越深刻，数学课程改革随着这种需求的增长而日益艰巨，任重道远。然而，唯有改革才能使数学课程适应社会的发展，才能培养出满足新世纪需要的合格公民。

1.2.2　新时代社会主要矛盾的变化

新时代我国社会主要矛盾是人民日益增长的美好生活需要和不平衡不充分的发展之间的矛盾，必须坚持以人民为中心的发展思想，发展全过程人民民主，推动人的全面发展、全体人民共同富裕取得更为明显的实质性进展。要抓住主要矛盾，明确主要任务，在继续推动发展的基础上，大力提升发展质量和效益，更好满足人民在经济、政治、文化、社会、生态文明等方面日益增长的需要，更好推动人的全面发展、社会全面进步。新时代我国社会主要矛盾的变化是关系全局的历史性变化，对党和国家工作提出了许多新要求。

数学在解决新时代社会主要矛盾的过程中有着重要的价值。数学学科作为培养创新等高级思维能力的学科，是核心素养课程体系的左膀右臂。数学学科的进步离不开大量的数学人才储备。班杜拉的社会学习理论认为，如果学习在年龄、

---

① 王晓波.数学，为科技创新人才成长奠基[J].中小学信息技术教育，2020（10）：8.

兴趣、性别和时代以及社会背景下与学生更加相似，则会更加引起学生的共鸣。数学学科比其他人文学科更加抽象，在几何问题上更加需要空间想象能力。在数学学科中纳入文化理解，学生在学习中感受到的文化包容可以转换为学生学习数学的动力。

1.2.3　新时代对提高全民素质和人才质量培养的新要求

公民科学素质是实施创新驱动发展战略的基础，是国家综合国力的体现。要坚持"政府推动、全民参与、提升素质、促进和谐"的工作方针，围绕"节约能源资源、保护生态环境、保障安全健康、促进创新创造"的工作主题，继承创新、拓展提升，开放协同、普惠共享，精准发力、全面跨越，推动科技教育、传播与普及，扎实推进全民科学素质工作，激发大众创业创新的热情和潜力，为创新驱动发展、夺取全面建成小康社会决胜阶段伟大胜利筑牢公民科学素质基础。在"十四五"开局起步之际，国务院印发了《全民科学素质行动规划纲要（2021—2035年）》（以下简称《纲要》）。《纲要》以提高全民科学素质服务高质量发展为目标，以践行社会主义核心价值观、弘扬科学精神为主线，以深化科普供给侧改革为重点，对当前和今后一个时期科学素质建设做出系统全面规划。当今世界正经历百年未有之大变局，新一轮科技革命和产业变革深入发展，国际环境不稳定性不确定性明显增加，我国已转向高质量发展阶段，正在加快构建新发展格局。习近平总书记强调："现在，我国经济社会发展和民生改善比过去任何时候都更加需要科学技术解决方案，都更加需要增强创新这个第一动力。"要深刻认识到，科技创新、科学普及是实现创新发展的两翼，要把科学普及放在与科技创新同等重要的位置。站在新的历史起点上，开启新的伟大征程，科学素质建设要担当更加重要的使命。围绕在更高水平上满足人民对美好生活的新需求，围绕构建新发展格局，围绕加强和创新社会治理，围绕形成对外开放新格局，着力打造社会化协同、智慧化传播、规范化建设和国际化合作的科学素质建设生态，提高全民科学素质服务高质量发展，为全面建成社会主义现代化强国提供基础支撑。

数学的学科特征对于提高全民素质和人才质量培养起着重要的作用。数学是科学的工具，在人类物质文明的进程中已充分显示出其实用价值。数学更是一种文化，是人类智慧的结晶，其价值已渗透到人类社会的每一个角落。数学本质的这种双重性决定了作为教育任务的数学价值取向应是多极的。数学教育不仅是知识的传授，能力的培养，而且是一种文化的熏陶，素质的培养。通过数学的思想和精神提升人的精神生活，培养既有健全的人格又有生产技能，既有明确生活目标、高雅审美情趣又能创造、懂得生活的人，把传递人类文化的价值观念和伦理道德规范与传授数学知识有机地结合起来，以实现人文教育与科学教育的整合 [①]。

1.3　解决高中课改突出问题的需要

　　2003年教育部印发的普通高中课程方案和课程标准实验稿，指导了十余年的普通高中课程改革实践，坚持了正确的改革方向和先进的教育理念，基本建立起适合我国国情、适应时代发展要求的普通高中课程体系，促进了教育观念的更新，推进了人才培养模式的变革，提升了教师队伍的整体水平，有效推动了考试评价制度的改革，为我国基础教育质量的提高做出了积极贡献。在实践中也反映出一些问题与不足，比如，对高中教育的定位、性质与任务的认识有待深入，课程结构及必修与选修的比例不尽合理，课程方案、选课制度与高考匹配度不高，课程标准的操作性不强，课程实施缺乏有效的条件保障等。现行普通高中课程实施十余年来，特别是党的十八大以来，我国社会主义现代化建设取得了历史性成就，经济、社会、教育发生了历史性变革，高中教育基本普及，社会主要矛盾转化，中国特色社会主义进入新时代。新时代对提高全体国民素质和人才培养质量提出了新要求，对高中教育提出了新要求。课程具有鲜明的时代特征，课程必须与时俱进 [②]。

1.3.1　以往课程内容过多

　　《普通高中数学课程标准（实验）》（以下简称《课标（实验）》）自2003年颁布并实施，已经过约20年的实践检验，在课程内容设置方面，将高中数学课程分为各个模块，这些模块组成一个整体，数学自身构成一个学习的领域。必修和限定选修、任意选修课程的内容也是通过各个模块来实现的。不同的内容也可组成一个模块来学习，例如，"数学1"由集合与基本初等函数Ⅰ（指数函数、对数函

---

① 曹一鸣.数学素质教育的价值取向：科学与人文价值的整合 [J].数学教师，1996（9）：5-6.

② 王湛.为新时代高中教育绘制育人蓝图：谈普通高中课程方案和课程标准修订工作 [J].人民教育，2018（Z1）：33-36.

数、幂函数）等构成，不再划分科目。《课标（实验）》将高中数学课程安排在各个模块中，打破了数学知识的领域界限，再对同一领域的内容进行分散处理，将函数、几何、运算、算法、应用、统计与概率作为高中数学课程的主要脉络。统一要求采取了模块化课程结构，在安排课程内容时，尽量考虑内容的逻辑联系，使同一模块的内容相对完整，自成体系。但是，由于受模块的限制，内容安排上难免存在一些问题。例如，"数学3"中的算法初步与统计、概率内容之间的逻辑联系不够紧密等。模块化的课程结构，使得同一主题的内容分散在不同模块中，破坏了数学内容之间的逻辑联系。例如，有关函数主题的内容包括函数概念与基本初等函数Ⅰ（指数函数、对数函数、幂函数）、基本初等函数Ⅱ（三角函数）、数列等内容分散在三个模块中，等等。

另外《课标（实验）》比较突出的问题是课程内容过多，主要包括：必修有集合、函数概念与基本初等函数、立体几何初步、平面解析几何初步数学、算法初步、统计、概率、基本初等函数Ⅱ、平面向量、三角恒等变换数学、解三角形、数列、不等式；选修系列1有常用逻辑用语、圆锥曲线方程、导数及其应用、统计案例、推理与证明、数系的扩充与复数的引入、框图；选修系列2有常用逻辑用语、圆锥曲线方程、空间中的向量与立体几何、导数及其应用、推理与证明、数系的扩充与复数的引入、计数原理、统计案例、概率；选修系列3有数学史、信息安全与密码、球面上的几何、对称与群、欧拉公式与闭曲面分类、三等分角与数域扩充；选修系列4有几何证明选讲、矩阵与变换、数列与差分、坐标系与参数方程、不等式选讲、初等数论初步、优选法与试验设计初步、统筹法与图论初步、风险与决策、开关电路与布尔代数。

其中必修内容在高一学期很难完成，而选修系列3和4的内容过于宽泛，很多高中无法开设；由于部分内容高考不考，最后形同虚设。

1.3.2　初高中内容衔接问题

初中和高中数学存在较大的差异，在课程内容表现方面特别明显。初中数学课程以常量为主，较多地侧重于定量计算，而高中数学教材较多地研究变量，不但注重定量计算，而且还常需作定性研究；初中数学教材难度降低幅度较大，而高中由于受客观升学压力和评价标准的影响，实际难度难以下降，且又增加了应用性的知识，因此在一定程度上，反而加大了高、初中数学教材内容的台阶；初中数学较直观形象，对抽象思维能力的培养要求不高，而在高中许多数学内容都需要学生具有较强的抽象思维能力。有的学校重视"初高中衔接教学"问题，为此专门设置学时列入教学任务。《课标（实验）》并没有规划衔接教学内容，也没有分配相应衔接教学学时。因此，有的学校不得不组织课改实验区的学生补初、高中教材衔接的内容。具体而言，初高中衔接存在以下一些问题。

① 关于配方法。修订前的初中新课标要求"理解配方法，会用配方法解简单的数字系数的一元二次方程"，但对于求二次函数图象的顶点，初中新课标中没有要求用配方法，初中新课标的要求是会根据顶点公式坐标确定图形的顶点坐标，且公式不要求记忆和推导。而配方法在高中数学中起到很大的作用。

② 分解因式方面减少了公式，乘法公式只有两个（即平方差、完全平方公式），没有立方和与立方差公式。因式分解的要求降低，只要求提公因式法、公式法（平方差、完全平方公式）；而十字相乘法、分组分解法在初中新课标中不做要求，这是高中要经常用到的两种方法，例如，在证明函数的单调性，求方程、方程组的解、不等式的解，三角恒等变形等常常用到。

③ 多项式相乘仅指一次式相乘，这样为后续的高中教学带来诸多不便，比如会影响到高中阶段二项式定理及其相关内容的教学。

④ 根式的运算（根号内含字母）比较薄弱，值得一提的是分母有理化已不做要求，如果不加强根式运算，对代数恒等变形有一定的影响，以后求圆锥曲线标准方程也就会受到影响。

⑤ 一元二次方程根的判别式、根与系数关系（韦达定理）、二元二次方程组在初中新课标中已消失，而高中的直线与圆锥曲线（包括圆）的综合应用时常常要用到，在涉及函数图象交点问题时也常用到。

⑥ 初中数学新课标中指出：借助数轴理解绝对值的意义，会求有理数的绝对值，特别是"绝对值内不含字母"，那"绝对值内含字母"的怎么办？何时让学生学习与掌握？

⑦ 初中新课标中没有三角形的重心和垂心，这与高考中考查"四心"脱节。

⑧ 初中新课标中没有一元二次不等式，这与高一集合的题中出现大量的一元

二次不等式脱节；与研究函数性质时大量使用不等式工具脱节[①]。

在数学课程实施过程中，高中数学教师普遍认为高中数学课程内容与初中衔接不够，高一开始时不得不花时间补充一些内容，这些问题导致了高中数学教学的困难。新的课程标准有必要对此进行修订，重新调整内容，合理安排课时。

1.3.3 课程标准与高考内容的一致性

课程标准是以往的高考考试大纲的基础，随着新课程改革，取消了高考考试大纲，而课程标准成为高考的主要依据。然而，研究表明，高考数学内容与课程标准的要求存在一定的差异。有的高考试题内容主题与课程标准不一致，教师在教学中跟着高考走。当高考试题对某些内容主题不予考查，教师在教学中可能就不会讲授这些内容，长期下去，就会导致学生知识结构的不完整；试卷认知水平与课程标准不一致可能会导致教师在教学中任意拔高或降低某些数学知识的难度，这也会对学生的学习产生消极影响。而《课标（实验）》在某些方面存在缺陷和不足：课程标准中内容标准与表现性标准混杂，表现性标准的不完整，导致基于课程标准的评价的实施遭遇一些困难。课程标准对其中采用的教育专业术语和名词未进行详细的注释和说明。课程标准对于认知水平的划分稍显粗糙，显然不能满足学生认知过程由低到高的划分，这也在一定程度上限制了评价的一致性[②]。虽然《课标（实验）》对高中数学课程内容、选择性等有明确要求，但没有对考试命题提出要求。在实施过程中，《高考数学考试大纲》执行力高于课程标准甚至代替课程标准，例如，选修3、4系列、数学建模、数学探究等内容的落空。教师在日常教学中，对于《课标（实验）》的重视程度远不如《高考数学考试大纲》，从而导致《课标（实验）》对教学的指导作用没有得到充分发挥。

1.3.4 课程与大学内容衔接问题

《课标（实验）》在课程设置方面采用模块化，其中必修课程由5个模块组成，这是高中毕业的基本要求。选修课程有4个系列，其中系列1、系列2由若干个模

---

① 杨贵武. 初高中数学衔接教学研究 [M]. 长沙：湖南师范大学出版社，2019.

② 项丽红，逯彦周. 2016年全国高考理科数学试题与课程标准一致性研究 [J]. 数学教学研究，2017，36（7）：53-60.

块组成，系列3、系列4由若干专题组成。这样的设置满足不同层次学生的发展需要。虽然各个模块之间存在内在的逻辑联系，但这种逻辑性与以往相比有了较大程度的弱化，而强化了数学的应用性，培养学生在一定基础上的创新能力和数学建模能力，以解决实际问题。而大学数学的内容体系仍然传统地追求严密的逻辑性，注重推理。虽然部分大学教材也做了些调整，加入了实际应用的例子，但跟高中数学的新课改相比还是远远不够的[①]。

1.4 推进与高考改革衔接的需要

2014年9月3日，《国务院关于深化考试招生制度改革的实施意见》指出，深化高考考试内容改革。依据高校人才选拔要求和国家课程标准，科学设计命题内容，增强基础性、综合性，着重考查学生独立思考和运用所学知识分析问题、解决问题的能力。改进评分方式，加强评卷管理，完善成绩报告。加强国家教育考试机构、国家题库和外语能力测评体系建设。2015年起增加使用全国统一命题试卷的省份。改革招生录取机制。探索基于统一高考和高中学业水平考试成绩、参考综合素质评价的多元录取机制。高校要根据自身办学定位和专业培养目标，研究提出对考生高中学业水平考试科目报考要求和综合素质评价使用办法，提前向社会公布。

随着新高考改革方案的出台，数学课程要与之衔接，这就要求课程改革适应高考改革的方案，这也对高中数学课程提出更高的要求。为了落实党的十八大提出的立德树人根本任务，教育部于2014年发布了《关于全面深化课程改革 落实立德树人根本任务的意见》，提出核心素养以及学科核心素养，并且明确要求"研究制定学生发展核心素养体系和学业质量标准"，这也是新课程改革的重要背景之一[②]。课程改革应与评价改革同步，更重要的是用什么考查学生的能力、素养。一个重要的原则是体现数学价值。容易达成共识的数学价值有三个方面：数学是思维体操，促进学生形成好的思维品质；数学是有用的，可以帮助我们发现和解决自然和社会中的问题；数学水平高低反映了人的智力水平，因此几乎每一种考试都会设置数学问题。前两个数学价值更为基础。在这方面，数学考试、评价也有

---

① 陈伟军，南志杰，徐春芬 . 大学数学与高中数学课程内容的衔接 [J]. 内蒙古师范大学学报（教育科学版），2011，24（5）：80-82.

② 史宁中 . 高中数学课程标准修订中的关键问题 [J]. 数学教育学报，2018，27（1）：8-10.

很多需要改进之处，例如，最重要的思维基础是对重要的数学概念的认识和理解，而在考试和日常评价中，对概念认识、理解问题的考查评价是很少的。在数学考试评价中，如何让学生感受到数学是有用的？特别是，如何把数学建模的思路融入试题中？这些都是考试评价改革的方向，也是需要大家共同努力探索的领域①。

---

① 王尚志，吕世虎，张思明．理解《普通高中数学课程标准（2017年版）》的八个关键问题 [J]．人民教育，2018（9）：54-55.

第2章 高中数学新课程的基本理念解析

数学课程基本理念反映出数学教育工作者在数学、数学课程、数学课程内容、数学教学以及评价等方面应具有的基本认识和观念、态度，它是制订和实施数学课程的指导思想[①]。

2.1 对基本理念的总体分析与认识

《课标（实验）》提出了十条基本理念，即构建共同基础，提供发展平台；提供多样课程，适应个性选择；倡导积极主动、勇于探索的学习方式；注重提高学生的数学思维能力；发展学生的数学应用意识；与时俱进地认识"双基"；强调本质，注意适度形式化；体现数学的文化价值；注重信息技术与数学课程的整合；建立合理、科学的评价体系。《课标（2017年版）》提出了四条基本理念，即以学生发展为本，立德树人，提升素养；优化课程结构，突出主线，精选内容；把握数学本质，启发思考，改进教学；重视过程评价，聚焦素养提高质量。

当代数学显现出的一个突出特点就是从幕后走到台前，直接为社会服务，数学的地位进一步提高，数学和现实社会的关系更加紧密。2010年欧洲科学基金会《数学与产业》研究报告认为："如今，学术界和产业界所面临的挑战是如此严峻，以至于只有在数学科学的帮助和参与下才能得以解决""21世纪的大部分科学与工程将建立在数学科学的基础上"。《课标（2017年版）》关注到数学的现代发展趋势，强调指出："数学不仅是运算和推理的工具，还是表达和交流的语言，数学承载着思想和文化，是人类文明的重要组成部分。"从工具、语言、思想、文化、人类文明多个维度上概括了现代数学与人类生活和社会发展的关系，也启示出数学课程应从这些维度多样化地去展现现代数学所具有的价值和功能，形成一些新的

---

① 黄翔，王尚志，张思明等.关于高中数学课程性质与基本理念的新思考 [J].数学教育学报，2018，27（1）：22-26.

数学课程形态。处于大数据时代背景下的数学，借助日新月异的计算机技术的支持，通过对数据的获取、挖掘、处理以及对各种渠道（网络、文本、声音、图象等）来源的信息的数字化处理手段，拓展出数学一片片新的应用天地。即使是像今天势头很热的人工智能的发展，其实也需要数学在其基础理论研究方面提供支持才能走得更远，大数据时代的到来，"史无前例地将数学交叉的重要性以及与各学科融合的统一性上升到一个重要位置"①。数学不仅自身获得了不断前行的动力与活力，历久弥新，而且直接为社会创造着价值，极大地推动着社会生产力的发展。数学发展的这一新的时代性特点不仅拓展着人们的数学观念，也必然会对学校数学课程的构建产生新的影响。

在课程性质部分，《课标（2017年版）》明确了什么是数学、数学的价值和作用，以及高中数学课程的性质——基础性、选择性和发展性。《课标（2017年版）》提出了"提升学生的数学素养，引导学生会用数学眼光观察世界，会用数学思维思考世界，会用数学语言表达世界"，将核心素养定义为"学生应具备的、能够适应终身发展和社会发展需要的必备品格和关键能力"，并且，基于社会参与、自主发展、文化修养三个方面，提出6个条目18个具体指标。为此，课程标准把数学核心素养定义为"学生应具备的、能够适应终身发展和社会发展需要的、与数学有关的思维品质和关键能力"。

在课程结构方面，《课标（2017年版）》采用主题课程结构。分为必修课程、选择性必修课程、选修课程三类，选择性必修课程实际上就是限定性选修课程，选修课程实际上就是任意选修课程。每类课程按函数、几何与代数、概率与统计、数学建模活动与数学探究活动四个主题组织内容。必修、限定性选修课程为高考内容，限定性选修课程不分文理科，对应文理不分科高考，任意选修课程不作为高考内容。必修课程为8学分，比《课标（实验）》减少2学分，选择性必修课程为6学分，选修课程学分上限为6学分。按主题设置课程内容，体现了数学内容的整体性和系统性，突出数学核心概念和主线。特别是增加数学建模活动与数学探究活动主线，对于培养学生发现和提出问题、分析和解决问题的能力，促进学生数学核心素养的形成和发展具有重要作用。从模块到主题，文理不分科，选择多样

---

① 张章. 美发布《2025年的数学科学》报告 [N]. 中国科学报，2013-05-09（3）.

化①。

2.2　以学生发展为本，立德树人，提升核心素养

高中数学课程以学生发展为本，落实立德树人根本任务，培育科学精神和创新意识，提升数学学科核心素养。高中数学课程面向全体学生，实现人人都能获得良好的数学教育，不同的人在数学上得到不同的发展。

2.2.1　理念剖析

这个理念从数学课程的角度简洁而又清晰地呈现出学生发展、立德树人、核心素养这三个最重要的关键词的逻辑关联性和内在本质的一致性。学生为本是方向，立德树人是根本，核心素养是聚焦点，它们之所以如此紧密、和谐地融为一体，就在于这三者都是基于"人的发展"，正是从"人"的发展出发，数学课程必须解决好所有的人和不同的人学习数学的问题，而这在当今的高中数学课程实践中又是必须去面对的问题。借鉴前期数学课改经验（包括义务教育数学课改经验）的基础上凝练出这样的课程理念："人人都能获得良好的数学教育，不同的人在数学上得到不同的发展。"

2.2.2　数学核心素养与课程宗旨的关联

"不同的人在数学上得到不同的发展"既反映了高中数学课程应具有的选择性、多样性特点，更在教育本质上体现了数学教育中对人的主体性地位的回归与尊重，更强调正视学生的差异，尊重学生的个性，鼓励学生自主地、多样化地发展。高中阶段数学教育不是面向部分学生的，而是面向全体学生的；不是精英教育，而是大众教育；不是自然淘汰、适者生存的教育，而是人人受益、人人成长的教育。对"良好的数学教育"这个用语其内涵丰富，可从多方面去理解。针对当前高中数学教育的实际和新时代发展要求，更应强调的是以下几点：一是适合、满足学生发展的数学教育才是良好的数学教育。高中数学教育对于每一个学生的人生发展具有极其重要的作用，因此，它不是去选拔适合数学教育的学生，而是为

① 吕世虎，江静，李俊彦.《普通高中数学课程标准（2017年版）》课程结构与内容的变化[J]. 数学教学研究，2018，37（2）：2-7，17.

每一个学生提供适合他们学习、满足未来发展的教育。二是全面实现育人目标的教育才是良好的数学教育。它应克服单纯训练高考应试技能的倾向，不仅关注数学知识、技能的传授，也关注数学思想的感悟及活动经验的积累；不仅关注数学能力的培养，也关注学生的情感态度、价值观的培养，不断在数学核心素养上得到全面提升。三是促进公平、注重质量的教育才是良好的数学教育。尽管追求教育的公平性从来都是办教育的指导思想，但在数学教育实践中是否真正做到了这一点？特别是在高中数学教学的现实中，进行高考训练所产生的区分性、筛选性被无限放大，客观造成了高中数学教学对所有学生来说，在学习机会、课程资源享受、学习评价等方面并不是均等和公平的状况，这在一些发展相对滞后的地区、学校显得尤为突出，这是深化高中课改中必须正视的问题。

2.3　优化课程结构，突出主线，精选内容

高中数学课程体现社会发展的需求、数学学科的特征和学生的认知规律，发展学生数学学科核心素养。优化课程结构，为学生发展提供共同基础和多样化选择；突出数学主线，凸显数学的内在逻辑和思想方法；精选课程内容，处理好数学学科核心素养与知识技能之间的关系；强调数学与生活以及其他学科的联系；提升学生应用数学解决实际问题的能力，同时注重数学文化的渗透。

2.3.1　理念剖析

《课标（实验）》存在的问题包括：内容较为分散，主线较多，范围铺得较大；模块过多，联结性不足；初、高中衔接不够等。这些问题都需要积极面对，加以解决。而从当下高中课改的现实需求来看，实行文理不分，积极进行高考改革，在课时不增加的情况之下，更是需要直接对高中数学课程结构"动手术"，以求与新的要求相适应。在课程结构上，《课标（2017年版）》提出："优化课程结构，为学生发展提供共同基础和多样化选择。"这里强调的是"优化"，其立足点是学生发展，其依据是高中数学课程的基本属性。这就需要在有利于发展学生数学核心素养的前提下，在课程结构上处理好基础性与发展性、统一性与多样性的关系，把握好整体与局部、必修与选修、直线与螺旋、板块与单元，等等的关系，形成一个内部有机关联，功能良性互补的数学课程结构。而这中间还有一个更为关键

的关系必须处理好，即要避免"只见数学不见人"，要处理好数学的逻辑序与学生的心理发展序，以及处理好"人人"和"不同的人"的需求的关系。

2.3.2 数学核心素养与课程内容的关联

数学核心素养包括数学抽象、逻辑推理、数学建模、数学运算、直观想象、数据分析等六个方面。数学核心素养是一个高度抽象的思维产物，它要高于数学知识、数学一般的思维方法。为了培养学生数学核心素养，在数学内容主线上，《课标（2017年版）》提出："突出数学主线，凸显数学的内在逻辑和思想方法。"从前述分析可知，为适应文理不分科的新高中数学课程内容的调整，更聚焦于数学核心素养的培养，课程内容的主线必须清晰、集中，这样才能抓住高中数学课程的"牛鼻子"，要做到这一点，就要深入数学内部，准确把握数学的本质，捋清各部分关系。板块内在的逻辑关系，突出数学的思想方法，从这些方面来衡量，当前高中课程内容主线应包括函数、几何与代数、概率与统计、数学建模与数学探究等，每条主线又有若干核心内容。高中数学课程从这几条主线出发，《课标（2017年版）》进一步提出"精选课程内容，处理好数学核心素养与知识技能之间的关系"，科学设置知识内容的逻辑走向，突出核心内容要求，并"强调数学与生活以及其他学科的联系，提升学生应用数学解决实际问题的能力，同时注重数学文化的渗透"[①]。总之，在当前应鼓励从课程设计、教材编写、教学实施等多个层面展开以发展学生数学核心素养为目标的关于课程内容结构方面的改革探索。

2.4 把握数学本质，启发思考，改进教学

高中数学教学以发展学生数学学科核心素养为导向，创设合适的教学情境，启发学生思考，引导学生把握数学内容的本质。提倡独立思考、自主学习、合作交流等多种学习方式，激发学生学习数学的兴趣，养成良好的学习习惯，促进学生实践能力和创新意识的发展。注重信息技术与数学课程的深度融合，提高教学的实效性。不断引导学生感悟数学的科学价值、应用价值、文化价值和审美价值。

---

① 中华人民共和国教育部.普通高中数学课程标准（2017年版）[S].北京：人民教育出版社，2018.

2.4.1　理念剖析

"把握数学本质"是展开"基于情境、问题导向、深度思维、高度参与"教学的大前提，创设合适的教学情境，启发学生思考，引导学生把握数学内容的本质。通过情境创设，激发学生学习数学的兴趣，揭示数学产生和发展的脉络、背景，引导学生解决生活中的实际问题，的确对改进教学、提高教学质量起到积极的推动作用。但在实践中也出现了一些问题，如情境虚假、情境过度对数学本质理解的干扰，生活化、情境化与数学的形式化之间的关系处理与平衡等。提倡独立思考、自主学习、合作交流等多种学习方式，激发学生学习数学的兴趣，养成良好的学习习惯。教师所有教学手段、方式的运用都是为了学生更加积极、主动地学。促进学生实践能力和创新意识的发展。要将"实践与创新"渗透于教学活动的各个环节，使之成为教学的价值导引。要寻求有效支撑实践、创新的载体。比如，可充分发挥数学建模活动与数学探究活动的功能。注重信息技术与数学课程的深度融合，提高教学的实效性。结合有关概念教学，利用信息技术更形象直观地显示概念的本质属性和特征，即运用计算机的数据处理和计算功能，揭示数学变化规律，进行数学实验，猜想命题结论；在综合实践活动和课题学习中，引导学生运用计算机去探寻解决问题的途径；结合具体内容适当介绍一些教学软件（如几何画板和"Z+Z"智能平台）的运用；通过网络进一步拓展课程内容空间，引导学生进行自主探索活动；等等。不断引导学生感悟数学的科学价值、应用价值、文化价值和审美价值。现代数学在科学技术发展、其他学科发展、社会生活应用、人类文化发展、社会文明进步、促进人的发展具有的巨大价值和独特功能，我们能感受到数学的科学价值是独特的，应用价值是广泛的，文化价值是多维的，审美价值是丰富的。数学的这些价值是客观存在的，学校数学教育就是要让学生逐渐认识、感受到数学的价值，这也是塑造学生正确价值观的一部分。

2.4.2　数学核心素养与教学活动的关联

首先，这要求教师树立以发展学生数学学科核心素养为导向的教学意识。所谓教学意识，即教师对于其在课程与教学改革实施中的地位与作用的信念，以及对课堂教学价值观定位、教学目标确定及如何实施教学所做出的自觉思考和具有的想法，具体表现为教学中应该具有的方向意识、自主意识、创新意识、反思意识、合作与分享意识等。教师的这些意识都应以发展学生数学学科核心素养为导向，结合教学去思考：是否真正自觉地在课堂教学上以数学学科核心素养来立意？是否对数学学科核心素养的内涵有正确的认知？是否为落实数学学科核心素养于课堂主动地去进行教学改革？是否积极地去创新教学上的方式以更好地支撑素养的培养？是否能从素养的角度反思和改进自己的教学？是否能以主体的身份与教学共同体成员有效合作并分享教学经验？以发展学生数学核心素养为导向还突出地体现在教学目标的设定上，为使数学核心素养要求融入课堂教学目标，就需要深入理解核心素养各要素的内涵、特征及其相互之间的联系，并结合特定教学任务，思考相应素养在教学中的孕育点、生长点以及与其他具体教学目标点的关联性，要研究其融入教学内容和教学过程的具体方式及载体使核心素养真正成为可以落实的教学目标。"创设有利于学生数学核心素养发展的教学情境，启发学生思考，引导学生把握数学内容的本质。"[①] 关于情境创设，在课改十多年的实践中，它曾经一度成为教师教学改革中的热点。今天再次强调情境创设，就需要从一个新的视野提升对教学中情境创设的认识。情境不仅仅是激发学生兴趣，依托于情境，知识才能"活"起来，它是学习的源头活水；特定的情境任务必然蕴含着问题与活动，也必然隐伏着不确定性和挑战性，这就能更有效地拓展学生的数学思维空间，为素养的孕育和生长创造条件，更为本质的是，基于情境任务的学习，是个体在与环境交互作用过程中建构、组织起来的一种动态的交互关系，数学核心素养的孕育、养成常常是在学生与问题情境的有效互动中进行的，不同的情境及其蕴含的学习任务要求是可以对应于不同的素养组合和水平要求的，从这样的认识出发，教师要把什么样的教学情境及教学活动有利于学生哪些核心素养的养成作为教学设计思考的重要方面？数学核心素养本质上反映的是数学的思维品质，基于核心素养的数学课堂应立足于学生思维品质的培养而成为"思维之树常青"的课堂，因而，"启发学生的数学思考"就成为高中数学教学的关键，正如数学家陈省身所言："数学是自己思考的产物，首先要能够思考起来，用自己的见解和别人的见解交换，才会有很好的效果。"数学思考应是数学教学所有行为中最有价值的

---

① 中华人民共和国教育部. 普通高中数学课程标准（2017年版）[S]. 北京：人民教育出版社，2018.

行为。"提倡独立思考、合作交流等多种学习方式，激发学生学习数学的兴趣，养成良好的学习习惯"。教师要把教学活动的重心放在促进学生学会学习上。这正是学生素养发展的重要方面。教师所有教学手段、方式的运用都是为了学生更加积极、主动地学。

2.5　重视过程评价，聚焦素养，提高质量

高中数学学习评价不仅关注学生知识技能的掌握，更关注数学学科核心素养的形成和发展，制定科学合理的学业质量要求，促进学生在不同学习阶段数学学科核心素养水平的达成。评价既要关注学生学习的结果，更要重视学生学习的过程。开发合理的评价工具，将知识技能的掌握与数学学科核心素养的达成有机结合，建立目标多元、方式多样、重视过程的评价体系。通过评价，提高学生学习兴趣，帮助学生认识自我，增强自信；帮助教师改进教学，提高教学质量。

2.5.1　理念剖析

通过制定学业质量标准，科学地描述核心素养形成、发展的水平进阶，这是《课标（2017年版）》的新尝试，其在学习评价上体现出的质量标准性、水平达成性不但表明学习评价正在走上更为科学的轨道，更会给教育评价观念带来新的发展变化。它预示着在今后的教学中，质量意识、标准意识、水平意识将会是主导数学的教与学实施，评价的必备意识。

2.5.2　数学学科核心素养与学习评价的关联

数学学习评价是指根据课程目标的要求，按一定计划采取特定的方式收集和获取学生数学学习的信息，并对学生数学学习的状况做出结论的过程。过去，对学生的学习评价过分强调甄别的功能，使得学业成绩成为学生排名的主要工具。现在，我们希望学习评价从"甄别"走向"发展"。《教育部关于全面深化课程改革落实立德树人根本任务的意见》指出，要加强发展性评价，发挥评价促进学生成长、教师发展和改进教学实践的功能；要根据核心素养体系，明确学生完成不同学段、不同年级、不同学科学习内容后应该达到的程度要求，指导教师准确把握教学的深度和广度，使考试评价更加准确反映人才培养要求。如何使学习评价

更好地发挥促进学生数学学科核心素养发展的功能，成为促进学生数学学科核心素养发展的有效方式和手段，是我们必须面对的重要问题。

新课改以来，在高中数学学习评价实践中一线教师做了不少探索，取得了一定成效，但由于高中特定阶段学习竞争性的影响，对学生的学习评价过分强调了"甄别"的功能使得学业成绩常常成为学生排名、选拔的工具。今天，希望学习评价改变过分关注"甄别、筛选"的状况，更好地发挥其激励、促进学生积极主动进行数学学习的功能，成为促进学生数学学科核心素养发展的有效方式和手段。如何将核心素养的培养真正落实于考试评价是值得在实践中认真探索的重要问题。在学习评价的具体操作层面，课程标准还指出："评价既要关注学生学习的结果，更要重视学生学习的过程""开发合理的评价工具，将知识技能的掌握与数学学科核心素养的达成有机结合，建立目标多元、方式多样、重视过程的评价体系"。这里的"目标多元"是希望改变过去过于关注数学"双基"及应考技能的狭隘的评价观，立足于学生数学学科核心素养的发展，结合具体的评价内容，形成多角度、多层次、多维度的评价点，通过评价全面反映学生的学习情况，并产生有利于学生全面而有个性发展的积极导向作用。这里的"方式多样"也是希望改变过去仅凭试卷考试的单一评价方式，针对多样化的学习方式和学习需求而形成多种多样的评价类型和方式。例如，在课程改革实践中，一些教师采用的数学档案袋、数学反思日记、数学作文、数学口试、数学调查报告、观察记录、数学建模报告、数学课题结题总结等，都是值得提倡的学习评价方式。

第3章 高中数学新课程目标与新高考关系分析

3.1 课程目标

通过高中数学课程的学习，学生能获得进一步学习以及未来发展所必需的数学基础知识、基本技能、基本思想、基本活动经验（简称"四基"）；提高从数学角度发现和提出问题的能力、分析和解决问题的能力（简称"四能"）。

在学习数学和应用数学的过程中，学生能发展数学抽象、逻辑推理、数学建模、直观想象、数学运算、数据分析等数学学科核心素养。

通过高中数学课程的学习，学生能提高学习数学的兴趣，增强学好数学的自信心，养成良好的数学学习习惯，发展自主学习的能力；树立敢于质疑、善于思考、严谨求实的科学精神；不断提高实践能力，提升创新意识；认识数学的科学价值、应用价值、文化价值和审美价值。

3.1.1 对数学课程目标的总体分析与认识

《课标（2017年版）》的课程目标相较《课标（实验）》，变"双基"为"四基"，即在要求学生"获得必要的数学基础知识和基本技能"的基础上增加了"基本思想"和"基本活动经验"。把"提高数学的提出、分析和解决问题的能力"调整为"提高从数学角度发现和提出问题的能力、分析和解决问题的能力"（简称"四能"）。"四基"和"四能"在《义务教育数学课程标准（2011年版）》首次提出，《课标（2017年版）》延续了"四基四能"的提法，体现了不同阶段数学课程目标的统一性和延续性。《课标（2017年版）》将课程目标定位于培养中国未来公民所必需的数学素养，以满足人类发展与社会进步的需要。高中数学课程应为学生的可持续发展和终身学习创造条件；数学教育承载着落实立德树人根本任务、发展素质教育的功能。与此同时，《课标（2017年版）》继承了实验稿中对于"数学素养是现代社会每位公民应具备的基本素养"的表述，培养学生会用数学眼光观察世界、会用数学思维思考世界、会用数学语言表达世界的综合素养。

《课标（2017年版）》中的课程目标集中体现了数学学科核心素养。数学学科核心素养是具有数学基本特征的思维品质、关键能力以及情感、态度与价值观的综合体现，是在数学学习和应用的过程中逐步形成和发展的。对教师来说，理解课程目标是课程实施的首要环节。根据我国学校课程设置中学科课程占主体的实际，发展学生核心素养需要各学科课程的实施来支撑。学生发展核心素养落实于课程的前提是确立各学科的学科核心素养。数学学科核心素养是学生发展核心素养在数学学科中的具体化，是数学育人价值的集中体现，从学生的角度看，也是学生学习数学后的期望成就的表现。数学学科核心素养，既要体现与学生发展核心素养的关联性，更要体现数学学科独有的特点。从数学学科的角度，聚焦数学的本质。什么是数学最主要的特征？什么是数学发生发展中最重要的影响因素？什么是数学的时代性特点？这需要对数学本身进行更深入的理性分析。比如，从数学本体论、认识论、方法论的维度对数学本质、价值、基础、思想、方法等展开研讨。特别对影响数学发展的最重要的数学思想的提炼是重点。"数学发展所依赖的思想在本质上有三个：抽象、推理、模型……通过抽象，在现实生活中得到数学的概念和运算法则，通过推理得到数学的发展，然后通过模型建立数学与外部世界的联系。"[1] 这样的认识对提炼出数学抽象、逻辑推理、数学建模等数学学科核心素养要素具有重要的启示。从数学教育的角度，聚焦数学育人价值。数学育人的价值最本质的是什么？形象一点说，反映在人身上，学了数学和未学数学的人最大的区别在哪里？这既需要从大众层面获取他们直观的印象，也需要在学校层面通过观察、调查获取相关信息。善于抽象、思维有条理、语言富有逻辑性、能算会证、具有一定空间感等，是大家比较公认的反映在学习数学的人身上的特征。从学生发展角度，聚焦学生成长的表现。通过各阶段的数学学习促成了学生哪些发展？所形成的必备品格和关键能力究竟是什么？这些品格和能力与数学教育的哪些因素最有关？从历史发展角度，梳理我国高中数学课程在目标定位上的

[1] 史宁中.数学思想概论：数量与数量关系的抽象（第 1 辑）[M].长春：东北师范大学出版社,2008.

历史发展过程，关注一些重要历史节点在数学关键能力培养上的变化（如从三大基本能力到五大基本能力），把握其历史脉络和发展主线，以求在继承中有所发展。数学学科核心素养是育人价值的集中体现，在高中数学课程目标中占有重要地位，"集中体现"既表明它是数学育人价值的凝聚点、聚焦点，又表明它对高中数学课程目标中的其他目标点具有统整、综合的意义。数学学科核心素养"是在数学学习和应用的过程中逐步形成的"则体现出了它特有的养成性、阶段性和发展性特征。这些都是由核心素养本身的属性所决定的。这促使我们要以一种新的眼光审视数学学科核心素养目标，进而自觉地在教学中遵循其规律落实这一目标。关于数学学科核心素养的内涵，仔细体会其中的意义，不难看出其内涵定位与中国学生发展核心素养的内涵定位，既具有一致性又具有特殊性，这要求我们处理好两者之间共性与个性的关系。此外，对数学学科核心素养思维品质内涵的强调和凸显更值得我们在基于素养的教学中做出新的探索。

3.1.2　课程目标的"四基""四能"及其关系

高中数学新课程目标认为："通过高中数学课程的学习，学生能获得进一步学习以及未来发展所必需的数学基础知识、基本技能、基本思想、基本活动经验（简称'四基'）；提高从数学角度发现和提出问题的能力、分析和解决问题的能力（简四能'）。"基于"四基"和"四能"，才能培养学生的数学学科核心素养。

"四基"是培育数学学科核心素养的知识基础，比"双基"更为科学、合理。数学基础知识、基本技能主要体现为结果性的知识和客观性的事实，而数学基本思想和基本活动经验则是学生主体在学习过程中获得的主观性体验和感悟；前者是静态、外在的要求，而后者则是动态、内在的要求。"四基"的结构，能够使数学学习中的结果与过程、客观与主观、静态与动态、外在与内化有机地结合起来，无疑为学生数学学科核心素养的发展奠定了良好的数学学习基础。发展学生数学学科核心素养的提出，促使我们必须重新审视数学学习的基础。从表现形式看，数学基础知识主要指数学中的概念、法则、性质、公式、公理、定理以及由其内容所反映出来的一些具体方法；数学基本技能主要是指能够按照一定的程序与步骤进行熟练操作的数学行为与本领（如计算、化简、变形、作图或画图、进行简单的推导等）。课程改革以来，随着课程内容的调整，"双基"的内涵也有了一些变化。数学基本思想是指对数学及其对象、数学概念和数学结构以及数学方法的本质性认识。它蕴含在数学知识形成、发展和应用的过程中，制约着学科发展的主线和逻辑架构，也是数学知识和方法在更高层次上的抽象与概括。其实，在中小学数学课程内容和教材中，数学基本思想的蕴含是很丰富的，表现也是多样的，如归纳、演绎、抽象、分类、模型、结构、数形结合、随机等。数学基本思想和数学方法既有区别又有密切的联系。如前所述，数学基本思想表现相对宏观，体现的是对数学对象的一种本质认识。数学方法常常受数学思想制约，表现相对具体，并具有程序性、步骤性、路径性和可操作性。例如，归纳，从一般意义上讲，它表现为从特殊到一般的推理思想。但如具体适用于一个关于自然数的命题，通过具体的尝试，将所得到的结论推广到一般时，就采用了归纳法。

数学基本活动经验是指学生通过亲身经历数学活动过程所获得的具有个性特征的经验。这里有两个关键词体现了其核心要义：一是"活动"，二是"亲身经历"。有学者曾探讨过将数学活动经验作为数学课程目标的必要性和合理性，并分析了数学基本活动经验所具有的主体性、实践（过程）性、多样性、发展性特征。一些学者探讨了数学活动经验的类型，如直接的活动经验和间接的活动经验。设计的活动经验和思考的活动经验等。数学活动经验不仅仅是解题的经验，更重要的是在多样化的数学活动中去思考、去探索、去发现结论的经验。数学活动经验还重在积累，在积累中所获得的丰富而有价值的经验往往是孕育素养、形成智慧、进行创新的重要基础。

高中数学课程目标是以数学学科核心素养为导向所提出的更高要求，"四能"的提出为培养学生的数学学科核心素养提供了有效的支撑。"四能"比"三能"增加了"发现问题的能力"，强调了发现问题的重要性。"四能"的提出使得"数学问题"在课程中处于更加核心的地位，促使教师不仅要关注问题的分析、解决，也要关注问题的源头，即它的发现和提出。问题解决通过"四能"在能力培养的层次上做了"全程化"的要求。问题解决的过程是培养学生能力、发展数学学科核心素养的过程，融入了数学抽象、逻辑推理、数学建模、直观想象、数学运算和数据分析等数学学科核心素养的要求，同时，问题解决具有情境化、活动性、过程性特征，更符合培养学生数学学科核心素养的情境任务的创设，有效地支撑了数学学科核心素养的发展。

课程标准提出：“通过高中数学课程的学习，学生能提高学习数学的兴趣，增强学好数学的自信心，养成良好的数学学习习惯，发展自主学习的能力；树立敢于质疑、善于思考、严谨求实的科学精神；不断提高实践能力，提升创新意识；认识数学的科学价值、应用价值、文化价值和审美价值。”高中数学课程目标中关于情感、态度与价值观的要求更集中体现了发展学生核心素养的时代性特点，强调学生实践能力与创新意识的培养始终是课程改革坚持的方向。关于学习习惯、自主学习、科学精神、价值认识这几个目标的培养有一个共同特点，即都是浸润性的、潜移默化的、逐渐养成的。

3.2　新高考改革

2013年，《中共中央关于全面深化改革若干重大问题的决定》指出高考改革的方向：“探索全国统考减少科目、不分文理科、外语等科目社会化考试一年多考。”新高考改革后，统考科目只有语文、数学、外语三门。这些学科作为基础学科，在自然科学、社会科学、人文科学等领域的发展中发挥着重要的作用，对于学生进一步学习至关重要。因此，在新高考中对三个统考科目提出了新的功能定位和更高的区分选拔要求[①]。2014年，《国务院关于深化考试招生制度改革的实施意见》（以下简称《实施意见》）启动了新一轮考试招生制度改革，明确了高考改革的时间表和路线图。《实施意见》明确提出深化高考内容改革的方向：“依据高校人才选拔要求和国家课程标准，科学设计命题内容，增强基础性、综合性，着重考查学生独立思考和运用所学知识分析问题、解决问题的能力”[②]。

2018年9月10日，习近平总书记在全国教育大会上指出：“要深化教育体制改革，健全立德树人落实机制，扭转不科学的教育评价导向，坚决克服唯分数、唯升学、唯文凭、唯论文、唯帽子的顽瘴痼疾，从根本上解决教育评价指挥棒问题。”新高考改革评价体系要从根本上解决“唯分数、唯升学”的指挥棒问题，回归高考的育人初心和立德树人的根本任务。新高考改革推进普通高中和高等院校在高考评价体系中发挥更大的作用：一方面倒逼高中落实新高考对学校提出的新理念，

---

① 中共中央关于全面深化改革若干重大问题的决定 [M]. 北京：人民出版社，2013.

② 国务院关于深化考试招生制度改革的实施意见 [M]. 北京：人民出版社，2014.

注重培养学生的综合素质，促进学生个性化发展；另一方面促进高校专业建设的内涵式发展，创新人才选拔与培养方式。

新高考数学学科的地位和作用。首先，新高考发挥数学学科的立德树人功能。数学可以帮助学生掌握用数学思维思考世界、用数学语言表达世界的方法，可以促进学生思维能力、实践能力和创新意识的发展。数学有助于培养学生善于思考、敢于质疑的科学精神，实事求是、严谨求实的科学态度，深入钻研、锲而不舍、战胜困难的信心和决心。数学是人类文化的重要组成部分，数学素养是现代社会每个公民应该具备的基本素养。数学在形成正确世界观、人生观、价值观等方面发挥着独特的作用，为学生的终身发展奠定基础，对提高民族素质具有重要意义。其次，新高考发挥数学学科考试的选拔功能。数学由于其基础性和工具性的特点，在选拔考试中发挥着基础学科的功能。各国的高校入学考试几乎都考数学学科，有的是提出统一的考试要求，有的是根据学生报考学校、专业进行分层选考。这些考试无一例外都要求学生掌握数学的基础知识、基本技能、基本思想方法；同时对学生提出了能力方面的要求，包括计算能力、理解和表达能力、推理能力、论证能力和解决问题的能力等方面，要求学生表达清晰，思考有条理，学会用数学的思维方式解决问题、认识世界。由于数学学科考试对考生的区分比较明显，考生表现的差异较大，所以在甄别考生方面发挥着关键的作用。再次，新高考发挥数学学科考试的导向作用。数学学科具有高度抽象性和应用广泛性的特点，不同发展方向的考生对数学有不同的需求，一方面是一般公民数学素养的需求，另一方面是应用数学工具解决实际问题的需求。因此，数学学科考试在选拔过程中起两方面的作用：一是作为思维的工具和甄别思维能力的材料，考查考生思维和推理能力；二是系统考查考生数学知识，检查学生对于学科完整理论的掌握情况。数学教育对于学生持续、全面地发展具有重要意义，因此应在数学学科考试内容与形式中充分发挥对中学教学积极的导向作用①。

数学是重要的基础学科，在形成人的理性思维、科学精神和促进个人智力发展过程中发挥着不可替代的作用。

---

① 于涵，任子朝，陈昂，等.新高考数学考核目标与考查要求[J].中小学教材教学，2018（6）：20-24.

中华人民共和国成立以来，我国数学教育研究深入发展，数学学科高考的目标经历了不同的发展阶段，首先是强调"双基"，随后是知识和能力并重而且能力的内涵与外延不断发展深化；实施新课程标准后的高考改革进一步将其拓展，确立了新的数学学科考核目标。

新一轮高考改革提出了必备知识、关键能力、学科素养、核心价值四层考核目标，使高考的考试目标更加丰富和科学。高考数学学科的核心价值是高考数学学科考试所倡导的价值导向，而非数学学科或者数学学科考试的社会价值或应用价值。

高考数学学科的核心价值集中体现了数学学科考试提倡的主要理念，包括学生在数学学习和考试中应注重培养和塑造的思维方法、价值观念和行为习惯。需要指出的是，对于数学学科的核心价值，不能与教学和考试内容进行机械对应，而应当从帮助学生学习和发展的角度出发，明确我们评判的理念。对数学核心价值的考查，也应该通过整卷的考查要求来体现，不能囿于简单地一一对应的单题考查。

学科素养是指在正确的思想观念指导下综合运用学科知识与能力处理并解决复杂任务的品质是高考评价体系中考查目标的重要组成部分。数学学科对课程标准中的数学核心素养进行抽象和概括，提出了高考数学学科的学科素养目标，包括理性思维、数学应用、数学探究、数学文化四个方面。与课程标准中的核心素养相比，高考数学学科的学科素养更符合教育测量的规律，更具有高考的特点，更有利于实现高考的教育、评价和导向功能。理性思维是指按照对象本身的规律来认识对象，即不受制于无关因素的干扰，以概念、判断、推理的方式进行逻辑思考，从而得出概念清晰、逻辑严密的结论。数学是理性精神的产物，在形成人的理性思维中具有不可替代的作用。数学考试强调理性思维的考查，强调重视数学的内在价值，重视在数学学习活动中对思维的考查。树立追求真理的质疑精神与意识，不迷信、不盲从专家与书本，但也绝不无目的、无标准、无要求地怀疑一切。质疑是对真理的坚持，是坚持用逻辑的标准审查、发现或建构命题。要在数学评价中感悟数学的内在理性思维和理性精神，从而获得精神层面的文化与价值体验。数学应用是指通过数学和实践使学生真正理解数学与其他学科、生产和日常生活以及周围现实所具有的广泛的联系，能主动自觉地从数学的角度观察现实、理解现实、思考现实、把握现实，能知晓如何用数学来解决实际问题。数学强调"学以致用"，主要包括以下两个方面：一是在实际情境中从数学的视角发现问题、提出问题、分析问题、构建模型、求解结论，验证结果并改进模型，最终解决实际问题；二是在解决问题的过程中培养学生应用数学的意识，不仅用数学知识解决数学及其他学科中的问题，而且提升应用数学知识解决实际问题的能力，体会数学的应用价值，使学生应用数学知识的意识得到提高，锻炼实践能力，形成创新精神，能运用所学数学知识创造性地解决问题。数学探究是认识事物的过程，即猜想问题答案、结论，发现命题的心理特征；是探究过程的发现意识与探究结果的创新表现的内在认识状态。探究过程是指从探究的起点到终点，学生主动感知与发现问题，对数学结论产生某种顿悟和灵感，猜想结论，发现命题。数学探究过程包括观察分析事实、提出有意义的数学问题、猜测结论或规律、发现数学命题。数学探究包括四个方面：其一，对于结论开放的问题，根据已有的信息"猜想、推理、探究"，从而得出结论；其二，对于操作实验类问题，能将一个图形通过折叠、剪拼、堆放、拆合、透视等动态变换方式得到新的图形，从而探究其几何性质或数量关系；其三，对于方案设计的问题，能够根据实际操作的情境，用文字或图形表述设计方案；其四，对于合情推理问题，能够通过特例，进行类比、归纳，合情推理一般性规律。数学文化，从广义上是指数学史、数学美、数学与生活的交叉应用、数学与各种文化的关系，以及这些因素的交互作用所构成的庞大体系；从狭义上是指数学思想、数学精神、数学方法，以及数学观点、语言等的形成和拓展。在长期的发展过程中，数学文化形成了注重思维、强调实用、讲究算法、关注数学审美价值等重要特点。数学文化是数学"物质形式—精神形式—物质形式"这一转化过程的产物，显现了文化的传递性，促进着人类社会的进步，推动着社会的发展。要将数学文化融入数学教育中，让学生了解数学科学与人类社会的互动关系，体会数学的人文价值、应用价值。让学生潜移默化地感受优秀文化的熏陶，领会数学的美学价值。

关键能力是指学生学习与运用知识解决问题的过程中所需要的能力。在数学高考命题和测量过程中，能力考查体现出综合性和结构性特点，即一道试题可能考核多种能力，多道试题可能都涉及同一种能力，一份完整的试卷应该对各种能力、方法都有所体现，所以在实际命题和统计过程中，可将原来课程标准的五种能力和两种意识进行整合，形成新的能力结构。数学关键能力包括逻辑思维能力、运算求解能力、空间想象能力、数学建模能力和创新能力。① 逻辑思维能力：会对问题或资料进行观察、比较、分析、综合、抽象与概括；会用演绎、归纳和类比进行推理；能准确清晰、有条理地进行表述。② 运算求解能力：会根据概念、法则、公式进行正确运算、变形和数据处理；能根据问题的条件，寻找与设计合理、简捷的运算途径；根据要求对数据进行估计和近似计算。③ 空间想象能力：能根据条件做出正确的图形，根据图形想象出直观形象；能正确地分析出图形中的基本元素及其相互关系；能对图形进行分解、组合；会运用图形等手段形象地揭示问题的本质。④ 数学建模能力：能在实际情境中从数学的视角发现问题、提出问题，分析问题、建立模型、确定参数、计算求解，检验结果、改进模型；能对现实问题进行数学抽象，用数学语言表达问题，用数学方法构建模型解决问题。⑤ 创新能力：能结合日常生活、其他学科、学习实践中的素材，发现问题、提出问题；能运用所学的数学知识、思想方法，独立思考、探索和研究，分析问题和解决问题。

必备知识是指学生长期学习的知识储备中的基础性、通用性知识。必备知识包括数学概念、性质、法则、公式、公理、定理以及由其内容反映的数学思想方法，也包括按照一定程序与步骤进行运算、处理数据、绘制图表等基本技能。高考数学重新确定了考试内容，根据能力考查的要求，在课程标准范围内，精选课程内容，增加应用性内容实现以知识内容为载体，考查能力的目的。新修订的课程标准中，必修课程包括五个主题，分别是预备知识、函数、几何与代数、统计与概率、数学建模活动与数学探究活动。选择性必修课程包括四个主题，分别是函数、几何与代数、统计与概率、数学建模活动与数学探究活动。数学文化融入课程内容。必修课程和选择性必修课程都是高考的内容。数学高考根据高校人才的选拔需求和考试的特点，以课程标准为基础，将其中的必修内容与选择性必修内容依据知识的内在联系进行整合，按逻辑系统进行分类，对知识内容和要求进行调整。整合后的考试内容包括集合、常用逻辑用语等18个部分，数学建模活动、数学探究活动、数学文化将会融入上述知识内容的考查中。

数学考试要突出数学的基础性、通用性和工具性，提高学生的数学素养，促进学生全面发展，满足现代社会对创新性、综合性人才的需求。数学考试要发挥数学作为主要基础学科的作用，考查对中学数学的基础知识、基本技能的掌握程度，对数学思想方法和数学本质的理解水平，以甄别进入高等学校继续学习的潜能。高考数学在考查过程中要突出逻辑思维能力，加强创新与应用意识的考查，增加自然科学、人文与社会科学等多个领域以及现实生活数学文化中的材料作为试题背景，考查学生运用数学知识解决实际问题的能力，促进学生数学素养的形成和发展。高考数学在考查过程中要体现基础性、综合性、应用性和创新性的考查要求。

基础性是指学生对基础知识的理解、基本能力的发展和基本态度与价值观的养成。数学高考要结合学科的特点，构建数学统一考试体系，通过考查核心概念、基本原理和基本方法，增强考试内容的基础性；要全面系统地考查这些重要的基本内容，帮助学生构建牢固的知识基础、掌握解决问题的数学工具。具体要求如下：

（1）强化学科共同基础，加强基础知识、基本能力的考核。在不分文理科的前提下，高考数学要全面整合各层次高校、各类型专业对考生数学基础的要求，建立完善的学科逻辑体系，保证基础知识的完整性，引导学生打好坚实的基础。要增加试题的有效性，增大主干知识和程序性知识的覆盖面对于支撑学科知识体系的主干内容，考查时要保持较高比例，使之成为试卷的主体，并达到必要的深度，实现考查目的。同时要淡化特殊解题技巧，减少繁杂的运算，重点考查对基本原理和通用思想方法的运用。

（2）加强对核心概念的考查。核心概念是最能代表学科核心基础的内容，是位于学科中心的概念性知识，包括重要概念、理论等的基本理解和解释，是学科结构的主干部分。高考考查核心概念，不是考查学生单纯记忆概念、定理等具体内容的能力，而是考查学生较高层次的认知过程，这需要给学生提供全新的试题情境。新的情境要与基本概念、定义、定理紧密联系，考生需要将原有的知识经验投射到新情境中，主动寻求当前的信息和已有的基础知识的联系，并在此基础上解决问题。在学生解决问题的过程中考查其对知识结构的深层的、灵活的理解。

（3）加强对科学方法的考查。科学方法是人们在认识客观世界的实践活动中逐渐形成的思维方法和行为方式，是将知识与能力联系起来的桥梁。在高考中不是孤立地考查某种科学方法，而是将基础知识和方法有机结合。知识和科学方法相互作用，对问题的解决发挥着同样重要的作用，而且在某些关键的节点上，数学方法更为重要。高考中考查基本方法，要求学生运用科学方法分析问题、解决问题，这有利于引导学生掌握这些科学方法，并将其内化为学生的思维方式。

综合性是指数学知识体系的内部联系，强调数学各分支内容的相互交叉与渗透。增强命题内容综合性要求学生注重认识学科整体的知识结构、功能和相互作用，以及分析理解事物变化发展的过程，鼓励学生从整体上分析各种现象的本质和规律，促进学生形成一个更加全面、完整的认知结构。通过考查各分支内容之间的联系，增强考试内容的综合性，促进学生从整体上建构知识框架，形成合理的认知结构。在这一过程中，学生可以体会数学思想方法在分析问题、解决问题中的综合运用。增强考试内容的综合性，要求学生综合运用数学和其他学科的概念、规律分析问题和解决问题。通过考试内容的设计，综合评价学生记忆力、观察力、想象力、抽象概括能力、分析综合能力等多方面综合素质，促进学生形成更加全面、完整的认知结构，鼓励学生从整体上分析各种现象背后的本质和规律。高考不但要考查核心概念的内容，而且要考查这些概念之间的联系，特别是综合运用数学思想方法来解决问题的能力。

增强应用性要求学生主动参与和体验数学知识的发生和发展过程，并运用数学知识、思想和方法对实际问题进行分析研究进而解决问题。通过紧密联系自然科学、社会科学以及生产、生活实际的情境设计，考查考生所掌握的用数学语言描述、用数学方法解决问题的能力。引导学生用数学的眼睛观察世界，用数学的思维思考世界，用数学的语言表达世界。在考查过程中，要将应用的考查要求贯穿数学实践活动的各个阶段即表征分析阶段、提炼数量关系阶段、数学建模阶段等。在实际命题过程中，根据不同阶段的特点，研究制定不同的考查方法。应用实践能力考查的一个重要目标是让考生体会数学与现实世界的联系，树立正确的数学观。一方面，使学生体会数学的实践价值和应用价值，拉近数学与实际生活的距离；另一方面，试题的素材结合了实际、背景，所以更直观地体现了数学学科中的人文精神与德育价值。高考加强对应用实践能力的考查，要引导学生通过实践、思考、探索、交流来获得知识，形成技能，发展思维，学会学习。通过设置具有挑战性的问题情境激发学生进行思考，提出有一定跨度的问题，引导学生进行自主探索，动手实验，使学生在探索过程中进一步理解所学的知识，掌握解决实际问题的方法，增强解决问题的能力。创新意识是理性思维的高层次表现。

数学高考要充分利用学科特点，加强对创新能力的考查。创设新颖情境，考查学生数学阅读理解能力；强化推理论证，考查理性思维能力。通过设计新的情境，同时在设问时提出有一定跨度的问题引导学生进行自主探索，考查学生运用数学的核心概念分析问题和解决问题的能力。

创新性的考查要求可以概括为三个方面即敢于质疑和批判的思维能力、自主决策并发表见解的能力和独立自主设计方案的能力。为体现创新性要求要创新命题理念，改革命题方式。首先是增强试题的开放性和探究性，加强独立思考和能力考查。高考考查创新能力必须改革命题方式，对试题的设计进行革命性的突破，要通过提供多种形式的材料，设计条件或结论开放、解题方法多样、答案不唯一的试题，增强试题的开放性和探究性以此引导学生打破常规进行思考，自主发现问题，提出解决方案，做出独立的判断和解答，创造性地解决问题。其次是创设新颖情境，创新试题呈现方式。新的能力考查要求需要新的考试呈现形式。为加强对创新能力的考查，在设置试题情境时，要努力实现试题呈现方式的多样化，为考生提供更加丰富新颖的信息。要在传统的文字、数字、公式的基础上，增加具有综合性和独特性的信息，如非连续文本、图象、表格、统计数据、实景照片、特殊符号，或接近真实的实验场景等。此类信息不仅能为考生获取和解读信息提供良好的平台，还能使试题形式接近实际，使关于同一主题的讨论生动有趣，激发考生的兴趣。设计试题时，对于情境的描述应结合考生所学的知识，实现素材与情境的融合。让考生依据所学的学科基本规律进行分析、判断和预测，既有助于提高学生学习的热情，也有助于解决实际问题。最后是展现考生分析问题、解决问题的思维过程。在试题的编制过程中，情境的设置和对考生解题思路的预设应当结合中学生实际的认知水平，使考生能够运用所学知识对题干信息进行深层的挖掘和分析，解答应该能够体现分析和解决问题的思维过程。使学科的重点知识、技能方法成为考生分析解答问题的有效工具，培养考生灵活运用所学知识解决各类问题的良好思维习惯，为其今后的成长和发展提供智力支持[1]。

新高考改革对统考科目和学业等级性考试都提出了新的任务和更高的区分要

---

[1] 于涵，任子朝，陈昂，等.新高考数学学科考核目标与考查要求研究 [J].课程·教材·教法，2018，38（6）：21-26.

求。改革的关键问题可以归纳为学科考试的定位和作用、考查目标、命题原则、考查方式以及对中学教学的导向，解决这些问题要进一步深化高考内容改革，建构科学的高考评价体系，制定严谨规范的考试标准，创新试题设计，考查关键能力，调控试题难度，合理减轻学生的负担，助推素质教育的发展。新高考改革既是挑战，又是机遇，要在这次中华人民共和国成立以来最系统、最全面的高考改革中把握机遇加强顶层设计、统筹各方面的问题，提出科学合理的解决措施，力求全面、有效地解决问题[①]。

3.3　新课程背景下的高考数学试题特征

2019年11月，教育部考试中心依据新高考评价体系的指标，为山东省命制了适应性考试的试题，传递了重要的信号：新高考试题命制将更加重视试题情境的设计和创新，增加试题的开放性和探究性，加强独立思考能力的考查。创新试题呈现方式，设置多选题、逻辑题、数据分析题、结构不良试题、开放题、填空题的一题两空等新题型，突出数学应用、渗透数学文化内涵、培养社会主义核心价值观。2020年新高考全国数学Ⅰ卷（以下简称"2020年Ⅰ卷"）试题落实立德树人、服务选材和引导教学的根本任务，在2019年全国卷的基础上，从考查内容、题型结构、试题情境以及难度等多个角度继续进行了科学调控和改革创新，推进试题的价值引领和素养导向。更加重视数学本质，突出理性思维、数学应用、数学探索、数学文化等的引领作用。着重突出对关键数学能力的考查，充分体现了高考数学的科学选拔和育人导向的双重作用[②]。2021年年新高考全国数学Ⅰ卷（以下简称"2021年Ⅰ卷"）根据《课标（2017年版）》《中国高考评价体系》和《新高考过渡时期数学学科考试范围说明》（教基厅函 [2019]44号）进行命制。试题以立德树人、服务选才、引导教学为基本思想，考查学生为进入高等教育必备的数学知识、核心价值、关键能力和核心素养（"四层"）。考查内容既界限清晰明确且相互连接贯通，始终突显核心价值在育人中的重要地位；既符合高中数学课程的基本

---

① 任子朝，赵轩，陈昂.深化高考内容改革　助推素质教育发展：新高考改革中的关键问题与解决措施 [J]. 中国高教研究，2019（1）：38-42.

② 安学保 . 评价体系新实践　高考命题新突破：新高考Ⅰ卷数学试题评析 [J]. 数学通报，2020，59（9）：52-55，63.

要求，又具有前瞻意识，充分考虑了高校对学生数学学科核心素养要求。试题体现了"基础性、综合性、应用性、创新性"（"四翼"），即注重考查学生对数学基本概念、原理、技能和思维方法的掌握情况，将数学知识、能力和素养整合的能力，又考查应用数学解决实际问题的能力及探究、创新能力；既落实了高考"服务选才"的功能，又发挥了高考"引导教学"功能。

2021年全国Ⅰ卷与2020年及以前的高考试题相比较，在试题的题型和结构方面都发生了改变，充分体现了新高考的命题思想和新课程的理念。在题型方面，出现了一题两空的填空题，多选题的评分规则发生改变，而主观题考查的知识领域顺序不确定。在考查的主干知识点分布方面，也适当进行了调整，知识点的考查难度和关键能力的考查也有所变化。

3.3.1　2021年全国Ⅰ卷试题命题特色

（1）"一核"功能，优化评价

高考具有两大功能：一是为国家、为高校选拔合格人才；二是引导中学教学，助力优秀人才的培养。高考数学就是要发挥数学学科特点，以测试数学综合能力、发展数学核心素养为目标，通过创新试卷结构与试题形式，更好地实现高考立德树人、服务选才、引导教学的核心功能。高考数学具有良好的区分效果，其选拔功能历来被重视和认可，这主要体现在数学学科的独特性，能够较好地考查学生的理性思维；除此之外，选择优秀的数学人才是国家科技发展的根本，而优秀的人才不仅要具有很好的数学思维品质，还要具备良好的道德品质。因此，高考数学既要选拔德智兼备的人才，也要对高中数学教学有着积极的导向。2021年全国Ⅰ卷充分体现了高考"立德树人、服务选才、引导教学"的核心功能，合理评价学生的数学学科核心素养，为选拔优秀数学人才提供了依据，并且有效引导中学数学教学。

（2）聚焦"四层"，融会贯通

根据高校人才选拔要求和国家课程标准，高考的目标是"核心价值、学科素养、关键能力、必备知识"的"四层"。2021年全国Ⅰ卷聚焦"四层"，考查内容既界限清晰明确且相互连接贯通，始终突显核心价值在育人中的重要地位；既符合高中数学课程的基本要求，又具有前瞻意识，充分考虑了高校对学生数学学科核心素养要求。

① 合理设置问题情境，充分体现核心价值。

问题情境是实现考查内容和考查要求的载体。高考数学的试题情境可分为课程学习情境、探索创新情境、生活实践情境三类。在2021年全国Ⅰ卷中，合理设置了三类问题情境，聚焦于考生的社会主义核心价值观、世界观与人生观，发挥数学学科的独特价值的引领作用。在生活实践情境中，合理运用我国经济社会建设中的学科素材，引导学生关注社会现实与经济、科技发展，增强国家认同。

2021年全国Ⅰ卷的课程学习情境主要考查学生对数学概念、原理的理解，对数学运算、推理的掌握与应用，例如，第1、2、3、13、14题等，都是数学学习情境，考查了集合、复数、圆锥、函数性质、抛物线相关概念，这些问题情境简洁清晰，以学生比较熟悉的方式展现，有利于考查学生的数学"双基"；数学探索创新情境包括推演数学命题、数学探究、数据分析、数学实验等问题情境，例如，第7、11、12、17、19、20、21、22题等，这类问题情境强调数学的推理与探究，是比较"纯"的数学问题，是数学综合运用与发现。生活实践情境体现了数学应用的广泛性，需要考生将问题情境与学科知识、方法建立联系，应用学科工具解决问题，是考查学生数学应用素养、理性思维素养和数学文化素养的重要载体。这类问题可以结合德育教育，体现我国经济社会、科技、文化的发展，例如第18题，通过"一带一路"知识背景，让学生关注我国经济发展，培养学生的国际视野，增强学生的国家认同。

在高考试题中渗透数学文化，使学生感受民族自豪感与自信心。例如，在全国Ⅰ卷的第16题，以学生研究民间剪纸艺术为背景，考查学生的动手操作、观察实验的能力，也是通过数学归纳，猜想数学问题的创新能力。这个问题结合剪纸艺术，从学生熟悉的情境出发，通过实验、观察、归纳、猜想，合情推理数学结论，这使学生不仅在研究问题中可以发现数学，而且也感受到文化中的价值，增强了民族自信。

② 注重学科核心素养，强调数学关键能力。

《课标（2017年版）》提出数学抽象、逻辑推理、数学建模、直观想象、数学运算、数据分析六种数学学科核心素养，其实质就是具有数学基本特征的思维品质、关键能力以及情感、态度与价值观的综合体现，是在数学学习和应用的过程中逐步形成和发展的。这些数学学科核心素养既相对独立，又相互交融，是一个有机的整体。《中国高考评价体系》中的学科素养包括学习掌握、实践探索、思维方法。在二者的基础上，教育部考试中心任子朝等将高考数学考查的学科素养提炼为理性思维、数学应用、数学探索和数学文化，并分析了三者的关系。2021年的试题通过设置综合问题考查学生数学核心素养，对学生的要求比以往有所提高。这也体现了试题的综合性，在各种数学情境中学生应用数学思维解决问题的综合能力。例如，在函数领域，全面考查学生对函数的单调性、最值、奇偶性等知识的理解，以及相应的数学抽象、运算、逻辑推理、几何直观等关键能力，也包括数学思维的深刻性、灵活性、严谨性等，通过与导数相关内容的融合，结合不等式、方程等数学思想，综合考查学生的数学核心素养和数学情感价值，做到了必备知识与关键能力、学科素养、核心价值之间的贯通融合，互相关联。

③ 考查数学必备知识，重视概念原理本质。

从表3-1和图3-1可以看出，函数与导数、几何、三角、概率统计是此次考查的主要内容，分值在120分左右。尤其是几何方面，解析几何的分值是27分，立体几何的分值是22分，如果把解三角形也归入几何领域，那么分值达到了61分，占比超过全卷的三分之一。与2020年高考试题相比较，概率统计的分值也有所增加，在单项选择题、多项选择题和解答题三种类型的题目中各有一题，考查的内容包括独立事件的判断和计算公式、用样本估计总体（样本平均数、中位数、标准差、极差）、离散型随机变量的分布列和数学期望，倾向于概率，统计内容减少。没有考查不等式、坐标与参数方程等相关的内容，试题降低了文字的阅读量，数学情境比较清晰。

表3-1　2021年高考数学试卷考查知识点内容与分值分布

知识点内容	函数与导数	数列	三角	解析几何	立体几何
分值	27	15	22	27	22
知识点内容	概率统计	集合	复数	向量	
分值	22	5	5	5	

备注：按照一级知识点归类；三角即为三角函数和解三角形。

《课标（2017年版）》的课程理念之一是启发学生思考，引导学生把握数学内容的本质。数学内容表现为概念、法则、性质、公式、公理、定理等可呈现的数学事实，而数学本质则是这些丰富内容所共有的深层结构和实质思想。在2021年全国Ⅰ卷中，重视对数学内容本质的考查，也就是所蕴含的重要的数学思想，同时，强调学生理解基本的数学概念、原理和方法，而不是浮于表面的技巧和套路。

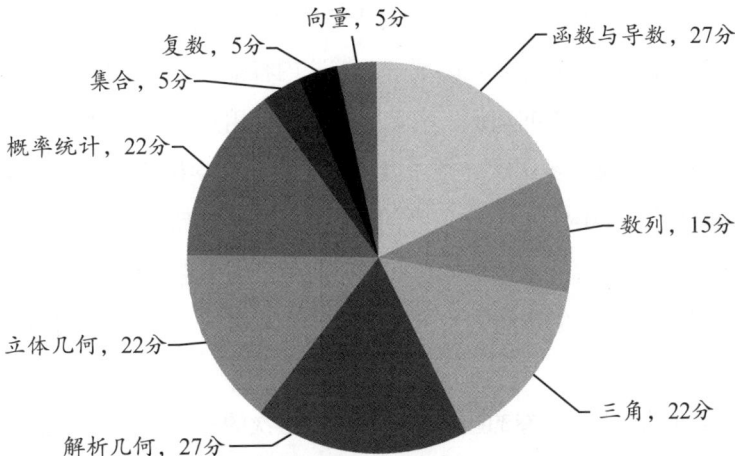

图3-1 2021年高考数学Ⅰ卷考查知识点内容及分值分布（单位：分）

　　试题主要从数学概念原理的理解、数学方法的使用、重要的数学思想、数学知识的关联、数学应用与创新等方面体现了数学本质考查。① 强调概念和原理的内涵，揭示数学知识形成的过程。例如，第5题是关于椭圆的概念问题，所求的 $|MF_1| \cdot |MF_2|$ 的最大值实际是回归到椭圆的定义，利用椭圆定义得到 $|MF_1| + |MF_2| = 2a = 6$，利用椭圆的定义寻找已知与未知之间的关系；再如，第8题是判断事件是否独立的问题，也是要回到概率概念和独立事件定义。② 数学方法的应用，例如，第7题和第22题，都可以使用构造的方法，通过求导分析函数的单调性；而向量的方法在立体几何和三角函数问题中发挥重要作用。③ 试题考查了多种重要的数学思想，例如，数形结合的思想（第3、11题）、字母表示数的代数思想（第16题）、函数与方程的思想（第19题）、不等式思想（第5题）、分类与整合的思想（第15题）、转化与化归的思想（第20题）、特殊与一般的思想（第16、17题）、或然与必然的思想（第18题）等。数学知识的关联也是数学本质的重要体现，例如，第5题，把椭圆的定义与基本不等式相关联；第10题是向量与三角函数的结合。在应用问题和创新问题方面，是基于数学知识的应用，考查了学生对相关数学的本质理解和应用能力，例如，第

16题和第18题，学生要从问题情境中识别出数学模型，应用相关的数学知识解答。

特别地，试题以核心知识、基础性问题为背景，深入考查学生对数学本质的理解，对数学概念、原理和方法的使用情况。例如，第8和9题，都是考查概率和统计中的核心概念；第6题，考查学生对于三角函数的诱导公式的使用能力；第17题，考查学生对于数列通项公式的理解。这些内容都属于比较基础性的问题，试题并不是简单地重复相关的知识，考查学生机械使用基本的数学技能的水平，而是从数学的本质出发，多层次、多角度考查学生对数学概念与原理的掌握情况。这种命题倾向在2021年1月份八省联考的适应性试题中有所体现，但是适应性试题的综合程度较高，运算复杂，而此次2021年高考全国Ⅰ卷有所改进，计算难度降低，但是依然以考查数学本质为目标，考查学生对概念、原理的理解和方法的使用。

从表3-2可以看出，试卷的题目在"理解"层次的分值最大，为72分，占比为48%，"掌握"层次的占比为45.3%。而"了解"层次仅考查了两道题目，占比最低，仅为6.7%。与2020年全国Ⅰ卷理科数学[简称2020（理Ⅰ）]相比，"了解"层次的题目分值占比没有下降，而"掌握"层次的题目分值有所的上升。如第16题是生活情境问题"折纸规律归纳与数列求和"，该题要求学生在熟悉的生活情境问题中进行猜想、演绎、归纳，要求学生对错位相减法的适用情况了然于心，考查了学生的数学运算、逻辑推理能力，达到了"掌握"的层次。与2020年（理Ⅰ）试题相比较，2021年高考的数学认知要求有所提高，对于考查基本知识了解层次的分值保持不变，除了第一道选择题和第一道填空题外，都达到了"理解"及以上的水平，加强了试题的综合性。而在"掌握"水平的试题分值略有上调，减少了解题的技巧性，在数学运算、逻辑推理、直观想象等关键能力方面进一步加强，甚至达到了更高的认知水平。

表3-2　2021年（Ⅰ卷）和2020年（理Ⅰ）高考数学试卷认知结构考查指标比较

试卷	2021 年全国Ⅰ卷			2020 年（理Ⅰ）	
指标	题号	分值	百分比 /%	分值	百分比 /%
了解	1，13	10	6.7	10	6.7
理解	2、3、4、5、6、8、9、10、14、15、17、18	72	48.0	89	59.3
掌握	7、11、12、16、19、20、21、22	68	45.3	51	34.0

（3）基于"四翼"，评价素质

高考评价体系的"四翼"考查要求立足于素质教育应达成的内容表现与形式表现，是在高考中对素质教育进行评价的基本维度。2021年全国Ⅰ卷基于"四翼"要求，也就是"基础性、综合性、应用性、创新性"，体现了素质教育在高考中的评价维度，既落实了高考"服务选才"的功能，又发挥了高考"引导教学"功能。

① 基础考查通用典型，综合强化整体关联。

在2021年全国Ⅰ卷中，基础性主要考查数学基础知识、基本技能和基本的思想方法，解法注重通用性和典型性；综合性主要体现在知识的交叉融合，多种关键能力的综合应用。数学的基础性指的是学生应掌握的数学基本概念、原理、技能、思维方法等。在试题的命制中，主要考查学生准确理解并熟练掌握主干数学内容，具备应对生活实践或学习探索问题情境的基本知识、基本能力与基本素养。试题的综合性是指考查学生数学知识、关键能力、核心素养之间的整合能力及综合运用水平。也就是学生能够综合运用科学的思维方法，合理地组织、调动数学的相关知识与能力，高质量地应对生活实践或学习探索中的复杂问题情境，能够触类旁通、举一反三，甚至融会贯通。

在2021年全国Ⅰ卷中，以集合、复数、几何体、三角函数、椭圆、函数与导数、数列、概率等基础知识为载体，考查了学生的数学运算、推理、几何直观、数据处理等基本技能，而在基本的数学思想方法方面，主要是数学抽象、数形结合、函数与方程、特殊与一般、分类讨论、递推、化归与转化的思想方法。在基础性考查方面，吸收了适应性考试中的经验，通过设计典型的基础问题，考查学生通用的方法，掌握基础知识和技能的情况，避免了思维层次要求过高、运算过于繁杂的不足。

在试题的综合性方面，能够把基础与综合合理结合，强化数学的整体性和关联性，在多选题、填空题、解答题中，通过设置综合性问题，突破单一或者固定知识与能力考查，全面评测了学生的数学核心素养。例如，第19题的第（1）问是比较基本的证明，只要使用正弦定理就可以解决；但是第（2）问，打破常规，出现多个三角形既要使用余弦定理，又要使用平面几何知识判断不同的边和角的关系，而且，数学运算素养要求较高，这就对学生的解题提出了挑战。

② 应用情境清晰易懂，数学模型学以致用。

高考评价体系认为应用性要求以贴近时代、贴近社会、贴近生活的生活实践或学习探索问题情境为载体，2021年全国Ⅰ卷的应用情境大多是结合学生的生活，选取了与社会生活实践、国家经济社会发展、科学技术进步等紧密相关的内容与问题，通过这些问题的设计，考查学生使用相关数学模型的问题解决能力。例如，试题中的第8题，以取放标有数字的相同的球为应用情境，考查学生对"独立事件"这个数学模型的理解与应用；再如，第18题，基于"一带一路"的背景，考查学生对离散型变量的分布列和数学期望的应用水平，评测他们把课堂知识迁移到实际、理论联系实际的能力。

③ 倡导探索创新意识，突破思维定式束缚。

高考关注与创新密切相关的能力和素养，比如独立思考能力、发散思维、逆向思维等，考查学生敏锐发觉旧事物缺陷、捕捉新事物萌芽的能力，考查学生进行新颖的推测和设想并周密论证的能力，考查学生探索新方法、积极主动解决问题的能力，鼓励学生摆脱思维定式的束缚，勇于大胆创新。在数学试题中，合理设计问题情境，适度进行题型改革，设置了多选题和一题两空，让学生进行操作实验，通过观察，主动思考，探索规律；通过归纳猜想，得到数学一般结论，培养学生的创新意识和创新思维。例如，在第16题的折纸问题中，学生甚至可以在考场进行折纸实验，通过1次、2次的操作，得到特殊的结论，通过数学抽象，探讨一般的结论，得到结果；在第21题圆锥曲线问题的第二问，探究直线的斜率与直线的斜率之和，这也是让学生通过尝试、探究，大胆猜测，然后进行数学验证。

2021年全国Ⅰ卷是广东首次使用文理不分科的数学试题，虽然和以往文理分卷考试有所不同，但是依然继承了以往全国卷试题的优点，并进行了改革尝试，增加了多选题、一题两空的题型。试题兼顾文理考生数学学习的特点，注重基础性的考查和问题解决的通性通法，强调数学本质，降低运算技巧难度，适度考查数学应用和创新，提升题目的区分度。

3.3.2 2021年全国Ⅰ卷试题分析

（1）兼顾文理不分科，注重基础和区分

试题在兼顾文理科不同的情况下，适度降低技巧难度；题目重视考查学生对基础知识、基本技能和基本的数学思想掌握情况；同时，适当设计问题的梯度，

提高试题的区分度，对学生的数学学科核心素养进行合理评价。

例如，单选题中的集合、复数、函数性质等基本问题属于基础性问题，第8题却是考查独立事件的定义，难度不大，考查数学本质；多选题的第1题考查基本的统计量，但是后3题的难度逐步增加，特别考查了直观想象的核心素养，同时隐含了参数方程、三角函数、平面几何等知识。再如，填空题第1题不是简单地考查偶函数，还包括了幂指数的运算，考点较多；第2个和第3个填空题较为综合，较好地考查了抛物线相关概念和绝对值函数的最值；第16题包括两个问题，第一个问题比较直接，学生观察、操作或实验就可以得到结果，第二个问题则是考查学生的数学抽象能力，探讨数学模型，要求学生能够归纳、推理和运算，综合考查了学生的核心素养。在解答题中，第一问相对比较基础，但是考查能力，例如，数列通项的递推关系、离散型分布列、正余弦定理、立体几何推理、圆锥曲线定义、导数与函数单调性等；第二问则具有一定的数学深度和高度，考查学生思维的深刻性、严谨性、广阔性等，学生要理解相关的数学思想，例如，数列中的函数思想、概率思想、方程思想、数形结合、化归思想等，同时，能够运用递推、类比、转化、构造等方法解决问题。这样的命题设计，不仅让学生能够较好理解问题，而且又要进行多角度地探究、严谨细致地推导、准确地运算才能解决问题。这样的命题，既能考查文理不同倾向的学生的数学基础情况，又能对他们进行合理区分，有利于人才的选拔。

（2）基于新题型命题，强化梯度的设计

在2021年全国Ⅰ卷中，比较合理地设计了多选题、一题多空题的新题型。基于这些新题型，在考查数学知识和关键能力方面，强化了试题的梯度，从而能够使不同水平的学生获得不同的分数，提高了学生的得分率，有助于学生更好地发挥数学潜能。

例如，多选题的第11题，题目的已知清晰简单，圆上有一点 P，另外有两个特殊的点 A、B 分别在 x 轴和 y 轴，选项A和B是属于同一层次的问题，也就是圆上的点到直线 AB 的距离问题，考点是圆与直线的位置关系；而选项C和D又是更高层次的问题，考查角、直线和圆的位置关系、勾股定理等，是考查动态几何的问题。这两个梯度对于不同的考生有着不同的要求，比较全面考查了学生的数学素养。

> 11. 已知点 P 在圆 $(x-5)^2+(y-5)^2=16$ 上，点 $A(4,0)$、$B(0,2)$，则（　　）
>
> A. 点 P 到直线 AB 的距离小于10
>
> B. 点 P 到直线 AB 的距离大于2
>
> C. 当 $\angle PBA$ 最小时，$|PB|=3\sqrt{2}$
>
> D. 当 $\angle PBA$ 最大时，$|PB|=3\sqrt{2}$

再如，第16题，此题共有两个填空，第一个是基于学生的观察、实验、操作就可以得到答案，是属于基础性的考查；第二个是基于第一个的结果，进行归纳、探究规律，通过数学抽象，得到一般的数列模型，通过数学运算才能获得最后的结果。问题的难度逐步上升，考查的学生核心素养也不同，后者更加注重数学思维的深度与广度，强调数学抽象、建模和运算。

> 16. 某校学生在研究民间剪纸艺术时，发现剪纸时经常会沿纸的某条对称轴把纸对折，规格为 $20\ dm \times 12\ dm$ 的长方形纸，对折1次共可以得到 $10\ dm \times 12\ dm$、$20\ dm \times 6\ dm$ 两种规格的图形，它们的面积之和 $S_1 = 240\ dm^2$，对折2次共可以得到 $5\ dm \times 12\ dm$、$10\ dm \times 6\ dm$、$20\ dm \times 3\ dm$ 三种规格的图形，它们的面积之和 $S_2 = 180\ dm^2$，以此类推，则对折4次共可以得到不同规格图形的种数为 _____；如果对折 n 次，那么 $\sum_{k=1}^{n} S_k =$ _____ dm^2.

不仅仅是新题型的问题有着梯度的划分，在解答题中，第一问和第二问也有着比较清晰的梯度。一般地，第一问都是考查最基本的数学概念、原理或方法，第二问的数学思维层次加深，综合考查学生的数学核心素养。

（3）淡化命题的形式，注重数学的本质

从2021年全国Ⅰ卷整体分析，命题的形式比较平实，即使是新增的多选题和一题两空题，都是学生日常练习过的类型；而解答题也没有超出学生的预期，数列、概率统计、三角函数、立体几何等依然是解答题的主要内容，解析几何和导数的应用问题作为最后的压轴。

尽管试题形式比较常规，但是试题重点考查了数学的本质，通过这些问题的考查，也恰恰体现了学生数学学习的薄弱环节，揭示了数学教学的不足之处。

2021年全国Ⅰ卷除了增加多选和一题两空的新题型之外，其他题目在形式上与往年的高考题没有太大区别，都是学生比较熟悉的"类型"，这给人一种错觉，试题与往年的高考题没有太大改变，甚至不如2020年山东省使用的新高考试题新颖（除了多选题，还有开放性问题）；然而，在考查概念、原理和方法方面，2021年全国Ⅰ卷确实考查了数学本质问题，如同许多老师说的，"考到了学生的'痛点'"，什么是学生的"痛点"？当前，为了应对高考，许多学校把高中三年的课程压缩为两年完成，这就导致了"概念照本宣科，原理记忆就过，方法只为结果"的后果。在高三复习阶段，暴露的很多问题都是概念理解不深刻，数学公式、定理不求甚解，解题方法倾向于套路。针对这样的现象，试题从基本概念、原理出发，考查学生是否掌握了其思想与方法。

7. 若过点 (a, b) 可以作曲线 $y = e^x$ 的两条切线，则（　　）

A. $e^b < a$　　　　　B. $e^a < b$　　　　　C. $0 < a < e^b$　　　　　D. $0 < b < e^a$

此题设问简单，函数模型也是学生熟悉的常用指数函数，考点是切线问题。这道题目看似比较常规，但是却隐含着多个概念问题，例如，指数函数的图象、性质、切线、导数、斜率等，解答此题，可以从函数图象直观获得信息，并且要理解指数函数图象的性质特征，理解切线的含义及 a、b、e^x 对应的几何意义；另一种解法就是写出切线的方程，讨论 a、b 的取值，要用到导数的概念，甚至极限的思想，有可能"小题大做"。此题考查的数学本质就是指数函数性质、图象和切线概念（水平渐近线）。

多选题中的第10题，考查的是向量数量积的坐标表示及两角和差公式，也是基本的数学公式；填空题的第14题和第15题，一个是抛物线的概念，另一个是分段函数的概念与最值问题。

解答题中的数列、概率、解三角形等，都是以常见的题型命题，考查的却是数学的本质。例如，第17题数列问题。此题的题干简洁清晰，问题也不难理解，尤其是第（2）问，求前20项的和，看似比较基础，题目考查的却是数列的基本概念和递推关系，给出的 a_{n+1} 与 a_n 递推关系是奇偶项的交叉递推关系，这和往常试题的奇偶项分别讨论不同，也为学生制造了解题的障碍，而试题本质还是考查等差数列的概念，体现了数列是一类特殊的函数。

（4）动点动线重直观，归纳猜想强探究

在2021年全国Ⅰ卷中，"变化"的数学随处可见，很好地体现了高中"变量"数学的特征；另外，在考查学生逻辑推理能力的同时，注重考查学生观察、实验、列举、归纳和猜想的能力，其实，归纳、猜想也是学生应该具备的数学核心素养。

从动态研究数学是此次高考数学的显著特点，例如，第3题，已知圆锥的底面半径为$\sqrt{2}$，其侧面展开图为一个半圆，求该圆锥的母线长。这个题目要求学生头脑中有圆锥侧面展开的直观表象，这样就可以发现圆锥母线和底面圆周的关系，问题也就容易解决，当然画个草图更好；第7题，点(a, b)是动态的，切线也是动态的，但是一旦位置确定了，a和b的值也就得到了；第11题，是直线与圆的位置关系，以及$\angle PBA$的大小变化，也是动直线的问题；第12题，将二维空间转换到三维空间，根据两个参数，考虑P点的运动轨迹，既要考虑二维平面上点的动态过程，也要讨论三维空间的直线的变化；解答题中的立体几何问题，也就是第20题，同样也是动态的点和线，最后拓展到二面角的问题；第21题，设点T在直线$x = \frac{1}{2}$上，求直线AB的斜率与直线PQ的斜率的关系，通过动点给出两条割线的关系，探讨最后的结论。

除了几何的变化之外，数量的变化也比较常见，例如，三角函数的诱导公式、正余弦定理、韦达定理的应用、量的代换和构造等。正是由于形和数的"变"，提高了试题的质量，改变了死记硬背的套用公式或"模式"。

试题的另一个特点是注重考查学生归纳猜想和数学探究能力。在第16题，通过折纸的特殊情况对折1次、2次、3次，让学生发现其中蕴含的数字规律，归纳猜想数列通项：第n次对折后的图形面积为$120 \times \left(\frac{1}{2}\right)^{n-1}$，猜想$S_n = \frac{120(n+1)}{2^{n-1}}$，继而就可以求得结果；这个归纳猜想的数学探究过程，考查了学生对特殊与一般的数学思想的理解，也考查了数学抽象的素养。在第21题的第（2）问，也可以先从特殊入手，猜测出结论，然后再进行严格的论证。

这样的命题方式使得试题变得比较灵活，既注重了数学的理性思维，强调逻辑推理，同时也注重了类比、归纳和猜想，培养学生的数学创新意识。

（5）情境设置较合理，数学阅读恰适当

高考评价体系中的"四层"考查内容和"四翼"考查要求，是通过情境载体来实现的。在高考数学试题中，主要包括学习情境、探索创新情境、生活实践情境三类，合适的情境可以有效地考查学生的数学基础、应用和创新。相对于2020年的高考数学试题，2021年的试题中的情境设计比较合理，体现了学习情境、探索创新情境、生活实践情境。数学学科有着与其他学科显著的不同，那就是高度的抽象性，过于复杂的情境可能干扰考查学生的数学理解，不一定能够评测学生的数学学科核心素养。除了第16题和第18题是具有一定特殊生活实践情境的试题，其他都是学生熟悉的学习情境、探索创新情境，这有助于学生正确理解问题。

试题在数学阅读方面也适当降低了复杂性，学生能够比较快速地读懂问题，并且转化为数学语言，表征为数学符号。阅读难度的降低也有利于学生在短时间内运用合适的数学知识、技能解决问题，展现真实的数学能力。

3.3.3　2022年全国Ⅰ卷试题命题特色

2022年全国Ⅰ卷在《课标（2017年版）》和《中国高考评价体系》的指导下，降低了在试题结构、题型、题设、表达等形式的复杂性，提高了对学生数学思维的考查，回归了数学简洁、抽象、严谨的本质，从教考衔接的角度，为基础教育的数学教学指明了方向。试题加强了对学生代数运算能力的考查，蕴含了丰富的数学分析思想，特别是微分思想、化归思想、符号与变元思想、对应思想、构造思想等。试题重视对学生直观想象素养的考查，多个题目利用图形描述、分析问题，建立形与数的联系，构建直观模型，探索解决问题的思路，尤其是在圆锥曲线、函数、立体几何等领域，凸显了解析几何的价值。试题强化了对推理证明的考查，让学生感受数学的理性精神，考查学生重视论据、有条理、合乎规则证明的思维品质。

（1）淡化试题结构形式，注重数学思维本质

初看2022年全国Ⅰ卷试题，似曾相识的感觉，试题的结构清晰，以单项选择、多项选择、填空和解答题构成，题型都是学生日常训练的形式；试题的题设和问题简洁明了，表达形式明确，学生能够快速理解题意，减少了数学阅读和理解的困难。从文字的数量来看，明显低于2020年新高考全国Ⅰ卷，并且在题型方面没有出现一题多空和结构不良的解答题。试题重视对学生数学思维的考查，增强了对思维的深刻性、灵活性、敏捷性等品质的考查，试题在考查基础知识、基本技能的同时，更加强调对于数学思想方法的理解与运用的考查。

试题主要从数学概念原理的理解、数学方法的使用、重要的数学思想、数学知识的关联、数学应用与创新等方面体现了数学本质考查。首先，强调概念和原理的内涵，揭示数学知识形成的过程。例如，第5题是古典概型，需要对试验的有限性和等可能性进行判断，即要回到古典概型的定义，进而进行计算；第17题，求等差数列的通项公式，即要回归等差数列的定义进行求解。再如，第20题第二小问证明等式成立，题目以学生比较不熟悉的证明题的形式出现，实质上考查的仍为条件概率的定义及计算。其次，数学方法的应用。例如，第7题可以使用构造的方法，通过求导分析函数的单调性进而求解；而向量法在立体几何中发挥着重要的作用；转化的方法在解三角形中也起着重要作用。再次，试题考查了多种数学思想。例如，数形结合的思想（第3、4、8、9、14、16、21题）、函数与方程的思想（第10、22题）、不等式思想（第18题）、分类与整合的思想（第22题）、转化与化归的思想（第18、21题）、或然与必然的思想（第20题）等。然后，数学知识的关联也是数学本质的重要体现。例如，第8题将四棱锥体积与导数相结合，第18题将解三角形与不等式相结合，第22题将函数与数列相关联。最后，在数学应用和创新方面，是基于数学知识的应用，考查了学生对相关数学的本质理解和应用能力。例如，第4题和第20题，学生需要从问题情境中识别出数学模型，应用相关数学知识解答。

特别地，试题从数学本质的角度考查学生对于数学概念、原理和方法使用情况。例如，第5题考查古典概型的相关知识；第17题考查学生等差数列的概念和裂项相消法求数列前 n 项和的方法；第18题考查学生三角函数诱导公式的使用能力及利用正弦定理进行边角互化的能力；第20题考查概率统计中独立性检验与条件概率的核心概念；等等。这些内容都属于比较基础性的问题，试题并不是简单重复相关的知识，考查学生使用基本的数学技能的水平，而是从数学的本质出发，多层次、多角度考查学生对数学概念与原理的掌握情况，以考查数学本质为目标，考查学生对数学概念、原理的理解和数学方法的使用。

（2）强调代数运算能力，体现数学分析思想

数学运算是指在明晰运算对象的基础上，依据运算法则解决数学问题的素养[①]。在2022年全国Ⅰ卷中，函数、向量、复数、立体几何、解析几何、数列、概率统计等问题都蕴含着丰富的代数运算，充分考查了学生的数学运算素养。试题不仅对学生的运算能力提出了更高要求，而且蕴含了丰富的数学分析思想，例如，微分思想、符号与变元思想、构造思想等，这些思想渗透于高中数学课程，微分思想在函数、导数、立体几何体积、概率统计等知识领域都有所体现与应用，而符号在变元方程、函数、数列、三角、解析几何等中更是常见，构造思想在解决函数、方程、解析几何、立体几何等问题中，也是重要的思想方法。

在多道试题中都要运用微分思想。例如，单选题第7题，是将初等数学中的函数性质与求导判断大小关系相结合；第8题先得到正四棱锥体积的函数表达式，然后使用导数判断函数的单调性，再求最值；多选题的第10题直接应用微分思想方法解决极值、零点、切线等问题；第12题考查导函数与原函数的关系，也是微分思想的应用；填空题中的第15题也要进行求导，求出切线方程再讨论参数 a 的值；第22题是导数应用的综合问题，知识点主要有导数、极值、最值、零点存在性定理。

符号与变元思想、对应思想、构造思想等也在试题中多处应用，这是从高等数学观点的角度探讨初等数学问题的解决，使学生对初等数学的本质，以及与高等数学之间的内在联系，有了更深刻的认识[②]。

（3）重视直观想象素养，突显几何解析价值

直观想象是发现和提出问题、分析和解决问题的重要手段，是探索和形成论证思路、进行数学推理、构建抽象结构的思维基础。借助空间形式认识事物的位置关系、形态变化与运动规律；利用图形描述、分析数学问题；建立形与数的联系，构建数学问题的直观模型，探索解决问题的思路。

在2022年全国Ⅰ卷中，强调对学生直观想象素养的考查，例如，在数学情境问题中，第4题是南水北调水库体积问题，这就需要学生能够想象出棱台的形状，

---

① 中华人民共和国教育部.普通高中数学课程标准（2017年版2020年修订）[M].北京：人民教育出版社，2020.

② 周玛莉，张劲松.高观点的数学思想对中学数学教学的启示[J].中学数学月刊,2014（3）：7-10.

研究其位置、形态中的数量关系，利用棱台的体积公式求解答案，这是将形和数结合的方法；在第8题中，也是构建四棱锥的体积表达式，通过数的运算求解得到答案；在解答题的第19题中，学生既要能够从空间的角度理解三棱柱中各个几何元素的关系，同时也要从数量的角度对体积、距离、二面角等进行分析，通过构建空间直角坐标系，向量运算，使用解析几何方法解决问题。

抛物线（第11题）、直线与圆（第14题）、椭圆（第16题）、直线与双曲线（第21题）这四个问题更加体现了直观想象素养的考查，突显了解析几何的价值，这也是学生未来学习必备的数学基础。

实际上，在函数、三角、导数应用等问题解决中，也体现了数形结合的思想方法，考查学生的直观想象素养。

（4）明确推理证明规则，感受数学理性精神

数学的特征之一就是严谨性，在具体内容方面就是按照一定的推理规则进行论证。这种推理论证具有合情推理的一面，例如，归纳、猜想、类比；同时，数学的推理证明更多的是根据规则得到结论，符合演绎推理的逻辑。2022年的试题在推理证明方面有所加强，体现了数学的严谨性特征，让学生领悟到数学理性精神。

在答题中，比以往增加了更多的证明题，注重对推理证明核心素养的考查。比如在第17题数列问题中，从以往求解数列前项和变为证明一个关于前项和的不等式；在高考立体几何问题中，学生一般可以通过给出的简单垂直关系直接建系求解二面角的正弦值，而2022年全国Ⅰ卷第19题需要学生结合边的关系、面面垂直、线面垂直、直三棱柱的性质证明三线两两垂直，才能建系；此外，第20题概率统计问题的第（2）问需要学生证明一个关于条件概率的恒等式，对逻辑推理素养的要求较高；最后，在第22题导数的应用问题中，待证结论包含了两个命题：一是存在直线与曲线有三个交点，二是横坐标成等差数列。前者从图象直观上是比较明显的，但需要运用代数运算进行严谨证明，这就需要学生具有较高的逻辑推理素养。

3.3.4　2022年全国Ⅰ卷试题分析

2022年全国Ⅰ卷是广东第二次使用文理不分科的数学试题，继承了2021年全国 I 卷试题以及往年全国卷试题的优点，并进行了适当调整，保留多选题，删减一题两空的题型。试题兼顾文理考生数学学习的特点，注重基础性的考查和问题解决的通性通法，强调数学本质，适度考查数学应用和创新，提升题目的区分度；但也存在计算量过多的不足。

（1）**注重基础，重视综合**

题目重视考查学生对基础知识、基本技能和基本数学思想的掌握情况；同时，适当设计问题的梯度，重视综合，对学生的数学学科核心素养合理评价。

例如，单选题的集合、复数、向量、概率统计等基本问题属于基础性问题，第4题考查台体体积的计算，难度不大，但是向考生渗透数学文化，后两道题目难度相对较大，特别是第7题，可以通过构造函数→判断函数单调性→取值比较函数值大小，其本质为高等数学知识—泰勒展开式的简单应用，向学生渗透"高观点"内容与思想。

7. 设 $a = 0.1\mathrm{e}^{0.1}$，$b = \dfrac{1}{9}$，$c = -\ln 0.9$，则（　　）

A. $a < b < c$　　　　B. $c < b < a$　　　　C. $c < a < b$　　　　D. $a < c < b$

多选题的第9题考查异面直线所成角及线面所成角的简单计算，第10、11、12题难度逐渐增加，特别考查逻辑推理、数学运算的核心素养，同时隐含了函数与导数（抽象函数与一般函数）、平面几何等知识。

再如，填空题第13题为简单二项展开式系数的计算，第15题为导数的简单应用，涉及数学运算、逻辑推理的核心素养，难度中等；第14题和第16题较为综合，其中第14题为开放性问题，包含三个答案，考生可根据两圆的位置关系直观得到其中一条公切线为 $x = -1$，根据圆心到切线距离为半径计算出另外两条公切线，或是根据二级结论（两个圆外切时，两个圆的方程相减即为公切线方程）计算，体现了数形结合的思想，本题蕴含了丰富数学思维，给不同水平的考生提供了多层次的思考空间，在考查思维的灵活性和深刻性方面具有很好的选拔功能；第16题综合考查椭圆的定义及焦点弦的计算。

14. 写出与圆 $x^2+y^2=1$ 和 $(x-3)^2+(y-4)^2=16$ 都相切的一条直线的方程 _____。

16. 已知椭圆 $C:\dfrac{x^2}{a^2}+\dfrac{y^2}{b^2}=1(a>b>0)$，$C$ 的上顶点为 A，两个焦点为 F_1、F_2，离心率为 $\dfrac{1}{2}$。过点 F_1 且垂直于 AF_2 的直线与 C 交于 D、E 两点，$|DE|=6$，则 $\triangle ADE$ 的周长是 _____。

又如，在解答题中，第一小问相对比较基础，但是考查能力，如根据等差数列定义及前 n 项和 S_n 与通项 a_n 的关系求通项公式、两角和与差的正弦和余弦公式、等体积法求点到平面的距离、独立性检验、直线斜率关系、导数与函数最值等；第二小问则具有一定的数学深度和高度，考查考生思维的深刻性、严谨性、广阔性等，考生要理解相关的数学思想，如函数与方程思想、化归思想、概率思想、数形结合思想等，同时，能够运用转化、构造等方法解决问题。这样的命题设计，不仅需要学生能够较好地理解问题，同时又要进行多角度地探究，严谨细致地推导、准确地运算才能解决问题；既考查文理不同倾向的学生的数学基础情况，又能对他们进行合理区分，有利于人才的选拔。

（2）优化题型，强化梯度

在2022年全国Ⅰ卷中，比较合理地设计了多选题这一新题型。基于这些设计，在考查数学知识和关键能力方面，强化了试题的梯度，从而能够使不同水平的学生获得不同的分数，提高学生的得分率，有助于学生更好地发挥数学潜能。

例如，多选题第11题，题目的已知清晰简单，选项 A 和 B 为同一层次的问题，都是基于抛物线方程的简单计算，选项 C 和 D 为更高层次的问题，考查抛物线中弦长的计算及大小比较。这两个梯度对于不同的考生有着不同的要求，考查学生数学运算和逻辑推理的数学素养。

11. 已知 O 为坐标原点，点 $A(1,1)$ 在抛物线 $C:x^2=2py(p>0)$ 上，过点 $B(0,-1)$ 的直线交 C 于 P、Q 两点，则（　　）

A. C 的准线为 $y=-1$　　　　B. 直线 AB 与 C 相切

C. $|OP|\cdot|OQ|>|OA|^2$　　　D. $|BP|\cdot|BQ|>|BA|^2$

不仅是新题型的问题有着梯度的划分，在解答题中，第一小问和第二小问也有着比较清晰的梯度。 一般地，第一小问都是考查最基本的数学概念、原理或方法，第二小问考查的数学思维层次加深，综合考查考生的数学核心素养。

（3）淡化形式，注重本质

从2022年全国Ⅰ卷整体分析，命题的形式比较平实，都是学生日常练习过的类型，多选题也已经在2021年新高考卷中出现；而解答题也没有超出学生的预期，数列、概率统计、三角函数、立体几何等依然是解答题的主要内容，解析几何和导数的应用问题作为最后的压轴。

尽管试题形式比较常规，但是试题重点考查了数学的本质，通过这些问题的考查，也恰恰体现了学生数学学习的薄弱环节，也揭示了数学教学的不足之处。

新高考数学Ⅰ卷试题除了保留多选题、删减了一题两空的题型，其他题目在形式上与往年的高考题没有太大区别，都是学生比较熟悉的"类型"。 在考查概念、原理和方法方面，2022年新高考数学试题考查了数学本质问题，如单选题第8题，题目设问简单，考点为球的内接正四棱锥的体积，看似比较常规，但是却隐含多个概念问题，例如，球的体积、正四棱锥的性质及体积、球的内接多面体的性质等，解答此题，需要学生具备一定的直观想象素养，结合图形获取信息，此外，还涉及函数与导数的知识，利用导数求函数的极值与最值，是一道比较综合的立体几何问题。

又如多选题第12题，本题考查抽象函数的性质——奇偶性和对称性，导数的概念以及它们之间的联系，题干清晰简洁，但需要学生对函数的性质有较深刻的理解，需具备较强的数学抽象、直观想象、逻辑推理素养。 填空题的第13和14题，一个是考查二项展开式的系数，另一个是曲线的切线问题。

---

12. 已知函数 $f(x)$ 及其导函数 $f'(x)$ 的定义域均为 $\mathbf{R}$，记 $g(x)=f'(x)$，若 $f\left(\dfrac{3}{2}-2x\right)$，$g(2+x)$ 均为偶函数，则（　　　）

　A. $f(0)=0$　　　B. $g\left(-\dfrac{1}{2}\right)=0$　　　C. $f(-1)=f(4)$　　　D. $g(-1)=g(2)$

解答题中数列、解三角形和概率统计等，都是以常见的题型命题，考查的却是问题的本质。例如，第20题概率统计问题，此题以生活情境为载体，问题不难理解，第一小问为简单的独立性检验问题，而第二小问为条件概率问题，看似比较简单，

但是本题的考查方式与往常试题的简单计算有所不同，本题要求学生证明条件概率的等式，为学生制造了解题障碍，但是试题的本质还是条件概率的计算。

（4）情境合理，阅读适当

高考评价体系中的"四层"考查内容和"四翼"考查要求，是通过设计问题情境为载体来实现的。合适的情境可以有效地考查学生的数学基础、应用和创新。2022年试题中的情境设计合理，体现了学习情境、探索创新情境、生活实践情境。数学学科有着与其他学科显著的不同，那就是高度的抽象性，过于复杂的情境可能干扰考查学生的数学理解，不一定能够评测学生的数学学科核心素养。除了第4题和第20题两个具有一定特殊性的生活实践情境的试题，其他都是学生熟悉的学习、探索情境，这有助于学生正确理解问题。

试题在数学阅读方面也适当降低了复杂性，学生能够比较快速地读懂问题，并且转化为数学语言，表征为数学符号。阅读难度的降低也有利于学生在短时间内运用合适的数学知识、技能解决问题，展现真实的数学能力。

（5）落实政策，合理导向

新高考是新课程改革以来的检验方式，落实新高考政策，有助于推进新课标和新教材的实施。新高考结合新课标和高考评价体系进行命题，对未来的数学教学起到引导作用。

《课标（2017年版）》在命题建议中指出：考查内容应围绕数学内容主线，聚焦学生对重要数学概念、定理、方法、思想的理解和应用，强调基础性、综合性；注重数学本质、通性通法，淡化解题技巧；融入数学文化。应有一定数量的应用问题，重点考查学生的思维过程、实践能力和创新意识，适度增加试题的思维量；关注内容与难度的分布、数学学科核心素养的比重与水平的分布；努力提高试卷的信度、效度和公平性。

从前5点分析可以发现新高考试题落实了相关的政策，严格按照教育部提出的"要优化情境设计，增强试题开放性、灵活性，充分发挥高考命题的育人功能和积极导向作用，引导减少死记硬背和'机械刷题'现象"。这对于未来的数学教学有着良好的引导作用。

第4章 新课程结构分析

4.1 对数学课程结构的总体分析与认识

《课标（2017年版）》采用主题课程结构，分为必修课程、选择性必修课程、选修课程三类，选择性必修课程实际上就是限定性选修课程，选修课程实际上就是任意选修课程，每类课程按函数、几何与代数、概率与统计、数学建模活动与数学探究活动四个主题组织内容。必修、限定性选修课程为高考内容，限定性选修课程不分文理科，对应文理不分科高考，任意选修课程不作为高考内容。必修课程为 8 学分，比《课标（实验）》减少 2 学分，选择性必修课程为 6 学分，任意选修课程学分上限为 6 学分。按主题设置课程内容，体现了数学内容的整体性和系统性，突出数学核心概念和主线。特别是增加数学建模活动与数学探究活动主线，对于培养学生发现和提出问题、分析和解决问题的能力，促进学生数学核心素养的形成和发展具有重要作用。设计的依据包括：① 依据高中数学课程理念，实现"人人都能获得良好的数学教育，不同的人在数学上得到不同的发展"，促进学生数学学科核心素养的形成和发展。② 依据高中课程方案，借鉴国际经验，体现课程改革成果，调整课程结构，改进学业质量评价。③ 依据高中数学课程性质，体现课程的基础性、选择性和发展性，为全体学生提供共同基础，为满足学生的不同志趣和发展提供丰富多样的课程。④ 依据数学学科特点，关注数学逻辑体系、内容主线、知识之间的关联，重视数学实践和数学文化。

高中数学课程分为必修课程、选择性必修课程和选修课程。高中数学课程内容突出函数、几何与代数、概率与统计、数学建模活动与数学探究活动四条主线，它们贯穿必修、选择性必修和选修课程。数学文化融入课程内容。高中数学课程结构如图4-1。

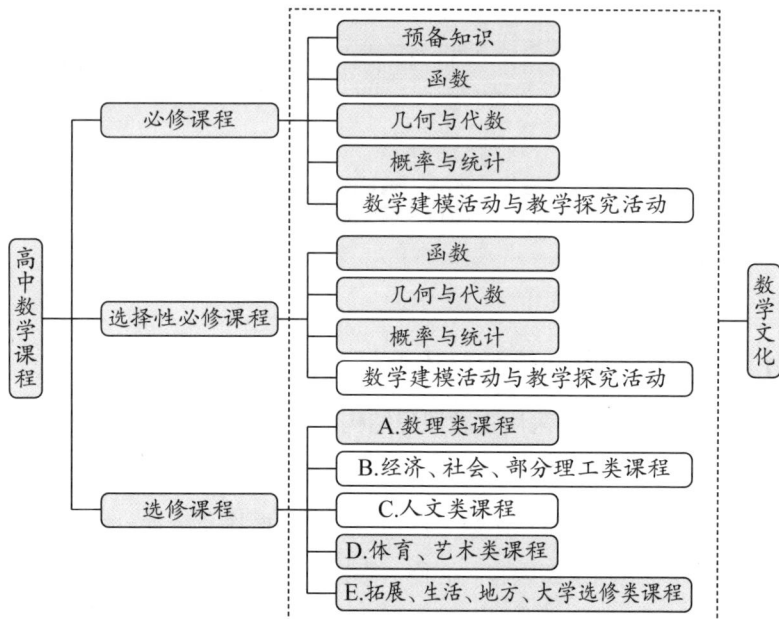

图4-1　高中数学课程结构示意图

说明：数学文化是指数学的思想、精神、语言、方法、观点，以及它们的形成和发展；还包括数学在人类生活、科学技术、社会发展中的贡献和意义，以及与数学相关的人文活动。

4.2　数学文化融入课程内容

《普通高中数学课程标准（2017年版2020年修订）》〔以下简称《课标（2020年修订）》〕指出，数学文化应融入数学教学活动。在教学活动中，教师应有意识地结合相应的教学内容，将数学文化渗透到日常教学中。将数学文化融入教学，有利于激发学生的数学学习兴趣，有利于学生进一步理解数学，有利于开阔学生视野、提升学生数学学科核心素养。

在高中数学教学中融入数学文化有着非常重要的意义。在高中数学教学中融入数学文化，有助于增加学生的学习兴趣。数学文化博大精深，高效的数学文化教学通过使用数学故事、历史趣闻、数学理论的创立和发展过程等将枯燥的数学知识用有效的方法传递给学生，能够充分调动学生学习的积极性和主动性，增强学生学习数学的兴趣，同时也会某种程度上增强学生学习其他学科知识的兴趣。

在高中数学教学中融入数学文化，有助于加强数学学科与其他学科的联系。这方面的作用是显而易见的，数学文化不仅涉及了物理、化学、生物、计算机等领域，而且与历史、地理、政治等也有着密切的联系，因此数学文化教学可以使学生在学习数学的同时了解其他领域的知识，体会到了数学与其他领域的联系，可以使学生将各个领域的知识与数学知识有机地结合起来，从更高层次来说，还可以使学生通过数学这个工具将各个领域的知识统一起来，有助于学生融会贯通，加深理解。在高中数学教学中融入数学文化，有助于增加学生知识面，开阔学生眼界，使学生在数学课堂上能够学到多方面的知识。广泛的信息量给予可以使学生获取更多更有效的信息，有利于提高课堂教学质量、提高课堂教学效率。在高中数学教学中融入数学文化，有助于学生对数学的认识和理解。如果我们在数学课堂上将某一知识点的历史渊源、发展历程、实际应用或者关于此知识点的小故事与此知识点结合起来讲授，学生就可以对这个知识点产生形象的认识，会从更深层次上理解它，就会形成较深的记忆，达到较好的教学效果。在高中数学教学中融入数学文化，有助于学生将数学知识应用到实际生活中去。数学文化加强了数学与现实的联系，使学生更加了解所学知识的实际应用。学生对学习到的知识点的应用有了具体的理解，能促使学生更好地运用学习到的知识。同时实用的知识也能促进今后部分从事研究工作的学生更好地开展学术研究。

4.3　数学课程的定位分析

4.3.1　必修课程的构成与定位

《课标（2020年修订）》必修课程包括五个主题，分别是预备知识、函数、几何与代数、概率与统计、数学建模活动与数学探究活动，如表4-1。《课标（2020年修订）》中的必修课程为8学分，比《课标（实验）》减少2学分，内容有相应调整。《课标（2020年修订）》包括主题一，预备知识（18课时），其中集合（4课时）、常用逻辑用语（6课时）、相等关系与不等关系（3课时）、从函数观点看一元二次方程和一元二次不等式（5课时）；主题二，函数（52课时），其中函数概念与性质＋幂函数＋指数函数＋对数函数（24课时）（减少求函数值域映射概念、对数发展及其作用等要求）、三角函数（含三角恒等变换）（24课时）、函数应用（4课时）；主题三，几何与代数（42课时），其中平面向量及其应用（解三角形）（20课时）、

表4-1　必修课程课时分配建议表

主题	单元	建议课时
主题一　预备知识	集合	18
	常用逻辑用语	
	相等关系与不等关系	
	从函数观点看一元二次方程和一元二次不等式	
主题二　函数	函数概念与性质	52
	幂函数、指数函数、对数函数	
	三角函数	
	函数应用	
主题三　几何与代数	平面向量及其应用	42
	复数	
	立体几何初步	
主题四　概率与统计	概率	20
	统计	
主题五　数学建模活动与数学探究活动	数学建模活动与数学探究活动	6
机动		6

复数（6课时）、立体几何初步（16课时）（减少三视图）；主题四，概率与统计（20课时），其中统计（12课时）（减少变量相关性、分布估计）、概率（8课时）；主题五，数学建模活动与数学探究活动（6课时）。《课标（2020年修订）》的必修课程内容与《课标（实验）》中相应内容相比，删除了算法初步、二元一次不等式组与简单线性规划问题、平面解析几何初步、数列等内容，其中平面解析几何初步、数列内容移到选择性必修课程中。增加了常用逻辑用语、复数的内容，这两部分内容来自《课标（实验）》限定性选修课程系列1、系列2，还增加了数学建模活动与数学探究活动。必修课程内容总体减少了42课时。一些具体知识点有增减，知识点的增减及要求变化如下："预备知识"中的"相等关系与不等关系"增加了"梳理等式性质理解不等式概念、掌握不等式性质"；"常用逻辑用语"减少了"了解原命题及其逆命题、否命题、逆否命题，分析四种命题的关系；了解逻辑联结词的含义"。"函数"中的"函数的概念与性质"减少了"会求简单函数值域，了解映射概念"；"幂函数、指数函数、对数函数"增加了"了解指数的拓展过程"；"三

角函数"增加了"体会引入弧度制的必要性";"函数应用"不再要求用向量、数量积推导两角差的余弦公式。"几何与代数"中的"立体几何初步"加强了"能用简单空间图形体积、表面积公式解决简单的实际问题",减少了"画出简单空间图形的三视图,用平行投影与中心投影画直观图";"平面向量及其应用"增加了"理解向量的基本要素"和"解三角形",减少了"能解决一些简单的三角形度量问题"。"概率与统计"中增加了"样本点、有限样本空间、事件的运算、概率的性质和百分位数",减少了"几何概型、人类认识随机现象的过程","系统抽样变量的相关性"和"分布估计"。

4.3.2　选择性必修课程的构成与定位

选择性必修课程根据学生个性发展和升学考试需要设置,选修选考;选修课程由学校根据实际情况统筹规划开设,学生自主选择修习,学而不考或学而备考,为学生就业和高校招生录取提供参考。选择性必修课程是供学生选择的课程,也是高考的内容要求。选择性必修课程包括四个主题,分别是函数、几何与代数、概率与统计、数学建模活动与数学探究活动。选择性必修课程共有6学分、108课时,表4-2给出了课时分配建议,教材编写、教学实施时可以根据实际做适当调整。

表4-2　选择性必修课程课时分配建议表

主题	单元	建议课时
主题一　函数	数列	30
	一元函数导数及其应用	
主题二　几何与代数	空间向量与立体几何	44
	平面解析几何	
主题三　概率与统计	计数原理	26
	概率	
	统计	
主题四　数学建模活动与数学探究活动	数学建模活动与数学探究活动	4
机动		4

主题一,函数(30课时),其中数列(增加数学归纳法作为选学)(14课时)、一元函数导数及其应用(原文科要求,减少生活中的优化问题,增加体会极限思

想，16课时）。主题二，几何与代数（44课时），其中空间向量与立体几何（原理科要求12课时）+空间直角坐标系（原必修平面解析几何中，2课时）、平面解析几何[含原必修中的平面解析几何初步（直线与方程、圆与方程,18课时）、圆锥曲线与方程（12课时）]。主题三，概率与统计（26课时），其中计数原理（原理科要求降低，9课时）、概率（原理科要求，8课时）、统计（成对数据相关性+2个案例，9课时）。主题四，数学建模活动与数学探究活动（4课时）。机动4课时。

与《课标（实验）》中的文科内容相比，删除了常用逻辑用语、数系扩充与复数引入、推理与证明、框图等内容，其中常用逻辑用语、数系扩充与复数引入内容在适当调整后移到必修课程中。增加了数列、解析几何初步（直线与方程、圆与方程）、空间向量与立体几何（含空间直角坐标系）、计数原理、概率等内容，其中数列、解析几何初步（直线与方程、圆与方程）是原必修课程的内容，空间向量与立体几何（含空间直角坐标系）、计数原理、概率等内容是原理科内容。还增加了数学建模活动与数学探究活动。选择性必修课程内容来源于原必修课程、原限定性选修课程中的文科课程与理科课程，与原相应内容相比，一些知识点有增减，知识点的增减及要求变化如下：“一元函数导数及其应用”增加了“能求简单的复合函数的导数体会极限思想”，减少了“生活中的优化问题”；“空间向量与立体几何”增加了“通过与平面向量的类比学习空间向量的概念及其运算（例如，经历由平面向量及其运算和运算规则推广到空间向量的运算和运算规则的过程）用向量语言描述直线和平面”，减少了“能用向量数量积判断空间向量的共线与垂直”；“计数原理”减少了“用计数原理与排列组合公式解决简单实际问题”；“概率”增加了“概率乘法公式、全概率公式贝叶斯公式、正态分布的均值、方差”，减少了“超几何分布的导出过程”；“统计”增加了“成对数据的统计相关性”，减少了“假设检验与聚类分析案例”。

4.3.3 选修课程的构成与定位

选修课程由学校根据实际情况统筹规划开设，学生自主选择修习，学而不考或学而备考，为学生就业和高校招生录取提供参考。

选修课程的分类、内容及学分如下。

A类课程包括微积分、空间向量与代数、概率与统计三个专题，其中微积分2.5

学分，空间向量与代数2学分，概率与统计1.5学分。供有志于学习数理类（如数学、物理、计算机、精密仪器等）专业的学生选择。

B类课程包括微积分、空间向量与代数、应用统计、模型四个专题，其中微积分2学分，空间向量与代数1学分，应用统计2学分，模型1学分。供有志于学习经济、社会类（如数理经济、社会学等）和部分理工类（如化学、生物、机械等）专业的学生选择。

C类课程包括逻辑推理初步、数学模型、社会调查与数据分析三个专题，每个专题2学分。供有志于学习人文类（如语言、历史等）专业的学生选择。

D类课程包括美与数学、音乐中的数学、美术中的数学、体育运动中的数学四个专题，每个专题1学分。供有志于学习体育、艺术（包括音乐、美术）类等专业的学生选择。

E类课程包括拓宽视野、日常生活、地方特色的数学课程，还包括大学数学先修课程等。大学数学先修课程包括三个专题：微积分、解析几何与线性代数、概率论与数理统计，每个专题6学分。

选修课程为学生确定发展方向提供引导，为学生展示数学才能提供平台，为学生发展数学兴趣提供选择，为大学自主招生提供参考。

第5章　新课程背景下的高考数学内容研究

5.1　预备知识

5.1.1　集合

5.1.1.1　内容分析

高中集合内容位于必修课程主题一——预备知识第一单元。这一单元主要包括三节内容：集合的概念和表示、集合的基本关系和集合的基本运算。高中集合内容框图如图5-1所示。

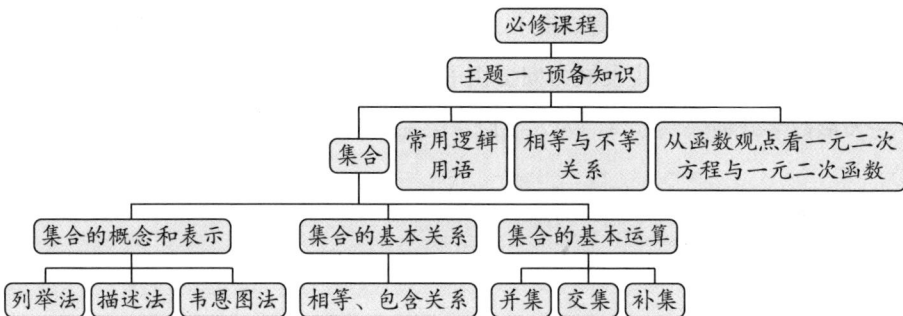

图5-1　"高中集合"内容框图

在高中数学课程中，集合是刻画一类事物的语言和工具。通过集合这一章的学习，学生学会使用集合的语言简洁、准确地表述数学的研究对象，学会用数学的语言表达和交流，积累数学抽象的经验。具体来说，数学中三种语言形式（文字语言、符号语言、图形语言）在集合中都得以充分的体现，利用集合的知识对学生加以训练，初步培养学生进行不同语言形式的比较应用及其相互转换的能力，在一定程度上也提高了学生的数学表达能力；另外，通过本章的学习可以提高学生阅读理解能力、抽象思维能力、分析问题与解决问题的能力。

通过学习"集合的概念"帮助学生获得认知方向和思维方法。在建构集合概念的过程中，使学生经历"观察—归纳—抽象概括—建构"的思维过程，而这样的思维过程对学生是一次示范，以此作为一种范式，对学生今后的学习起到可借鉴的操作思维方式[①]。

　　集合是一种思想方法，用集合的观点可以广泛地认识数学各个分支中研究的问题，从而帮助学生站在不同的角度去认识相关的数学问题，这需要教师在教学中不断地渗透。另外，集合与逻辑推理有着密切的关系，在集合的基本关系以及集合的基本运算中蕴含着逻辑推理的数学素养，因此集合的学习可以很好地培养学生的逻辑推理能力。

（1）教学目标

① "集合的含义及其表示"教学目标。

◎ 初步理解集合的概念，知道常用数集及其记法。

◎ 初步了解"属于"关系；了解有限集、无限集、空集的意义。

◎ 结合生活中的实例以及初中学习过的知识，体会引入"集合"概念的必要性。以集合中元素的确定性、互异性、无序性加深体会集合的含义。

◎ 通过问题的辨别、选择及写法的改进，体会集合表示的两种方法"列举法"和"描述法"的合理性，并能正确地运用。

◎ 利用自然语言、图形语言、集合语言描述不同的具体问题，感受到集合语言的意义和作用。

② "集合间的基本关系"教学目标。

◎ 了解集合之间包含与相等的含义，能识别给定集合的子集。

◎ 理解子集、真子集的概念。

◎ 能使用 Venn 图表达集合间的关系，体会直观图示对理解抽象概念的作用。

◎ 通过观察身边的实例，发现集合间的基本关系，体验其现实意义。

③ "集合的基本运算"教学目标。

◎ 理解两个集合的并集与交集、全集的含义，掌握求两个简单集合的交集与并集的方法，会求给定子集的补集，感受集合作为一种语言，在表示数学

---

① 丁益民. 充分挖掘教学内容的教学价值：以"集合"一章的教学为例 [J]. 数学通讯，2015（16）：1-3.

内容时的简洁和准确，进一步提高类比的能力。

◎ 通过观察和类比，借助 Venn 图理解集合的基本运算，体会直观图示对理解抽象概念的作用，培养数形结合的思想。

（2）教学重难点分析

① "集合的含义及其表示"教学重难点。

教学重点：了解集合的含义，用集合语言表达数学对象。

教学难点：

◎改进学生的数学观，使之初步形成"数学是一种语言"的认识。

◎从"语义"的角度理解"集合"这一概念，这可以借助集合中元素的"三性"——确定性、互异性和无序性。

◎ "语法"，即"列举法"和"描述法"，这可以从两种表示方法的格式入手。

◎ "语境"，这需要对自然语言、图形语言、集合语言进行"三语联用"，根据问题情境，选择恰当的表示方式，进行相互转换，发展用集合语言表达数学对象和数学内容的能力。

② "集合间的基本关系"教学重难点。

教学重点：集合间的包含与相等关系，子集与真子集的概念。

教学难点：属于关系与包含关系的区别。

③ "集合的基本运算"教学重难点。

教学重点：交集与并集、全集与补集的概念。

教学难点：理解交集与并集的概念，以及符号之间的区别与联系。

④教学重难点分析。

◎ 集合有关的新概念及相应的新符号和术语较多，这些新概念、新符号还容易混淆，学生接受和理解都较困难。

◎ 集合中的元素的"确定性"是判断能否组成集合的关键条件，大多数学生知道这一性质后都能顺利运用，但理解"确定性"较难，教师可以从正、反两个方面引导学生结合生活实例进行讨论。

◎ 由于集合为原始概念，它不是由已有的其他概念来定义的，学生头脑中没有可帮助理解集合的已有概念，从而造成学生不易理解集合概念。

◎ 集合涉及的知识面广，它涉及所有初中数学知识，而学生对许多初中数学知识已生疏和遗忘。

5.1.1.2　核心素养解读

数学核心素养是数学课程目标的集中表现，是在数学学习过程中逐步形成的，在学生自主发展中发挥不可替代的作用；既反映课程内容的主线，聚焦课程目标要求，也是学业质量的集中反映。数学核心素养就是数学教育过程中，学生逐步形成的适应个人终身发展和社会发展需要的必备的数学思维品质和数学能力，是数学知识、能力和态度的综合表现。数学核心素养是数学课程落实"立德树人"这一教育根本任务的具体表现，是从发展性角度对数学课程的目标定位，为当前高中数学教育新一轮改革指明了方向，理应成为当前数学课堂教学的价值取向和实践的内驱力。

"集合"这节内容属于概念课，而且是包含较多概念的"概念组"，在"集合"的主概念下还有元素、自然数集、整数集、有理数集、实数集、列举法、描述法、相等集合、有限集、无限集、空集等概念，这么多概念在一节课里出现，难以"串联"，许多教师采取"讲述 + 练习"的方式组织教学。即使有些课堂尝试"问题解决教学"，也因为问题设置不科学又回到一讲到底的路上。事实上，在这种"讲述 + 练习"的教学方式中，概念得来是被动的，教学效益是低下的。学生对概念认识不足，自然难以理解。"概念"生成过程中的感悟不足带来的概念不清只得通过课后的强化训练解决。然而，再多的训练也只能停留在记忆与模仿的思维层次，缺少感悟和理解的课堂，出现"无根""低空飞行"的现象也就难免了。初中的学习内容以及学习要求与高中相比是有很大的区别的，初中主要以形象思维为主，而作为高中数学的起始课，"集合"是一个抽象的内容，要基于学生的认知基础和特征组织教学。"讲述 + 练习"的方式难以达到这个要求，相反，会给刚刚接触高中数学的学生当头一棒，危害的不仅仅是本节课的学习，更是学生未来对数学的学习。

以"集合的含义及其表示"为例，应该把知识性和工具性并举，鉴于学生的思维特征和认知规律，以"问题解决教学"为途径，以"探究学习"为方式。课堂教学以题组为载体，学生在问题探究的过程中获得感知、产生新知、自然生长，教师不断地进行追问，发展和深化学生的思维。这种探究式学习方式突出了学生的主体地位，有利于学生的主动学习和深度学习，有利于学生思维的主动性和深刻性，有利于学生核心素养的发展。课堂通过题组，用"集合"的概念这根主线把独立的概念串成"概念组"。

数学概念是数学的逻辑起点，是学生认知的基础，是学生进行数学思维的核心，在数学学习与教学中具有重要地位。

5.1.1.3 教学建议

① 集合是高中生首先接触的一个比较抽象的概念，教学中应结合学生的生活经验和已有数学知识出发，比如自然数、点、图形（圆）等实例来引入集合概念，再紧紧围绕集合的三个特征，即集合中元素的确定性、互异性、无序性进行教学，并依据这三个特征来判断给定的对象是否构成集合。这样，学习者容易接受。

② 在集合概念的教学中，教师应循序渐进，充分了解学生的最近发展区，在教学中帮助学生搭好脚手架，不能一蹴而就，直接把集合的相关概念及问题抛给学生。

③ 在集合相关概念如全集、子集、交集、并集等的教学中，教师要充分调动学生的学习兴趣，体现教学的动机和兴趣原理；在集合相关概念的教学中，教师要体现自然的逻辑顺序和揭示引入这些概念的必要性；在引入抽象概念的初期，教师最好能够结合学生实际生活经验中的具体例子来帮助学生理解概念，激发学生的学习兴趣。

④ 在集合单元中，空集概念是教学的一大难点，也是学生理解的一大难点，在讲到集合运算的时候可以进一步对此概念进行强化，就是两个没有公共元素的集合相交，其交出来仍然是一个集合，而这个集合没有一个元素，这更体现了引入空集概念的必要性，不仅帮助学生更好理解空集概念，也激发了学生的学习兴趣。

⑤ 在集合的关系以及集合的运算的教学中，教师应充分利用图形语言来帮助学生理解以及简化集合相关问题的解答，尤其是对 Venn 图的使用，培养学生数形结合的数学思想方法。

⑥ 集合中蕴含几种常见的思想方法，主要有：数形结合、等价转化、分类讨论等，在教学中教师应注重这些思想方法的渗透，加强知识与知识之间的联系，

使学生更透彻地理解概念，更灵活地去运用知识。

5.1.1.4　知识拓展

集合的历史与文化

康托尔简介

康托尔，1862年入苏黎世大学学习工科，翌年转入柏林大学攻读数学和神学，受教于库默尔（Ernst Eduard Kummer）、维尔斯特拉斯（Karl Theodor Wilhelm Weierstrass）和克罗内克（Leopold Kronecker）。1866年曾去格丁根学习一学期。1867年在库默尔指导下以解决一般整系数不定方程 $ax^2+by^2+cz^2=0$ 求解问题的论文获博士学位。

毕业后受维尔斯特拉斯的直接影响，由数论转向严格的分析理论的研究，不久崭露头角。他在哈雷大学任教的初期证明了复合变量函数三角级数展开的唯一性，继而用有理数列极限定义无理数。1872年成为该校副教授，1879年任教授。由于学术观点上受到的沉重打击，康托尔曾一度患精神分裂症，虽在1887年恢复了健康，继续工作，但晚年一直病魔缠身。1918年1月6日在德国哈雷 - 维滕贝格大学附属精神病院去世。

康托尔爱好广泛，极有个性，终身信奉宗教。早期在数学方面的兴趣是数论，1870年开始研究三角级数并由此导致19世纪末、20世纪初最伟大的数学成就——集合论和超穷数理论的建立。除此之外，他还努力探讨在新理论创立过程中所涉及的数理哲学问题。1888—1893年康托尔任柏林数学会第一任会长，1890年领导创立德国数学家联合会并任首届主席。

集合论的诞生

19世纪由于分析的严格化和函数论的发展，数学家们提出了一系列重要问题，并对无理数理论、不连续函数理论进行认真考察，这方面的研究成果为康托尔后来的工作奠定了必要的思想基础。

康托尔是在寻找函数展开为三角级数表示的唯一性判别准则的工作中，认识到无穷集合的重要性，并开始从事无穷集合的一般理论研究。早在1870年和1871年，康托尔两次在《数学杂志》上发表论文，证明了函数 $f(x)$ 的三角级数表示的唯一性定理，而且证明了即使在有限个间断点处不收敛，定理仍然成立。1872年他在《数学年鉴》上发表了一篇题为"三角级数中一个定理的推广"的论文，把唯一性的结果推广到允许例外值是某种无穷的集合情形。为了描述这种集合，他首先定义了点集的极限点，然后引进了点集的导集和导集的导集等有关重要概念。这是从唯一性问题的探索向点集论研究的开端，并为点集论奠定了理论基础。以后，他又在《数学年鉴》和《数学杂志》两刊上发表了许多文章。他称集合为一些确定的、不同的东西的总体，这些东西人们能意识到并且能判断一个给定的东西是否属于这个总体。他还指出，如果一个集合能够和它的一部分构成一一对应，它就是无穷的。他又给出了开集、闭集和完全集等重要概念，并定义了集合的并与交两种运算。

为了将有穷集合的元素个数的概念推广到无穷集合，他以一一对应为原则，提出了集合等价的概念。两个集合只有它们的元素间可以建立一一对应才称为是等价的。这样就第一次对各种无穷集合按它们元素的"多少"进行了分类。他还引进了"可列"这个概念，把凡是能和正整数构成一一对应的任何一个集合都称为可列集合。至于实数集合是否可列的问题，1873年康托尔给戴德金（Julins Wilhelm Richard Dedkind）的一封信中提出过，但不久他自己得到回答：实数集合是不可列的。由于实数集合是不可列的，而代数数集合是可列的，于是他得到了必定有超越数存在的结论，而且超越数"大大多于"代数数。同年又构造了实变函数论中著名的"康托尔集"，给出测度为零的不可数集的一个例子。他还巧妙地将一条直线上的点与整个平面的点一一对应起来，甚至可以将直线与整个 n 维空间进行点的一一对应。1874年，他在《数学杂志》上发表的论文中，证明了有理数集合是可列的，后来他还证明了所有的代数数的全体构成的集合也是可列的。从1879年到1883年，康托尔写了六篇系列论文，论文总题目是"论无穷线形点流形"，其中前四篇同以前的论文类似，讨论了集合论的一些数学成果，特别是涉及集合论在分析上的一些有趣的应用。第五篇论文后来以单行本出版，单行本的书名为《一般集合论基础》。第六篇论文是第五篇的补充。康托尔的信条是"数学在它自身的发展中完全是自由的，对它的概念限制只在于：必须是无矛盾的，并且与由确切定义引进的概念相协调。……数学的本质就在于它的自由"。

第三次数学危机

不过，康托尔的集合论并不是完美无缺的，一方面，康托尔一些假设和有些定理始终不能被解释；另一方面，随后发现的康托尔悖论和罗素悖论，更加使人们对已有的集合论产生怀疑，再加上集合论也冲击了当时的宗教信仰，颠覆了人们以前的许多观点，所以引起了许多数学家的质疑和反对。这就导致了第三次数学危机。

罗素悖论是：以 M 表示是其自身成员的集合（如一切概念的集合仍是一个概念）的集合，N 表示不是其自身成员的集合（如所有人的集合不是一个人）的集合。然后问：集合 N 是否为它自身的成员？如果 N 是它自身的成员，则 N 属于 M 而不属于 N，也就是说 N 不是它自身的成员；另一方面，如果 N 不是它自身的成员，则 N 属于 N 而不属于 M，也就是说 N 是它自身的成员。不管出现上面哪一种假设，都会导致违背事实的结论。

"理发师悖论"是"罗素悖论"的通俗说法。说的是在很早以前的一个村庄里，只有一个理发师，他规定只替而且一定替不给自己理发的人理发。这就引出一个问题：他该不该给自己理发？或者问：他的头发应由谁来理？要是他给自己理发，那么他就违反了自己的规定，因为按规定，他不应该为自己理发；要是他不给自己理发，他也违反了自己的规定，因为按规定，他一定得给自己不理发的人理发，所以他也得给自己理发。理发师犯难了：他不论怎么做"都自己打自己的耳光"。

"罗素悖论"产生的原因在于集合的辩证性与数学方法的形式特性或者形而上学思维方法的矛盾。集合既是一种完成了的对象，又具有无限扩张的可能性，它是完成与过程的统一。而人们在认识集合这种辩证性时，由于形式逻辑的驱使或者形而上学的思维方法往往是片面强调矛盾的一方，且把它推向极端，然后又把对立的双方机械地重新联结起来，这样出现矛盾就不可避免了，在"罗素悖论"的形成中，它一方面肯定的是集合本身无限扩张的可能性，即强调集合的过程性；另一方面，又对不能再予以扩张的集合即全集的绝对肯定，即又强调了集合的完成性。这样一来，把绝对化了的双方又机械地联系起来，就必然构成了悖论。

"罗素悖论"来自作为数学基础的集合论的内部，推理简单明了，毫不含糊，一针见血地指出了当时集合论中存在的矛盾。大家知道，数学是科学的基础，而集合论又是公认的现代数学的基础，正如一个宏伟大厦的地基出现了问题一样，

"罗素悖论"的提出，使人们如闻霹雳，震惊不已，从而引发了第三次数学危机，但正是这一次数学危机，促进了公理化集合论的诞生。

5.1.2　常用逻辑用语

5.1.2.1　内容分析

（1）知识框图（图5-2）

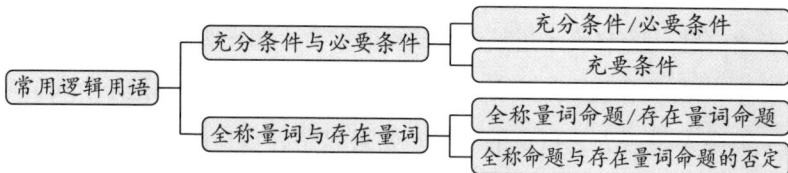

图5-2　"常用逻辑用语"知识框图

（2）课标要求

根据《课标（2017年版）》，我们可以看出，常用逻辑用语为必修课程的主题一——预备知识中的内容。这表明常用逻辑用语是我们学习数学的基本语言工具，为我们接下来学习数学内容和论证数学结论打下了基础。

常用逻辑用语是数学语言的重要组成部分，是数学表达和交流的工具，是逻辑思维的基本语言。本单元的学习，可以帮助学生使用常用逻辑用语表达数学对象，进行数学推理，体会常用逻辑用语在表述数学内容和论证数学结论中的作用，提升交流的严谨性与准确性。

内容包括必要条件、充分条件、充要条件，全称量词、存在量词，全称量词命题与存在量词命题的否定。

①必要条件、充分条件、充要条件。

◎ 通过对典型数学命题的梳理，理解必要条件的意义，理解性质定理与必要条件的关系。

◎ 通过对典型数学命题的梳理，理解充分条件的意义，理解判定定理与充分条件的关系。

◎ 通过对典型数学命题的梳理，理解充要条件的意义，理解数学定义与充要条件的关系。

②全称量词与存在量词。

◎ 通过已知的数学实例，理解全称量词与存在量词的意义。

③ 全称量词命题与存在量词命题的否定。

◎ 能正确使用存在量词对全称量词命题进行否定；

◎ 能正确使用全称量词对存在量词命题进行否定。

（3）重点

① 了解充分条件与必要条件。

② 通过生活和数学中的丰富实例，理解全称量词和存在量词的意义，能正确地对含有一个量词的命题进行否定。

（4）难点

① 必要条件概念的理解。

② 全称量词命题和存在量词命题的真假判定，以及写出含有一个量词的命题的否定。

（5）教学目标

① 情境与问题。创设合适的教学情境，引导学生用集合语言，常以义务教育阶段学过的数学内容为载体，让学生充分感知必要条件、充分条件、充要条件，全称量词与存在量词，全称量词命题与存在量词命题的否定。

② 知识与技能。通过对典型数学命题的梳理，理解必要条件的意义，理解性质定理与必要条件的关系；通过对典型数学命题的梳理，理解充分条件的意义，理解判定定理与充分条件的关系；通过对典型数学命题的梳理，理解充要条件的意义，理解数学定义与充要条件的关系。

通过已知的数学实例，理解全称量词与存在量词的意义，能正确使用存在量词对全称量词命题进行否定；能正确使用全称量词对存在量词命题进行否定。

③ 思维与表达。帮助学生使用常用逻辑用语表达数学对象、进行数学推理，体会常用逻辑用语在表述数学内容和论证数学结论中的作用，提高交流的严谨性和准确性。

④ 交流与反思。能够用常用逻辑用语直观地解释和交流数学的概念、结论、应用和思想方法，并进行评价、总结和拓展。

5.1.2.2 核心素养解读

《常用逻辑用语》这一单元主要培养学生的数学学科核心素养，以逻辑推理为主、以数学运算为辅。数学是一门逻辑性很强的学科，表述数学概念和结论，进行推理论证，都要使用逻辑用语，学习一些常用的逻辑用语，可以使我们正确理解数学概念，合理论证数学结论，准确表述数学内容。常用逻辑用语常作为一种工具，与方程、函数、不等式等知识结合出现，会涉及一些数学思想，其中包括分类讨论思想、转化与化归思想、反证思想等。

这是高中数学的重要组成部分，是数学"思维体操"的平台，其中许多问题的解决涉及重要的数学思想。这一章内容在"知识"上的要求远不能满足考试考查要求，且往往以方程、函数、不等式等知识为载体，来体现基本数学思想的应用。因而揭示其蕴藏的数学思想尤为必要。

下面举例说明。

（1）分类讨论思想

"分类讨论"一直是学生一块难啃的"骨头"，以常用逻辑用语为背景的方程、不等式等大多问题都是含字母、参数的，属于常规题型。分类讨论的基本原则是"不重不漏"，基本方法是"分解—合并"，难点就是找到分类的标准。

【例】 关于 x 的方程 $ax^2+2x+1=0$ 至少有一个负实数根的充要条件。

解析： 因为所给方程的类型不确定，即方程有可能为一次方程，也有可能为二次方程，所以需要对 a 进行分类讨论，当 $a \neq 0$ 时，方程为二次方程，此时又要对二次方程的开口讨论，所以又要对 a 的符号进行讨论。

（i）当 $a=0$ 时，方程有解 $x=-\dfrac{1}{2}<0$，适合题意；

（ii）当 $a \neq 0$ 时，方程为一元二次方程，由题，此方程要有解，所以 $\Delta \geq 0$，即 $a \leq 1$。

根据二次函数图象可以容易得出此方程必有一个负实根，满足题意，当 $0 < a \leq 1$ 时，根据题意，方程要有负实根，则一定会有两个负实根；当 $a < 0$ 时，即 $\dfrac{1}{a}<0$，显然必有一个负实根。

综上，关于 x 的方程 $ax^2+2x+1=0$ 至少有一个负实数根的充要条件是 $a \leq 1$。

（2）化归思想

寻求问题的充要条件，换一种说法，就是等价条件；至于如何转化，就是化归。化归的目的就是化繁为简、化抽象为具体。具体而言，当原命题真假难判断时，寻找其逆否命题就是转化、化归；碰到含"至少""至多"等字眼时往往涉及正面讨论复杂或情况较多，这时就要学会"正难则反"的转化技巧。

【例】已知 p：函数 $f(x)=\lg\left(ax^2-x+\dfrac{1}{16}a\right)$ 的定义域为 $\mathbf{R}$；

q：不等式 $a>\dfrac{1}{1+x}$ 对 x 为任意正实数都成立；

若 " p 且 q " 为假命题，" p 或 q " 为真命题，求实数 a 的取值范围。

解析：首先将命题 p、q 进行化归，命题 p 可以化归为不等式，命题 q 可以归为函数最值，然后将命题 " p 且 q " 为假命题，" p 或 q " 为真命题等价转化为命题 p 和命题 q 中一个为真命题，一个为假命题，即 p 真 q 假或 p 假 q 真。

当命题 p 为真命题时，$\begin{cases}a>0,\\\Delta=1-4a\cdot\dfrac{1}{16}a<0,\end{cases}$ 解得 $a>2$；

当命题 q 为真命题时，a 大于函数 $y=\dfrac{1}{1+x}$ 在 $x\in(0,+\infty)$ 上的最大值，所以 $a\geqslant1$。

命题 " p 或 q " 为真命题，" p 且 q " 为假命题，等价转化为命题 p 与 q 一个是真命题，一个是假命题，若 p 真 q 假时，a 不存在；若 p 假 q 真时，解得 $1\leqslant a\leqslant2$，即所求实数 a 的取值范围是 $1\leqslant a\leqslant2$。

（3）反证思想

【例】设 a_1、b_1、c_1、a_2、b_2、c_2 均为非零实数，不等式 $a_1x^2+b_1x+c_1>0$ 和 $a_2x^2+b_2x+c_2>0$ 的解集分别为 A、B，那么 $\dfrac{a_1}{a_2}=\dfrac{b_1}{b_2}=\dfrac{c_1}{c_2}$ 是 A＝B 的_____条件。

解析：不明确命题间关系时，我们可以假设命题 p：$\dfrac{a_1}{a_2}=\dfrac{b_1}{b_2}=\dfrac{c_1}{c_2}$ 与命题 q：A＝B 是等价命题，而实质上若 q：A＝B 成立时，举一个特例，不等式为 $x^2+x+1>0$，$x^2+x+2>0$，显然不能得到 p；若 p：$\dfrac{a_1}{a_2}=\dfrac{b_1}{b_2}=\dfrac{c_1}{c_2}$ 为真，再举一个特例，若有 $x^2+3x+2>0$，$-x^2-3x-2>0$，则 q 不成立，即等价性没有保持住，即判断问题转化有等价和不等价两种结果，不等价就可借助于反例或反证。

5.1.2.3 教学建议

① 我们建议在"充分条件与必要条件"一节中设置数量适当的例题，这样做可以帮助学生更好地理解和掌握相关的内容。同时我们还建议对判断充要条件的三种方法（集合法、定义法、等价命题法）都适当配置一些例题。在习题中我们可以适当地渗透"常用逻辑用语"的应用举例，如通过逻辑的学习加深对恒成立问题、能成立问题和恰成立问题（含一元或二元）的理解等。

充分条件与必要条件在教学中可以适当地利用学生在初中所学过的知识，即"判定定理中，条件是结论的充分条件；在性质定理中，条件的必要条件是结论"，这是符合学生认知规律的。同时我们还巩固学生对"p 是 q 的……条件"等价于说"q 的……条件是 p"的认识。"若 p 则 q"为真命题时，p 是 q 成立的充分条件，不能误认为 p 是这个命题的充分条件。

建议补充"常用表述的否定表"，如表5-1。

表5-1　常用表述的否定

表述	等于	大于	小于	是	都是	都不是	至多有一个	任意的	所有的	至多有 n 个	任意两个
否定	不等于	不大于	不小于	不是	不都是	至少有一个是	至少有两个	某个	某些	至少有 $n+1$ 个	某两个

② 对于量词，重在理解它们的含义，不要追求它们的形式化定义。在全称量词和存在量词的教学中，应注意根据命题的叙述对象的特征发现隐含的量词。如"矩形的对角线相等"它是一个全称命题，表明任意一个矩形的对角线都相等，它隐含了全称量词。在不引起误解的前提下，全称量词可以缺省。例如，命题"$x^2 \geq 0$"，缺省了"任意 $x \in \mathbf{R}$"；命题"正方形的四边相等"，缺省了"所有的"。在对一个命题进行否定时，就需要将缺省的量词补出来。

③ 逻辑判断和思考应是有载体的，载体不可全是形式化的数学公式、公理、定理，应该有生活化的逻辑内容。

5.1.2.4 知识拓展

（1）趣味小故事（帮助理解特称命题的否定是全称命题）

马克·吐温（Mark Twain）是美国著名作家，有一次答记者问时说："美国国会中的有些议员是混蛋！"在报纸上发表以后，议员们大为愤怒，纷纷要求他道歉，后来他在演讲中说："我考虑再三，觉得此话不恰当，故我道歉，国会议员中有些议员不是混蛋！"

（2）小组活动，将充要条件的各种情况用电路图以小组交流形式展出

能否设计一个电路图来表示充分条件、必要条件呢？条件 p：开关 p 闭合；条件 q：灯 q 亮。材料：1个灯泡、1个电源、最多3个开关、导线若干。分成8个小组，每个小组在白板上写出交流结果。

（3）和谐数学，人文课堂

如果人生只有一种选择，那会毫无趣味（若……则……），正是因为存在多种可能（∃），每个人才能有不同的生命姿态（∀）。只要我们努力，就一定可以找准坐标；只有敢于挑战自己，才能书写生命传奇（充分条件，必要条件）。或精彩，或平凡，不蹉跎岁月，且只有这样的人生才是真正的人生！

（4）理解充分条件和充要条件

"不管黑猫还是白猫，捉住老鼠就是好猫"。要想成为好猫必须能捉住老鼠，但是能捉住老鼠的猫不一定是好猫，也就是说会捉老鼠是成为好猫的必要条件。很多人认为能捉住老鼠是成为好猫的充分且必要条件，这是错误的，甚至是有害的。"不管黑猫还是白猫"是一个全称量词，这里要表达的意思是用人不问出身，不问学历，只看能力。量词的这样使用，简洁有力，极大地解放了人们的思想。

（5）避免推理中的逻辑错误

一般说来，经过几年的数学学习，学生可以获得一定的逻辑训练，但大都是来源于对数学内容本身的解释，而对其中的逻辑成分解释很少。在没有逻辑成分的情况下，学生学习推理时不自觉地使用了逻辑法则，有时还会发生逻辑错误。否定命题常常出错，例如，张三有 4 门功课优秀，否定命题往往错为"张三4门功课都不优秀。量词介入后否定命题更为复杂："2010年每个月都有10天下雨"，就不大容易否定。

（6）例题

写出原命题"若 $a > b$，则 $a^2 > b^2$"的否定形式。

初学者往往会给出答案"若 $a > b$，则 $a^2 \leqslant b^2$"，但正确答案是"$\exists a_0 > b_0$，使

得 $a_0{}^2 \leqslant b_0{}^2$"。p 真，则非 p 假；p 假，则非 p 真。这个结论对简单命题成立，但是对于复合命题的否定就不可以了。比如"张三是上海人"，其否定命题"张三不是上海人"，二者有且只有一个正确。"若张三在上海生活，那么张三是北京人"及"张三在上海生活，那么张三不是北京人"，两个论断都不对。原命题是用"若……则……"把 p、q 联结起来的新命题，叫假言命题。记作 $p \rightarrow q$，读作 p 蕴含 q。两个简单命题 p、q 之间存在着蕴含关系，即"p 蕴含 q"或"如果 p 那么 q"。其意义是"如果 p 不是假的，则 q 是真的"或"如果 q 是假的，则 p 是假的"。这就是逻辑上所称的"实质蕴含"，符号是"→"不是"⇒"。

本例的两个命题之间没有蕴含关系，即前者推不出后者。对于蕴含命题或假言推理的否定，要注意它们是否是省略了量词的简化形式，若是省略了量词，应先将命题写成完整形式，再依据法则写出其否定形式。

5.1.3 相等关系与不等关系

5.1.3.1 内容分析

相等关系、不等关系是数学中最基本的数量关系，是构建方程、不等式的基础。本单元的学习，可以帮助学生通过类比，理解等式和不等式的共性与差异，掌握基本不等式。

内容包括等式与不等式的性质、基本不等式。

（1）知识框图（图5-3）

图5-3 "相等关系与不等关系"知识框图

本单元主要知识内容：不等关系与不等式，两个实数大小关系的基本事实，等式性质与不等式性质。相等关系、不等关系是数学中最基本的数量关系，是构建方程、不等式的基础；等式性质是研究方程问题的基础，不等式性质是研究不等式问题的基础；关于两个实数大小关系的基本事实是研究等式性质、不等式性质的基础。

两个实数大小关系的基本事实是由实数系的有序性所决定的，是研究等式性质和不等式性质的逻辑基础。根据基本事实，我们把两个实数的大小比较转化为判断它们的差的符号，这是解决代数问题的常用方法，其中蕴含着代数学的一般观念，即通过代数运算解决代数问题。

等式性质可分为相等关系自身的特性和相等关系在"运算中的不变性"两类，前者包括等式的"自反性"和"传递性"，这是整个代数推理的逻辑基础所在，后者包括等式在四则运算中的不变性，其中最基本的是相等关系在加法、乘法运算中的不变性。

不等式的基本性质与等式的基本性质具有"同构性"，蕴含着相同的数学思想方法，包括不等关系自身的特性和不等关系在"运算中的不变性"两类。不等关系也有"自反性"和"传递性"，前者是不相等的两个实数大小关系的两种等价表达形式，后者反映了三个不相等实数的大小关系的内在联系，它们是由实数系的有序性所决定的。不等关系在各种代数运算中具有不变性、规律性，由于"正数乘正数大于0""负数乘正数小于0"，所以不等式对于乘法运算不具有"保序性"，这也是不等式性质与等式性质的主要差异。

不等式的基本性质与等式的基本性质都是"式的性质"，具有相似性，所以可类比等式基本性质中蕴含的数学思想来研究不等式的基本性质。

不等式的性质具有层次结构性：不等关系自身的特性—基本性质—常用性质。其中，不等关系自身的特性也是整个代数推理的逻辑基础，由此可以推出基本性质，进一步地又可以通过不同的运算、变式、推广或特殊化推出一些常用性质，常用性质在解决具体问题时往往更好用。实数大小关系的基本事实和不等式的性质都是解决不等式问题的基本依据。

（2）目标分析

① 能发现实际问题情境中蕴含的不等关系，并用不等式表述。

② 能归纳出基本事实中蕴含的数学思想（通过运算解决代数问题），并能用于比较大小、证明不等式的基本性质，体会基本事实中蕴含的"作差法"是比较大小的基本方法。

③ 能通过梳理等式的基本性质，归纳出等式的基本性质研究的问题是相等关

系自身的特性、相等关系在运算中的不变性。

④ 能运用等式的基本性质中蕴含的思想方法，类比等式的基本性质，猜想并证明不等式的基本性质；能通过比较，说出不等式的基本性质与等式的基本性质的共性与差异性。

⑤ 能从不等式的基本性质出发，猜想并证明不等式的一些常用性质。

⑥ 能利用不等式的性质证明简单的不等式。

（3）教学重难点

教学重点：对实数大小关系的基本事实的理解和运用；梳理等式的基本性质中蕴含的思想方法；探究不等式的基本性质。

教学难点：理解实数大小关系的基本事实中蕴含的数学思想；梳理等式的基本性质中蕴含的思想方法；类比等式的基本性质及其蕴含的思想方法证明不等式的基本性质；猜想性质5、性质6。

5.1.3.2 核心素养解读

《课标（2017年版）》将"相等关系与不等关系"作为预备知识，内容包括等式与不等式的共性和差异性、基本不等式。其目的是帮助学生通过类比的思想，理解等式和不等式的共性与差异性，掌握基本不等式运算，为学习高中数学课程做好心理准备，掌握基本的知识与技能，适应高中数学学习方式，帮助学生完成初高中数学学习的过渡。本单元不仅要掌握不等式的性质，还要感悟不等式的性质中蕴含的数学基本思想，即"运算中的不变性"，初步掌握代数运算的性质和原理，即通过运算发现规律，得出运算中的不变性，归纳类比、一般化、特殊化等重要思想方法，促使学生在发现和证明不等式性质的过程中获得"四基"，提高"四能"，发展逻辑推理、数学运算、数学抽象等素养。

（1）深入挖掘等式与不等式性质中蕴含的数学一般观念

代数学的根源在于代数运算，因此"运算"是代数学的一般观念，而等式与不等式的性质中蕴含的正是这个一般观念。在此基础上，再进一步把等式的性质分为两类，一类是关于相等关系自身的性质，另一类是等式在运算中的不变性，从而通过类比等式的性质得出不等式的性质。教学注重问题解决，想方设法引导学生透过现象看本质、用知识感悟思想，通过层层递进的问题促使学生得出等式性质中蕴含的数学思想——"运算中的不变性"，从而为猜想不等式的性质点亮了指路明灯。

（2）加强通过类比、一般化、特殊化发现不等式性质的过程性，提高学生发现问题和提出问题的能力

类比、推广、特殊化是研究数学问题常用的逻辑思维方法，在教学中要抓住契机，引导学生利用等式与不等式性质的共性和差异性，在猜想出不等式性质的同时，让学生领悟、掌握这些数学推理中常用的逻辑思维方法，从而实现由"知其然"到"知其所以然"再到"何由以知其所以然"的跨越。

（3）注重以公理化思想为指导，在证明不等式性质的过程中加强逻辑性，有效发展学生的代数思维和逻辑推理能力

使猜想与证明紧密配合，得出一个猜想就要求学生给出证明，其目的是让学生体会"猜想—证明"中逻辑严谨性的要求，从而发展学生的理性思维，丰富学生的数学学习经验，培养学生的逻辑推理素养。不仅能使学生明白证明要讲逻辑、要注意性质使用的前后顺序，而且能提高教学效果，因为针对学生切身感受的讲解最能引发学生的兴趣，也最能使学生记忆深刻。

（4）创设情境与问题，引导学生开展系列化的性质猜想和证明活动

对于教学过程的设计，强调通过设计问题串引导学生开展系列化的数学活动的重要性。教学过程中，根据知识的发生发展过程，设计环环相扣的问题，引导学生开展自主探究活动。这样的设计，既体现了等式与不等式的性质的整体性，又体现了研究这些性质的过程中所使用的数学思想方法的一致性，不仅能使学生有效地理解等式与不等式的性质，掌握证明方法，而且还能使他们领悟发现问题和提出问题的方法，逐步学会有逻辑地思考、创造性地学习。

5.1.3.3 教学建议

不等式性质的探究是以实数大小关系的基本事实为依据，以"运算中的不变性就是性质"为指导，通过类比等式的基本性质而展开的。学生在初中通过特殊到一般的方式学过等式、不等式的某些性质，但没有进行严格的证明，也没有挖掘性质中蕴含的数学思想。高中阶段要通过逻辑推理，构建等式、不等式性质的完整体系，学生在学习过程中会出现以下几个方面的问题。

① 意识不到实数大小关系的基本事实的重要性。事实上，本单元内容是以公理化方式组织的，基本事实是逻辑起点，其中蕴含着"通过运算研究代数问题"的深刻思想。由于学生的认知水平所限，他们对此没有多少"感觉"，往往只停留在机械运用基本事实的层面。教学中，教师要加强引导和讲解，让学生体会到基本事实所蕴含的数学思想，认识运算在解决大小比较中的关键作用，逐步养成通过运算发现和解决代数问题的思维习惯。

② 学生不知道该从哪些角度梳理不等式的基本性质。在学生思考和解决数学问题时，"自反性"和"传递性"一直在无意识状态下使用，但他们不明白这些性质；虽然熟知不等式的性质3～5，但他们对性质中蕴含的数学思想方法缺乏上位思考。教学中，教师可以采取直接讲解的方式给出性质1和性质2，对性质3～5的共性进行归纳，要通过适当的问题，把学生的思维引导到"运算"上来。

③ 学生对不等式基本性质的证明存在困难。这里是根据公理化思想的要求构建不等式性质的逻辑体系，从实数大小关系的基本事实出发，按照"不等关系自身的特性—基本性质—常用性质"的逻辑顺序，通过逻辑推理依次得出性质。由于初中学过不等式的性质3和性质4，这种经验会形成负迁移，导致学生对证明过程中哪些知识可用、哪些不能用产生困惑和误用。教学中，要强调知识的逻辑顺序、从已知到未知进行逻辑推理，还要帮助学生梳理出证明"自反性"可用的知识。

④ 学生缺少代数推理的经验，会给不等式性质的证明与应用带来困难。教学中，要帮助学生学会一些基本的证明方法，例如，先用"分析法"进行分析，再用"综合法"写出证明；先将条件、结论转化为更明确的表达，再通过相关概念、性质建立条件与结论之间的联系。

5.1.3.4 知识拓展

问题考查

（1）用不等号"＞"或"＜"填空。

　　① 如果 $a > b$，$c < d$，那么 $a-c$ ＿＿＿＿ $b-d$；

　　② 如果 $a > b > 0$，$c < d < 0$，那么 ac ＿＿＿＿ bd；

　　③ 如果 $a > b > 0$，那么 ab ＿＿＿＿ 0；

④ 如果 $a > b > 0$，那么 $\dfrac{1}{a^2}$ ＿＿＿ $\dfrac{1}{b^2}$ ；

⑤ 如果 $a > b > c > 0$，那么 $c - b$ ＿＿＿ 0。

[设计意图] 考查学生对不等式性质的简单应用能力。

（2）已知 $a > b > 0$，$c > d > 0$，求证：$\left(\dfrac{a}{d}\right)^3 > \left(\dfrac{b}{c}\right)^3$。

[设计意图] 考查学生对不等式的证明方法的探究水平，以及综合运用不等式性质进行解题的能力。

5.1.4 从函数观点看一元二次方程和一元二次不等式

5.1.4.1 内容分析

用函数理解方程和不等式是数学的基本思想方法。本单元的学习，可以帮助学生用一元二次函数认识一元二次方程和一元二次不等式。通过梳理初中数学的相关内容，理解函数、方程和不等式之间的联系，体会数学的整体性。

内容包括从函数观点看一元二次方程、从函数观点看一元二次不等式。

① 从函数观点看一元二次方程和一元二次不等式的学习，需要学生能够从函数观点认识方程和不等式，感悟数学知识之间的关联，认识函数的重要性。在本章教学中培养学生数学抽象、逻辑推理、数学运算、直观想象等数学核心素养，涉及数形结合、函数与方程、转化与化归思想。学生需要运用数形结合思想，逐步建立一元二次函数与一元二次方程，一元二次不等式之间的联系。

② 方程和不等式都是重要的数学工具，在解决问题中有广泛的应用。函数是贯穿高中数学课程的最重要的概念和内容，从函数角度理解方程和不等式是一种基本数学思想方法，这使得方程、不等式问题可以在函数观点下统一起来，体现了数学的整体性。

③ 通过从实际情况中抽象出一元二次不等式模型的过程，通过函数图象探究一元二次不等式与相应函数、方程的联系，着重突出数形结合、转化与化归、函数与方程思想，培养学生用函数观点处理问题的能力。

④ 学生在初中学习了从一元一次函数观点看一元一次方程、不等式，为用函数观点看方程和不等式打下了一定的基础。初中学习了一元二次函数，对一元二次函数解析式、图象及其性质也有了一定的认识。高中从二次函数观点看一元二

次方程、不等式，可以帮助学生把上述内容和思想方法联系起来，在利用二次函数图象及相应的一元二次方程的根的情况解一元二次不等式的过程中，体会数学的整体性。这是对已经学习过一元一次方程、一次函数、一元一次不等式等知识的巩固和运用，也与后面要学习的函数的概念、导数等内容密切相关。

5.1.4.2 核心素养解读

从函数观点看一元二次方程和一元二次不等式的教学蕴含了数学抽象、数学建模、逻辑推理、数学运算等数学核心素养。在本节的学习中，通过引入生活实例，学生要将实际问题转化为数学问题进行抽象与建模，并用数学符号表达一元二次不等式，在这个过程中培养学生的数学建模、数学抽象素养。通过观察二次函数的图象，将二次函数、一元二次方程、一元二次不等式建立联系，掌握利用二次函数的图象对一元二次不等式进行求解的方法，以培养学生的数学运算素养。通过类比一次函数、一元一次方程、一元一次不等式间的关系，研究二次函数、一元二次方程、一元二次不等式间的联系，同时学生在学习过程中要能将复杂问题转化为简单易处理的问题，培养学生的逻辑推理素养。

5.1.4.3 教学建议

① 建议通过具体的生活情境，导入本节课，在课堂上也可以多一些实际问题的应用举例，提供现实情境。让学生学会从实际问题中抽象出一元二次不等式模型，经历把实际问题抽象成数学问题的过程，从而使学生了解学习本节课的必要性，同时也符合教育部提出的在高考中加入复杂情境的趋势。

② 可以引导学生回顾从一次函数的角度看一元一次不等式、一元一次方程，通过类比学习从二次函数的角度看一元二次不等式，体会从特殊到一般的学习过程，使得学生进一步理解函数、方程和不等式之间的关系，同时学习探究数学问题的一般方法，体会数学的整体性以及从函数角度理解方程和不等式的基本数学思想方法。

③ 建议在具体的教学过程中，利用画图工具画出二次函数的图象，直观展示图象上的任意一点在移动时，横坐标的变化引起纵坐标的变化情况，获得求解一元二次不等式的感性认识，帮助学生理解二次函数、一元二次方程与一元二次不等式间的关系，提升学生直观想象的核心素养。

④ 本节课的教学重点应该是学生能够理解一元二次不等式、一元二次方程与二次函数三者之间的关系；能够借助二次函数求解一元二次不等式；能够运用一元二次不等式解决简单的实际问题。难点在于理解一元二次不等式、一元二次方程与二次函数三者之间的关系；从实际情景中抽象出数学模型的过程。

5.1.4.4 知识拓展

函数不但是贯穿高中代数课程的主线，也是高中数学课程的主线。整体把握函数主线，并密切联系方程、不等式等知识的学习，有助于学生对高中数学代数，乃至高中数学课程形成全局性的认识。

高中数学中，除方程和不等式外，函数与数列、解析几何、概率等内容有如下的联系：

数列在本质上，就是不连续的函数，所以除了用数列特有的相邻项关系研究视角外，还可以从函数的视角进行研究。

在解析几何中研究几何位置动态关系下的某数量的变化与最值时，函数是解决问题的重要工具，此外，研究函数时的数形结合思想运用也为解析几何研究累积了学习的经验。

在概率中的随机变量的分布列本质就是随机变量与相应的概率的函数关系。

此外，在平面几何中的公式学习中，例如圆的弧长公式、扇形面积公式、多边形的内角和公式等，在发现形成公式的思维过程中，实际上就是运用运动变化与联系的思想研究几何图形中的各变量间的依存关系。解析几何中的点到直线距离等公式也是如此。

5.2　函　　数

5.2.1　函数概念与性质

5.2.1.1　内容分析

（1）知识框图（图5-4）

函数是研究数量关系和变化规律的数学模型，可以帮助人们从变量依赖关系的角度更准确清晰地认识、描述和把握现实世界。函数思想对培养学生对问题观察、分析、判断等一系列思维过程具有指导性意义。函数的教育价值主要体现在

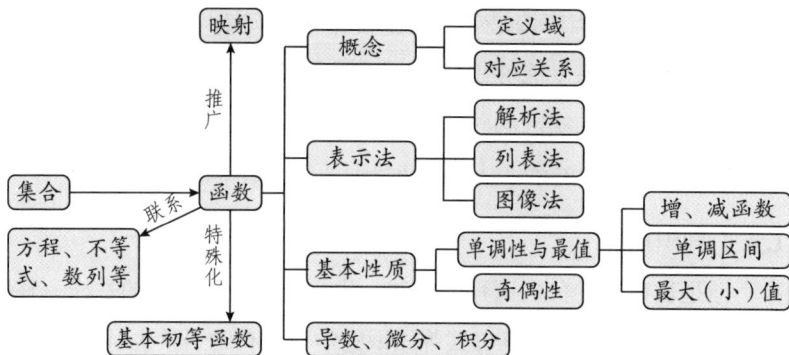

图5-4 "函数"知识框图

以下几个方面。

① 函数是高中数学学习的核心概念之一。从课程安排上来看，高一第一学期的学习主要就是围绕函数展开的。在人教 A 版高中数学必修一中主要学习了两个概念，即集合与函数。集合的概念是高中函数对应说的基础。函数的概念与性质是后面学习和探究基本初等函数、函数的应用以及学习函数的导数和微积分的基础。同时，在高中数学学习中，函数又联系了方程、不等式、数列等概念，是高中数学学习的重要核心概念之一。

② 函数是联系高中数学各知识模块的重要纽带。从微观上看，函数贯穿了中学代数内容中的集合、不等式、方程、函数、数列和排列组合等内容；从宏观上看，函数起着联系中学数学内容中的代数、几何、统计等数学各个分支的纽带的作用①。

③ 函数与实际生活有着紧密的联系。函数与我们的生活息息相关，生活中的数学模型处处可见，而数学模型通常又需要函数进行建模。因此，函数是描述客观世界变化规律的重要数学模型，可以帮助学生体会到数学与现实生活的紧密联系，认识到符号是刻画现实世界数量关系的重要语言，从而认识到数学是解决实际问题和进行交流的重要工具，学会用函数的思想解决实际问题。

④ 函数的学习可以帮助学生培养优良品质。在函数的学习中，充满了对立与统一，学生在此过程中从运动和变化的观点来观察和分析问题，有助于培养学生的辩证唯物主义观点，有利于学生用科学的观点认识现实世界，同时培养学生分

① 倪露苹.函数概念难点研究及教学设计研究 [D].上海：华东师范大学，2015.

析问题、解决问题的能力，培养学生的数学抽象、直观想象力、数学建模等核心素养。

函数概念的发展经历了不同的阶段，从"变量说"到"对应说"，也经历了数学家们长达几个世纪的争论。最为直观的"变量说"是学生在初中阶段所学习的函数的概念。而在高中阶段，有了集合相关知识等理论基础之后，给出了函数概念的"对应说"。

"对应说"强调了函数概念中的对应关系，这个对应关系可以用表达式来表示两个变量之间的对应关系，也可以通过图表等其他形式来表示，这就将函数的概念从"变量说"这一形式中升华出来。

进而教材继续给出了函数的定义域、函数值、值域等相关概念。

根据四个实例，教材给出了函数主要的三种表示方法：解析法、图象法、列表法。在接下来的例题中提出了分段函数的概念。

函数是描述事物运动变化规律的数学模型，如果了解了函数的变化规律，那么也就把握了相应事物的变化规律，因此研究函数的性质是非常重要的。

教材在"单调性与最值""奇偶性"这两节内容中采用的教学顺序都可以总结为：观察具体函数图象；列表分析，找寻规律；归纳总结，得出一般性结论。从图形直观到代数抽象，从特殊到一般，得出函数单调性、奇偶性的定义。由此可见函数的图象在帮助我们理解和研究函数的性质上具有重大作用。同时也培养了学生的数学抽象能力。

而学习函数的性质，首先需明确函数性质的区域性是突破难点的重要方面。单调性是函数在定义域内某个子区间内的特性，有时子区间就是整个定义区间，但通常情况下未必这样；奇偶性指的是关于原点对称的区间上的性质，若区间不对称就无奇偶性。

（2）**教学重点**

① 理解函数的概念，体会函数是描述变量之间的依赖关系的重要数学模型，会用集合与对应的语言来刻画函数。

② 理解函数的单调性及其几何意义，明确函数单调区间的定义。

③ 理解函数最值的定义。

④ 理解函数的奇偶性及其几何意义。

（3）教学难点

① 函数的概念及函数的抽象符号 $y=f(x)$ 的具体含义。

② 利用函数单调性的定义来判断、证明函数的单调性。

③ 利用函数奇偶性的定义来判断、证明函数的奇偶性。

（4）教学目标

① 在初中用变量之间的依赖关系描述函数的基础上，用集合语言和对应关系刻画函数，建立完整的函数概念，体会集合语言和对应关系在刻画函数概念中的作用。了解构成函数的要素，能求简单函数的定义域。

② 在实际情境中，会根据不同的需要选择恰当的方法（如图象法、列表法、解析法）表示函数，理解函数图象的作用。

③ 通过具体实例，了解简单的分段函数，并能简单应用。

④ 借助函数图象，会用符号语言表达函数的单调性、最大（小）值，理解它们的作用和实际意义。

⑤ 结合具体函数，了解奇偶性的概念和几何意义。

⑥ 通过具体实例，结合图象，理解它们的变化规律，了解幂函数。

⑦ 体会函数与现实世界的密切联系，初步理解函数模型是描述客观世界中变量关系和规律的重要数学语言和工具。

⑧ 收集函数概念的形成与发展的历史资料，撰写论文，论述函数发展的过程、重要结果、主要人物、关键事件及其对人类文明的贡献。

5.2.1.2 核心素养解读

函数的概念教学中蕴含了数学抽象、数学建模、数学运算、逻辑推理、直观想象等数学核心素养的学习。数学抽象一直伴随着函数概念的形成与发展，函数概念的形成，是对同一类型实际问题的数学抽象，是核心素养的重要构成部分，是函数学习效果的重要影响内容，以及通过图形语言、自然语言、符号语言描述函数的单调性、奇偶性，幂函数的形成，培养学生的数学抽象素养。利用函数图象认识函数定义域、值域、单调性、奇偶性，培养学生的直观想象素养。建立函数关系求解实际问题，培养学生的数学建模素养。理解函数的概念、单调性定义、奇偶性定义中条件与结论之间的逻辑关系以及掌握利用定义表述函数性质的论证过程，培养学生的逻辑推理素养。通过利用定义证明函数单调性、奇偶性，求函数最值等，提高学生代数式的变形能力，培养学生的数学运算素养。

5.2.1.3 教学建议

（1）课时安排（表5-2）

表5-2　"函数"教学课时安排建议

课题	函数的概念及表示法	单调性与最值	奇偶性	机动
课时	4 课时	2 课时	1 课时	1 课时

根据高中数学教学实际我们一般都会将"函数的概念与表示法"这两节内容安排在4个课时里，因为"函数的表示法"本来也属于"函数的概念"之一。并且在现行教材中，"函数的表示法"一节中也是根据上一节所提出的四个实例进行说明的，因此，将这两节合二为一，符合学生的认知规律。

"函数的单调性与最值"分为2课时。函数的基本性质的学习是建立在函数的概念的基础之上。因此夯实基础、全面理解概念就成了提高认知能力，掌握性质的前提。因此在刚开始讲授函数的基本性质时，速度不宜过快、内容不宜过多，应以夯实函数概念基础为前提，探究函数的基本性质，为全面正确掌握函数的性质打好基础。

函数的奇偶性安排1课时。奇偶性是函数的"整体性质"，单调性是针对所有函数来讨论的，奇偶性是某些函数的特殊性质，与单调性一样，奇偶性也是把图象的对称性（几何特性）转化为代数关系，并用严格的符号语言表示，沟通了形与数，实现了从定性到定量的转化。最后安排机动的一个课时是为复习、例题讲解、测评等工作的课时安排。对于层次不同的班级，教师可做灵活的机动安排。总意图是夯实函数概念基础，巩固提高函数基本性质的认识和运用。

（2）**数学语言规范讲解，加强概念辨析**

在"函数的概念与性质"这一专题中，是高一学生在高中阶段首次接触到严谨的数学语言表述，教师需加强数学语言的规范讲解，加强概念辨析。例如，在函数概念的表述中的"对于集合 A 中的任意一个数 x，在集合 B 中都有唯一确定

的数 $f(x)$ 和它对应。"这其中的"任意""唯一"可否删去？可否由其他词语代替？由此设计几道概念辨析题供学生思考，或鼓励学生自行思考反例，帮助学生正确建构函数概念。

同理，还有函数单调性定义中的"如果对于定义域 I 内某个区间 D 上的任意两个自变量的值 x_1、x_2 当 $x_1 < x_2$ 时，有 $f(x_1) < f(x_2)$，那么就说函数 $f(x)$ 在区间 D 上是增函数。"其中的"任意"可否删去？可否用其他词语代替？设计几道概念辨析题帮助学生正确理解函数单调性的定义，把握概念本质。

（3）教学思想

从教学论的观点看，"教育的本质是使学生得到全面的发展"。教育的对象是学生，而每个学生都是有个性的，有潜能的，因此教学活动应体现"以学生为本"的理念，促进学生的全面发展。而传统讲授式数学教学中教师是课堂的主宰，教师领着学生去学。长此以往，学生习惯了被动地去学习，成为思维上的懒惰者。显然，这种以教师"讲"为中心的数学教学方式，没有充分发挥学生学习的主观性和能动性，是不利于学生的潜能开发和身心发展的。

关于情境问题，弗赖登塔尔认为，数学教育要引导学生了解周围的世界，周围的世界应该是学生探索的源泉，而数学课本从结构上应当从与学生生活体验密切相关的问题开始，发现数学概念和解决实际问题，实现数学化。因此，在引入新知识时应利用与学生生活密切相关的生活实例，引导学生将生活实例抽象成数学语言，实现数学化，感受数学源于生活，也将应用于生活。

建构主义认为，学生不是被动的学习者，而是主动地根据先前的经验和已知的知识进行建构的建构者，知识不能被灌输、强加。学生应在体验、领悟和创造中学习。因此，教师应该多鼓励学生进行分组讨论、合作交流，通过"观察—猜想—证明—归纳"的途径，有助于学生理解函数的概念，增、减函数以及奇、偶函数的形式化定义以及利用函数单调性、奇偶性的定义证明简单函数的单调性和奇偶性，使得学生的认识从感性到理性，从具体到抽象，有助于培养学生思维的严谨性。

5.2.1.4 知识拓展

函数的发展简史如表5-3所示。

表5-3 函数的发展简史

时间段	函数的发展
早期	1673年，莱布尼茨首次使用"function"（函数）表示"幂"，后来他用该词表示曲线上点的横坐标、纵坐标、切线长等曲线上点的有关几何量。与此同时，牛顿在微积分的讨论中，使用"流量"来表示变量间的关系①。
18世纪	1718年，约翰·伯努利（Johann Bernoulli）在莱布尼茨函数概念的基础上对函数概念进行了定义："由任一变量和常数的任一形式所构成的量。"他的意思是凡变量x和常量构成的式子都叫作x的函数，并强调函数要用公式来表示。 1748年，伯努利的学生欧拉（L. Euler）在其《无穷分析引论》一书中说："一个变量的函数是由该变量的一些数或常量与任何一种方式构成的解析表达式。" 1755年，欧拉把函数定义为"如果某些变量，以某一种方式依赖于另一些变量，即当后面这些变量变化时，前面这些变量也随着变化，我们把前面的变量称为后面变量的函数"。他把约翰·伯努利给出的函数定义称为解析函数，并进一步把它区分为代数函数和超越函数，还考虑了"随意函数"。不难看出，欧拉给出的函数定义比约翰·伯努利的定义更普遍、更具有广泛意义。
19世纪	1821年，柯西（Cauchy）从定义变量起给出了定义："在某些变数间存在着一定的关系，当一经给定其中某一变数的值，其他变数的值可随着而确定时，则将最初的变数叫作自变量，其他各变数叫作函数。"在柯西的定义中，首先出现了自变量一词，同时指出对函数来说不一定要有解析表达式。不过他仍然认为函数关系可以用多个解析式来表示，这是一个很大的局限。
19世纪	1822年，傅里叶（Fourier）发现某些函数既可以用曲线表示，也可以用一个式子表示，或用多个式子表示，从而结束了函数概念是否以唯一一个式子表示的争论，把对函数的认识又推进了一个新层次。 1837年，狄利克雷（Dirichlet）突破了这一局限，认为怎样去建立x与y之间的关系无关紧要，他拓广了函数概念，指出："对于在某区间上的每一个确定的x值，y都有一个确定的值，那么y叫作x的函数。"这个定义避免了函数定义中对依赖关系的描述，以清晰的方式被所有数学家接受。这就是人们常说的经典函数定义。 等到康托尔（Cantor）创立的集合论在数学中占有重要地位之后，维布伦（Veblen）用"集合"和"对应"的概念给出了近代函数定义，通过集合概念把函数的对应关系、定义域及值域进一步具体化了，且打破了"变量是数"的局限，变量可以是数，也可以是其他对象。
现代	1914年，豪斯道夫（F. Hausdorff）在《集合论纲要》中用不明确的概念"序偶"来定义函数，其避开了意义不明确的"变量""对应"概念。库拉托夫斯基（Kuratowski）于1921年用"集合"概念来定义"序偶"使豪斯道夫的定义更严谨了。

---

① 潘继军.初等数学解题教学研究[M].昆明：云南大学出版社，2016.

时间段	函数的发展
	1930年，新的现代函数定义为"若对集合 M 的任意元素 x，总有集合 N 确定的元素 y 与之对应，则称在集合 M 上定义一个函数，记为 $y=f(x)$。元素 x 称为自变量，元素 y 称为因变量"。

为什么反对使用"对称图形"引入偶函数的概念：关于"函数奇偶性"的教学设计反思

数学教学不仅是为学生呈现数学的内容，让学生掌握知识和技能，解答相关的问题，更是要让学生理解数学的本质，领悟数学的思想方法，发展其数学核心素养，这就要求数学教学"注重本质，淡化形式"。然而，在教学过程中，"形式化""走过场""为了教学而教学"的情形依然存在，适当的形式化可以帮助学生掌握数学知识和技能，但是，过分强调"形式"却有可能失去对数学本质的理解。

在与高中教师一起研究"函数奇偶性"的导入课教学中，针对"对称图形"的使用，大家产生了争议。结合对函数奇偶性概念的理解和数学教学设计，有必要探讨概念教学中的"形式和本质"问题。

（1）奇偶性导入的讨论

对于新课的导入，形式多种多样，例如，分析特殊的案例寻找其共性，函数概念的引入就是如此，通过给出数量关系、图、表形式等，揭示共同特征，从而构建函数概念；再如，零点的定义就是直接给出的；还有些新课使用故事、文化、生活情境等形式引入。无论哪种形式的新课导入，都是为了促进学生对数学本质的理解，函数的奇偶性的导入也不例外。

人教 A 版（2019）教材在引入函数的奇偶性时，先给出几个特殊函数的图象，让学生获得函数奇偶性的直观定性认识；北师大版（2019）教材也是从实例出发，探讨三次和二次函数的图象，抽象概括得到函数奇偶性的概念；苏教版（2020）教材先给出了生活中的对称现象：美丽的蝴蝶，盛开的花朵，六角形的雪花晶体，有倒影的山水景色（配图）……然后再讨论二次函数和反比例函数的图象。三版教材各有特色，人教 A 版以研究偶函数的概念为主，类比得到奇函数的概念，其设计流程为：具体函数（偶函数）—图象特征（对称性）—数量刻画—符号语言—

抽象定义—奇偶性判定；北师大版更倾向于数学探究：具体函数（奇偶函数）—图象特征—符号语言—抽象定义；苏教版在本节开始给出了"对称图形"，然后再研究具体函数。

从相关期刊分析发现，有些高中教师的"函数奇偶性"教学设计也从"对称图形"导入新课，例如，在陆权烽等的"基于三个理解设计课堂教学"中，先使用"对称图形"让学生回顾对称图形的概念[1]；冯刚等[2]和高志成[3]的设计也类似。而有的教学设计则是从函数性质研究的方法，从具体函数开展讨论，例如，徐建红[4]、曹炳友[5]、邱志权[6]等都是从函数特征考虑，通过具体函数图象的分析，发现图象是对称图形，进而使用数量刻画，得到奇偶函数的符号定义。

在我们关于奇偶性导入教研活动中，也出现了上述的不同意见，有的老师认为首先要使用对称图形，让学生直观感知对称图形的特征；而有的教师明确反对"以对称图形的先入为主"，主张以函数性质研究的方法开展讨论，这才是本节课的重点。

这本是一个很小的问题，因为除此之外，接下来的教学设计大同小异；但是这样的小问题反映的却是对函数概念、性质和应用的不同理解。

（2）函数奇偶性的本质

函数是刻画客观世界中运动变化的重要数学模型。运动变化的规律性是性质，变化中的不变性也是性质。函数的性质是对概念的进一步深化，即让学生进一步理解客观世界的运动变化，通过数量和图象发现其变化的规律。因此，研究函数

① 陆权烽，计惠方 . 基于三个理解设计课堂教学："函数奇偶性第一课时"的教学实践与反思 [J]. 中小学数学（高中版），2022（4）：36-39.

② 冯刚，张瑞 . 提升基本活动经验　发展数学核心素养：以"函数奇偶性"的教学设计为例 [J]. 上海中学数学，2020（10）：26-28.

③ 高志成 . 基于问题引领　精设教学环节：以"函数的奇偶性"教学设计为例 [J]. 中学数学教学参考，2022（6）：31-33.

④ 徐建红 . 科学分析促发展　合理预设促生成：以"函数的奇偶性"教学设计为例 [J]. 数学教学通讯，2022（18）：19-20.

⑤ 曹炳友 . 如何实现由"知识传递型"向"知识构造型"的教学转型：以"函数的奇偶性"为例 [J]. 中学数学教学参考，2022（13）：24-27.

⑥ 邱志权 . 基于 APOS 理论的"函数奇偶性概念"教学设计 [J]. 中学数学，2022（7）：21-23.

的性质，也就是从函数的本质出发，分析函数随着自变量的变化而变化的情况。

学习函数的性质，也包括研究函数性质的过程与方法，人教版教材指出，研究的过程为：具体函数—图象特征—数量刻画—符号语言—抽象定义—函数性质。在此值得注意的是：研究的起点是函数，而不是定性或定量的描述。因为只有紧密结合具体的函数，才有讨论其性质的意义。

函数的奇偶性是函数的整体性质，这和单调性有很大的差别，单调性是局部性质。但是两者研究的路径都是相同的，都是从几个具体函数的图象分析其特征，进而找到一般的规律，也就是函数的性质。这是一个从数到形，再从形到数的过程，是数学抽象和直观想象的素养形成过程。根据函数的单调性研究过程，对函数的图象进行定性分析，发现其几何特征，也就是对称性，而对称的概念，学生在初中，甚至小学已经学过，完全没必要在此耗费时间，这是函数图象的特征，但不是函数奇偶性的本质。更重要的是通过数量刻画：当自变量取一对相反数时，相应的两个函数值相等（或者相反），这时候再回顾函数图象，其实也就是对称图形，使用数量关系把对称图形进一步解析，通过数形结合发现其任意性，结合坐标表示也就可以得到函数奇偶性的符号语言。这个过程蕴含着特殊与一般、数形结合、转化与化归的重要思想方法。

（3）数学教学设计反思

对于函数的奇偶性的教学要体现函数的本质，在本节内容引入过程中，对于"对称图形"的应用问题，看似很小，却体现了不同的教学思想。在教学设计的过程中，要从数学本质、学生认知、课程资源、教法学法、教育思想和评价反思六个角度进行思考。其中，教育思想体现了教师对于教学的理解，数学本质是对数学的理解，这两个方面影响着整个教学的过程。

从数学本质的角度考虑，函数的奇偶性就是平面几何中心对称图形、轴对称图形的解析表示，所以从"轴对称、中心对称图形"引入也无可厚非；然而，从教育思想和学生认知的角度分析，这是教学理念的差异。先给出或者复习"对称图形"是先验的思想，也就是教学中要应用这些内容，所以先复习引入，为何要使用，学生并不清楚，在这样的教学中，学生是被动接受；反之，从函数性质研究的一般方法出发，通过分析函数图象、自变量、函数之间的关系，让学生探究发现其蕴含的规律，这是主动建构的过程。思想决定行动，主动和被动对于学生的数学学习有着不一样的影响。

在函数的奇偶性教学设计中，可以多一些探究，给学生更多主动研究的空间。首先，在新课引入环节，不妨给学生多几个具体函数（如果借助信息技术，可以给出6—8个），其中包含偶函数、奇函数、非奇非偶函数、既是奇函数又是偶函数、定义域不对称的函数等。学生分组作出函数图象，共同分析函数图象特征，再抛出"对称图形"的概念及其特征，让学生发现函数图形不同的对称和不对称情况，这就可以定性分析函数奇偶性。其次，按照研究函数单调性的方法，选择典型函数图象，分析自变量和函数值之间的数量关系，发现图象对称和坐标对称的关系。再次，根据数量关系和对称图形，让学生探讨一般的函数问题，也就是从定性、定量过渡到抽象概念，在此，注意函数图象上的任意一点关于 y 轴或者原点的对称性质，使用轴对称、中心对称图形与坐标对称联系，建构函数奇偶性的概念。然后，通过典型例题，辨析概念，明确概念的内涵和外延，并应用概念解决问题。最后，适度拓展，对概念进行变式，促进学生灵活应用概念，并设计合理的问题检验目标达成情况。

在教学中，以问题为导向、以任务为驱动，为学生创设探究空间，促进学生和教师开展数学交流，充分利用信息技术，帮助学生主动建构函数的奇偶性概念；教师主要以引导、辅助、示范等方式进行教学，通过提问、练习题设计、检查等手段监测学生的学习。

5.2.2　幂函数、指数函数、对数函数

5.2.2.1　内容分析

（1）知识框图（图5-5）

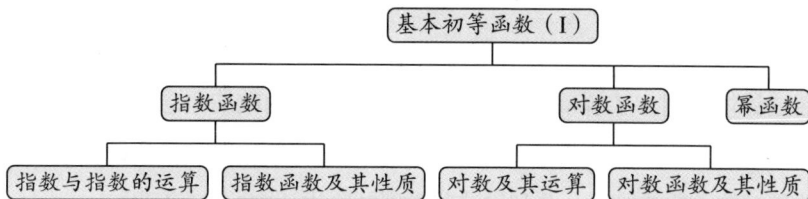

图5-5　"幂函数、指数函数、对数函数"知识框图

幂函数、指数函数和对数函数是研究函数图象和性质的重要载体。指数幂是数学运算的重要组成部分，本章在初中所学正整数指数幂、整数指数幂的基础上，让学生通过对有理数指数幂的实际意义、实数指数幂含义的认识，了解指数幂的拓展。掌握指数幂的运算规律及运算性质，从而为用函数的观点研究变量之间的关系做好准备，同时经历数学知识体系不断发展的过程，可以了解拓展知识的基本方法，感受其中科学的方法和严谨的态度，积累相关经验。对数是指数运算的逆运算，是人类认识世界和改造世界的必然产物，具有重大的作用和意义。幂函数、指数函数与对数函数是最基本的、应用最广泛的函数，是进一步学习数学的基础。它是重要的数学模型，在很多领域都发挥着重要的作用，有利于提升学生的数学抽象、数学建模素养。初中已经学过一些基本初等函数，知道函数是描述两个变量之间的依赖关系。本节是在学完幂、指数与对数相关概念的基础上进一步探讨幂函数、指数函数与对数函数，对于后面继续探讨三角函数的性质也有引导作用。幂函数、指数函数与对数函数涉及函数与方程、数形结合、转化与化归、分类讨论等多个数学思想。在零点的判断中，经常会用到函数与方程的思想，通过这种数学思想能够极大地使计算简便。幂函数、指数函数和对数函数的表达式为数，但它们的图象为形，通过数形结合的方法能够使抽象的数学概念易于理解。当学生遇到复杂问题时，往往难以下手，实际上通过转化与化归的数学思想，能够把一个复杂的数学问题转化为学生熟知的问题，进而去解决它。幂函数、指数函数与对数函数是新知识，但一次函数、二次函数等是学生熟知的，一些题目可以通过换元等方式将其转化为二次函数。在指数函数和对数函数中，由于 a 的取值会影响单调性等相关性质，分类讨论思想就显得尤为重要。指数函数和对数函数计算公式是学生初期不易掌握的重点，而对于逆向推理学生更是不擅长。公式不仅需要正着用，反向应用的时候学生也要有相应的意识。

（2）教学重点

通过具体实例，了解幂函数、指数函数和对数函数的概念，以及这三类函数的图象，了解它们的变化规律，探索并理解函数的性质特点，会建立幂函数、指数函数和对数函数的模型，并利用这些模型解决生活中的实际问题。

（3）教学难点

通过这三类函数的学习，掌握研究函数的过程和思想方法，提升数学抽象、逻辑推理、直观想象和数学建模等数学素养。在数学抽象的基础上实现数学思维到数学语言的过渡，体现数学的严谨性。

幂函数、指数函数与对数函数是最基本的、应用最广泛的函数，是进一步学习数学的基础。本单元的学习，可以帮助学生学会用函数图象和代数运算的方法研究这些函数的性质；理解这些函数中所蕴含的运算规律；运用这些函数建立模型，解决简单的实际问题，体会这些函数在解决实际问题中的作用。

内容包括幂函数、指数函数、对数函数。

① 幂函数。

通过具体实例，结合 $y=x$，$y=\dfrac{1}{x}$，$y=x^2$，$y=\sqrt{x}$，$y=x^3$ 的图象，理解它们的变化规律，了解幂函数。

② 指数函数。

◎ 通过对有理数指数幂 $a^{\frac{m}{n}}$（$a>0$，且 $a\neq1$；m、n 为整数，且 $n>0$）、实数指数幂 a^x（$a>0$，且 $a\neq1$；$x\in\mathbf{R}$）含义的认识，了解指数幂的拓展过程，掌握指数幂的运算性质；

◎ 通过具体实例，了解指数函数的实际意义，理解指数函数的概念；

◎ 能用描点法或借助计算工具画出具体指数函数的图象，探索并理解指数函数的单调性与特殊点。

③ 对数函数。

◎ 理解对数的概念和运算性质，知道用换底公式能将一般对数转化成自然对数或常用对数；

◎ 通过具体实例，了解对数函数的概念。能用描点法或借助计算工具画出具体对数函数的图象，探索并了解对数函数的单调性与特殊点；

◎ 知道对数函数 $y=\log_a x$ 与指数函数 $y=a^x$ 互为反函数（$a>0$，且 $a\neq1$）；

◎ 收集、阅读对数概念的形成与发展的历史材料，撰写小论文，论述对数发明的过程以及对数对简化运算的作用。

5.2.2.2 核心素养解读

在幂函数、指数函数与对数函数的教学中蕴含了数学抽象、直观想象、逻辑推理、数学运算、数学建模的核心素养。

① 数学抽象是指通过对数量关系与空间形式的抽象，得到数学研究对象的素养。主要包括从数量与数量关系、图形与图形关系中抽象出数学概念及概念之间的关系，从事物的具体背景中抽象出一般规律和结构，并用数学语言予以表征。本章数学抽象主要表现为：能在具体情境中抽象出幂、指数、对数、指数函数、对数函数、函数零点等概念和性质；能通过特殊到一般、具体到抽象概括出指数函数和对数函数的概念、图象和性质以及它们之间的逻辑关系；能够在实际情境中抽象出有关指数函数和对数函数问题，并加以解决。

② 逻辑推理是指从一些事实和命题出发，依据规则推出其他命题的素养。主要包括两类：一类是从特殊到一般的推理，主要是归纳、类比；另一类是从一般到特殊的推理，主要是演绎。本章逻辑推理主要表现为：能通过类比、归纳、演绎等推理过程，理解指数函数和对数函数的概念、图象和性质；能综合应用指数和对数的运算性质，以及指数函数和对数函数的性质进行分析、推理和论证，准确、规范使用函数的有关术语和数学符号进行表达，解决有关问题。

③ 直观想象是指借助几何直观和空间想象感知事物的形态与变化，利用空间形式特别是图形，理解和解决数学问题的素养，主要包括利用图象描述、分析数学问题；建立形与数的联系，构建数学问题的直观模型，探索解决问题的思路。本章直观想象主要表现为：能借助指数函数和对数函数的图象特征，研究它们的基本性质和变化规律，求方程的近似解，刻画现实问题，探讨函数的本质等，形成数学直觉和数形结合的思想。

④ 数学运算是指在明晰运算对象的基础上，依据运算法则解决数学问题的素养。主要包括理解运算对象、掌握运算法则、探究运算思路、选择运算方法、设计运算程序、求得运算结果等。本章数学运算主要表现为：能根据指数、对数的运算性质和对数的换底公式进行指数和对数运算；能根据指数函数和对数函数的概念和单调性求函数值、比大小；能用二分法求方程的近似解；能依据所学概念、公式、法则等确定运算目标，选择运算方法，设计运算程序，并进行合理的恒等变形、近似计算和估算。

⑤ 数学建模是对现实问题进行数学抽象，用数学语言表达问题、用数学方法构建模型解决问题的素养。数学建模过程主要包括在实际情境中从数学的视角发现问题、提出问题、分析问题、建立模型、确定参数、计算求解、检验结果、改进模型，最终解决实际问题。本章数学建模主要表现为：能依托指数函数和对数函数建立函数模型，认识直线上升、指数爆炸、对数增长等不同函数类型的增长含义；能阅读、理解问题情境，合理选择函数类型，通过对已知材料的分析、整理，清晰、准确地表达数学建模的过程和结果，解决有关的实际问题。能有意识地用数学语言表达现实世界，发现和提出问题，感悟数学与现实之间的关联；学会用数学模型解决实际问题，积累数学实践的经验；认识数学模型在科学、社会、工程技术诸多领域的作用，提升实践能力，增强创新意识和科学精神。

5.2.2.3 教学建议

① 创设具体函数情境，关注学习方法的迁移。幂函数、指数函数与对数函数是应用最广泛的基本初等函数，学生已经有了初中函数以及幂、指数和对数的基础知识。通过具体实例引入三类函数的概念，结合图象探究具体函数的性质，使学生经历由具体到抽象、由特殊到一般的过程，从而掌握研究函数一般问题的方法，并能够将这种方法迁移运用。

② 关注幂函数、指数函数和对数函数的现实背景和应用价值，发展学生的数学建模素养。

《课标（2017年版）》提出，通过高中课程的学习，学生能学会用数学模型解决实际问题，积累数学实践经验；认识到数学模型在社会诸多领域中的作用；培养科学精神和创新意识。幂函数、指数函数和对数函数都是刻画客观世界变量间关系的数学模型，教师在教学中应该多引用一些实际的模型，引导学生从数学的视角发现问题、提出问题和解决问题。

③ 借助信息技术工具研究指数函数与对数函数。在教学中，可以适当将信息技术与数学课程有机结合，发挥信息技术快速计算和作图分析的强大功能。借用信息技术帮助系统理解相关知识，让学生真切地体会到有理数指数幂逼近到无理数指数幂的过程。通过作出图象归纳出共同特征，数形结合地发现函数的性质。在比较不同函数的增长差异的教学中，利用信息技术可以让学生直观感受到不同

函数的增长差异。

④ 加强数形结合和函数思想的渗透，发展学生的数学思维能力。函数是高中数学的重要内容，函数图象是平面上点的集合，幂函数、指数函数和对数函数的图象都是满足一定条件的曲线，因此研究幂函数、指数函数和对数函数在某种意义上，就是研究这些曲线的性质和变化。通过数形结合的方式，可以使学生更加直观地认识这三类函数的性质。

5.2.2.4 知识拓展

（1）对数概念的解读

为什么要规定底数 $a > 0$ 且 $a \neq 1$？

当 $a = 1$ 时，由于 $a^x = 1^x = 1$，是一个常数，没有研究价值；

当 $a = 0$ 时，由于 $a^x = 0^x = 0$（$x \neq 0$），也是一个常数，没有研究价值；

当 $a < 0$ 时，对于 x 情况的讨论过于复杂，a^x 的值有时有意义，有时没有意义，不易研究，也没有研究价值。

（2）取对数在计算数学中的应用

在计算数学领域，经常会把原始数据取对数后再进一步处理。之所以这样做是基于对数函数在其定义域内单调递增或递减，且取对数后不会改变数据的相对关系，取对数的作用主要有：①缩小数据的绝对数值，方便计算。例如，每个数据项的值都很大，许多这样的值进行计算可能会超过常用数据类型的取值范围，这时取对数，就把数值缩小了。②取对数之后不会改变数据的性质和相关关系，但压缩了变量的尺度，数据更加平稳，也削弱了模型的共线性、异方差性等。③取对数后，可以将乘法计算转化为加法计算。这样的运算技巧在高中数学解题中也常有应用。事实上，我们在证明对数的换底公式时就采用了这样的运算技巧。

（3）品味数学之美

① 底数可交换的等式：$\log_n b \cdot \log_m a = \log_n a \cdot \log_m b$。

② 指数可交换的等式：$\left(\dfrac{b}{a}\right)^2 + \dfrac{a-b}{a} = \dfrac{b}{a} + \left(\dfrac{a-b}{a}\right)^2$。

③ 可"约去"指数的等式：$\dfrac{a^3 + b^3}{a^3 + (a-b)^3} = \dfrac{a+b}{a+(a-b)}$。

④ 对数恒等式：$x^{\log_a y} = y^{\log_a x}$。

5.2.3　三角函数

5.2.3.1　内容分析

（1）知识框图（图5-6）

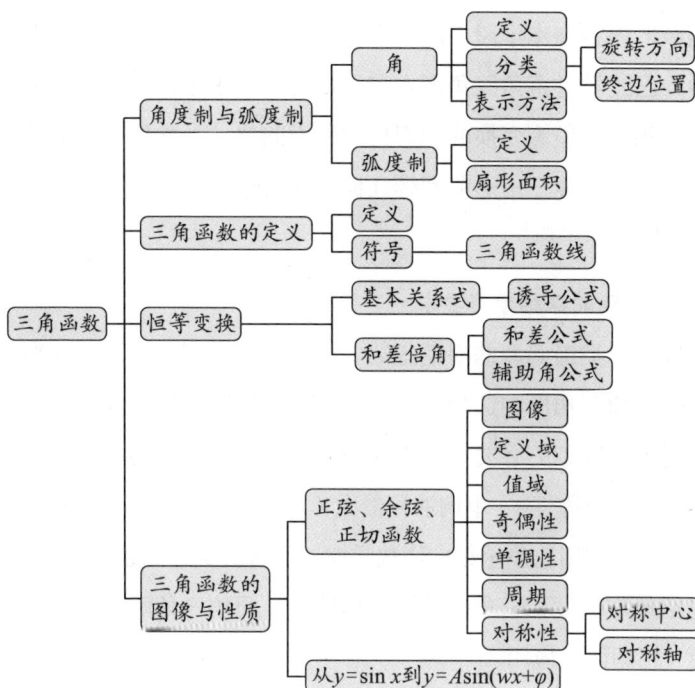

图5-6　"三角函数"知识框图

函数是刻画两个变量之间关系的数学模型。在初中，学习了正比例函数、反比例函数、一次函数、二次函数；在高中，学习了指数函数、对数函数等。

三角函数是一类特殊的周期函数。任意角的概念是任意角三角函数的基础，任意角三角函数是研究三角函数的根本，三角函数的图象其模型是数形结合的产物。教学过程中渗透着类比思想、数形结合思想、化归思想和函数思想等数学思想方法。

三角函数是基本初等函数，它是描述周期现象的重要数学模型，在数学和其他领域中具有重要的作用。新版教材将三角恒等变换和三角函数放在同一章，三角恒等变换在数学中也有广泛的应用，不但在三角函数式的化简、求值和证明三角恒等式中经常用到，而且通过三角换元可将某些代数问题化归为三角问题，是常见的解题"工具"。此外，由于三角公式众多，方法灵活多变，若能熟练地掌握三角恒等变换，不但能增强对三角公式的记忆，加深对诸多公式内在联系的理解，而且对发展学生的逻辑思维能力和推理运算能力，提高数学知识的综合运用能力都大有裨益。

三角函数的内容与本学段、前后学段以及大学其他知识点间都有着密切的联系。在初中，已经学过直角三角形中特殊角的三角函数，可作为本内容学习的基础；三角函数和三角恒等变换的学习也为平面向量、大学复变函数的学习打下了基础。三角函数在研究三角形和圆等几何形状的性质时有重要作用，也是研究周期性现象的基础数学工具。

（2）三角函数的课标学习要求

三角函数是一类最典型的周期函数。本单元的学习，可以帮助学生在用锐角三角函数刻画直角三角形中边角关系的基础上，借助单位圆建立一般三角函数的概念，体会引入弧度制的必要性；用几何直观和代数运算的方法研究三角函数的周期性、奇偶性（对称性）、单调性和最大（小）值等性质；探索和研究三角函数之间的恒等关系；利用三角函数构建数学模型，解决实际问题。

内容包括角与弧度、三角函数概念和性质、同角三角函数的基本关系式、三角恒等变换、三角函数应用。

① 角与弧度。了解任意角的概念和弧度制，能进行弧度与角度的互化，体会引入弧度制的必要性。

② 三角函数概念和性质。

◎ 借助单位圆理解任意角三角函数（正弦、余弦、正切）的定义，能画出这些三角函数的图象，了解三角函数的周期性、奇偶性、最大（小）值。借助单位圆的对称性，利用定义推导出诱导公式（$\alpha \pm \frac{\pi}{2}, \alpha \pm \pi$ 的正弦、余弦、正切）。

◎ 借助图象理解正弦函数、余弦函数在 $[0, 2\pi]$ 上、正切函数在 $\left(-\frac{\pi}{2}, \frac{\pi}{2}\right)$ 上的性质。

◎ 结合具体实例，了解 $y = A\sin(\omega x + \varphi)$ 的实际意义；能借助图象理解参数 ω、

φ、A 的意义，了解参数的变化对函数图象的影响。

③ 同角三角函数的基本关系式。

理解同角三角函数的基本关系式：$\sin^2 x + \cos^2 x = 1$，$\dfrac{\sin x}{\cos x} = \tan x$。

④ 三角恒等变换。

◎ 经历推导两角差余弦公式的过程，知道两角差余弦公式的意义。

◎ 能从两角差的余弦公式推导出两角和与差的正弦、余弦、正切公式，二倍角的正弦、余弦、正切公式，了解它们的内在联系。

◎ 能运用上述公式进行简单的恒等变换（包括推导出积化和差、和差化积、半角公式，这三组公式不要求记忆）。

⑤ 三角函数应用。

会用三角函数解决简单的实际问题，体会可以利用三角函数构建刻画事物周期变化的数学模型。

5.2.3.2　核心素养解读

在三角函数的教学中蕴含了直观想象、数学建模、数学抽象、数学运算和逻辑推理等数学核心素养的学习。

《课标（2017年版）》对三角恒等变换内容的处理，首先通过任意角 α、β 的正弦、余弦得到了两角差的余弦公式；然后在此公式的基础上，推导两角和的余弦公式，再根据诱导公式推导两角差与和的正弦、正切公式；接着在和差公式的基础上，推导倍角公式；最后根据上述公式，进行简单的恒等变换，包括推导积化和差、和差化积、半角公式。引导学生从已经学过的基础——三角公式出发，通过推理以及数学运算推导出其他三角公式，有助于学生理解和差公式、倍角公式以及其他三角恒等变换公式的推导过程及意义，能够更好地运用这些公式来解决数学问题。学生在推导公式的过程中，数学运算这一素养能够进一步发展学生的数学运算能力，能有效借助运算方法解决实际问题，还能通过运算促进学生的数学思维发展，帮助学生养成程序化思考问题的习惯。这一学习过程渗透了数学运算以及逻辑推理的数学核心素养的培养。

《课标（2017年版）》强调几何直观，突出了几何直观对理解抽象数学概念的作用。在三角函数及其性质的学习中，发挥单位圆的直观作用，借助单位圆直观地认识任意角、任意角的三角函数，理解三角函数的周期性、诱导公式、同角三角函数关系式以及三角函数的图象，借助三角函数的图象理解三角函数在一个周期上的单调性、最大值和最小值、图象与 x 轴的交点等性质，渗透了直观想象这一素养的培养。

《课标（2017年版）》将三角函数作为刻画现实世界的数学模型。学习数学模型的最好方法是经历数学建模的过程，即"问题情景—建立模型—数学结果—解释、应用与拓展"。《课标（2017年版）》对三角函数内容的处理，首先提供丰富的实际背景，通过对实际背景（现实原型）的分析、概括与抽象，建立三角函数模型（引出三角函数的概念），再运用数学的方法研究三角函数模型的性质，最后运用三角函数模型及其性质去解决包括现实原型在内的更加广泛的一类实际问题。这样处理体现了数学知识的产生、发展过程，反映了数学的"来龙去脉"，有助于学生理解数学的本质，形成对数学完整的认识。在这过程中渗透了数学抽象、数学建模的数学核心素养的培养。

5.2.3.3　教学建议

（1）教学过程角度：三角函数的诱导公式

针对三角函数的诱导公式这一节，教学中可先创设情境，引入发现结论的条件，促成学生发现诱导公式。为能使创设的情境与学生原有基础的距离缩小，需要复习一些已知知识，如终边相同的角的同一三角函数的值相等；单位圆的对称性与三角函数线等知识。在此基础上，提出教材中的探究问题，给学生思考时间，而后，由学生发现，终边与角 α 的终边关于原点、x 轴、y 轴和直线 $y=x$ 对称的各类角的各种表示方法，借助单位圆，通过图形观察，由学生发现公式二至四，然后引导学生，概括四组公式，认识它们的作用。安排的例题与练习，要围绕熟悉的公式，理解化归与转化思想来进行，并知道任意角的三角函数都转化为锐角三角函数。公式五、六的教学可同上安排。在本节小结中，要突出两点，一是突出几何图形对发现结论的影响，即我们是如何从单位圆的对称性与任意角终边的对称性中发现结论的，这一过程蕴含着数形结合的思想；二是在诱导公式的运用中隐含着化归与转化的数学思想。

（2）教学技术角度：三角函数的图象

在研究三角函数的图象时，考虑到学生是第一次认识正弦函数、余弦函数、正切函数的图象，并且三角函数的图象不像之前所学过的一次函数等函数能在直角坐标系内准确地描点，所以在教学中可以充分利用几何画板等媒体技术来辅助教学。首先是引导学生利用单位圆以及描点法去粗略地画出简图，在此过程中，在几何画板上给学生展示如何通过单位圆找到点的坐标，并将点的坐标准确地描出来，最后将这些点连成一条连续的光滑曲线。在利用几何画板的这一过程中，不仅直观形象地给学生展示了如何画三角函数的图象，而且有助于学生后续对三角函数的性质的探究和理解。

（3）教学方法角度：任意角与弧度制

在这一节的内容中，包括任意角的概念、象限角以及分类、终边相同的角，还有弧度的概念，角度与弧度的换算。其中，弧度是本模块中引进的一个新概念，学生一开始是比较难接受的，教学中应使学生体会弧度也是一种度量角的单位，引导学生认识到角度与弧度之间的联系，通过较丰富的实例展示角扩充的必要性。此外，这一节涉及的概念较多，因此在教学方法上建议：先由学生自学，而后由教师设置一些问题提供学生思考，在此基础上，可以通过讲授再现概念，加深学生对新概念的理解，最后通过练习进一步理解巩固概念。

（4）教学环节角度：三角函数的诱导公式

在三角函数的诱导公式的学习中，涉及了六组诱导公式，分别是角 α 的三角函数值与角 $-\alpha$、$\pi \pm \alpha$、$\dfrac{\pi}{2} \pm \alpha$、$2\pi \pm \alpha$ 的三角函数值之间的关系式。诱导公式数量众多，如果学生只是对单个公式进行记忆，这样是记不牢固的。因此，教师在教学过程的总结环节中，要引导学生对诱导公式采取整体记忆的方法，比如，可以编一些记忆口诀：奇变偶不变，符号看象限，即若形如 $\dfrac{\pi}{2}(2k+1) \pm \alpha$，则函数名称变为余名三角函数，正弦变余弦，余弦变正弦，正切变余切，余切变正切。若形如 $\dfrac{\pi}{2}(2k) \pm \alpha$，则函数名称不变。学生在理解了三角函数诱导公式的推导过程的基础上，再借助记忆口诀，能够更好地运用诱导公式解决数学问题。

（5）教学模式角度：三角函数的性质

在三角函数的性质教学中，学生前面已经学过如何研究函数的单调性、奇偶性等程序，具备一定的性质研究能力和方法，因此这里可以放手让学生自主探究，经历性质的探索过程，获得探究的成功体验，培养学生的实践能力，帮助学生养成良好的数学思维习惯。因此教师在教学过程中可以选择探究的教学模式。

5.2.3.4　知识拓展

数学教育离不开数学史，数学教育应该与数学史有机整合。三角函数的教学，应从三角函数的发展历史以及数学史对数学教育的启示的角度出发，探究数学史在数学教育中的作用。

三角学这门学科是从确定平面三角形和球面三角形的边和角的关系开始的，其最初的研究目的是改善天文学中的计算。古代三角学的萌芽可以说是源自古希腊哲学家泰勒斯（Thales）的相似理论。古希腊天文学家希帕克斯（Hipparchus），曾著有三角学12卷，可以认为是古代三角学的创始人。古希腊梅涅劳斯（Menelaus）著《球面学》，提出了三角学的基础问题和基本概念，特别是提出了球面三角学的梅涅劳斯定理。50年后，另一位古希腊学者托勒密（Ptolemaeus）著《天文学大成》，初步发展三角学。

在希帕克斯和托勒密的三角学中，一个基本元素就是在一半径固定的圆中给定弧（或中心角）所对的弦，他们都对各种不同的弧长 α，列出了对应的弦长 $\mathrm{crd}(\alpha)$ 的值表。如果圆的半径记为 R，则角所对的弦与其正弦之间有下述关系：$\frac{1}{2}\mathrm{crd}(\alpha)/R = \sin\frac{\alpha}{2}$ 或 $\mathrm{crd}(\alpha) = 2R\sin\frac{\alpha}{2}$，这里的 $\frac{1}{2}\mathrm{crd}(\alpha)$ 正是哥白尼的学生雷蒂库斯（Rheticus）给出的角的正弦的最初定义。

由于希腊天文学的需要，三角学得以发展，又由于印度天文学的需要，三角学得以改进。托勒密在他的三角学著作中只用了一个三角"函数"即弦，而印度人把它改进为更加方便的正弦。印度最早的三角学著作是成书于公元前5世纪的《毗坛摩诃悉昙多》，为了利用球面三角学知识解决天文问题，《毗坛摩诃悉昙多》给出了一张"半弦表"，与托勒密求解三角形时使用了倍角所对的半弦值弦表一样。

在公元499年，印度数学家阿耶波多（Aryabhata）也表述出古代印度的三角学思想，阿耶波多曾采用一种度量半径的方法，他用这种方法把角的正弦表示出来，这与后来的弧度制十分相似；其后的瓦拉哈米希拉最早引入正弦概念，并给出最早的正弦表。公元10世纪的一些阿拉伯学者进一步探讨了三角学。当然，所有这些工作都是天文学研究的组成部分。直到纳西尔丁的《横截线原理书》才开始使三角学脱离天文学，成为纯粹数学的一个独立分支。而在欧洲，最早将三角学从天文学独立出来的数学家是德国人雷格蒙塔努斯（J. Regiomontanus），其于1464年完成的《论各种三角形》是第一部独立于天文学的三角学著作。

16世纪三角函数表的制作者首先是奥地利数学家雷蒂库斯（G. J. Rheticus）。他首次编制出全部6种三角函数的数表，包括第一张详尽的正切表和第一张印刷的正割表。17世纪初对数发明后大大简化了三角函数的计算，制作三角函数表已不再是很难的事，人们的注意力转向了三角学的理论研究。不过三角函数表的应用却一直占据重要地位，在科学研究与生产生活中发挥着不可替代的作用。

文艺复兴后期，法国数学家韦达（F. Vieta）成为三角公式的集大成者。他的《应用于三角形的数学定律》（1579）是较早系统论述平面和球面三角学的专著之一。该书以直角三角形为基础，对斜三角形，韦达仿效古人的方法化为直角三角形来解决；对球面直角三角形，给出计算的完整公式及其记忆法则，如余弦定理，1591年韦达又得到多倍角关系式，1593年又用三角方法推导出余弦定理。

1722年英国数学家棣莫弗（A.D. Moivre）得到以他的名字命名的三角学定理$(\cos\theta \pm i\sin\theta)^n = \cos n\theta + i\sin n\theta$，并证明了 n 是正有理数时公式成立；1748年欧拉（L.Euler）证明了 n 是任意实数时公式也成立，他还给出另一个著名公式 $e^{i\theta} = \cos\theta + i\sin\theta$，对三角学的发展起到了重要的推动作用。

近代三角学是从欧拉的《无穷分析引论》开始的。他定义了单位圆，并以函数线与半径的比值定义三角函数，他还创用小写拉丁字母 a、b、c 表示三角形三条边，大写拉丁字母 A、B、C 表示三角形三个角，从而简化了三角公式，使三角学从研究三角形解法进一步转化为研究三角函数及其应用，成为一个比较完整的数学分支学科。

5.2.4 函数应用

5.2.4.1 内容分析

（1）知识框图（图5-7）

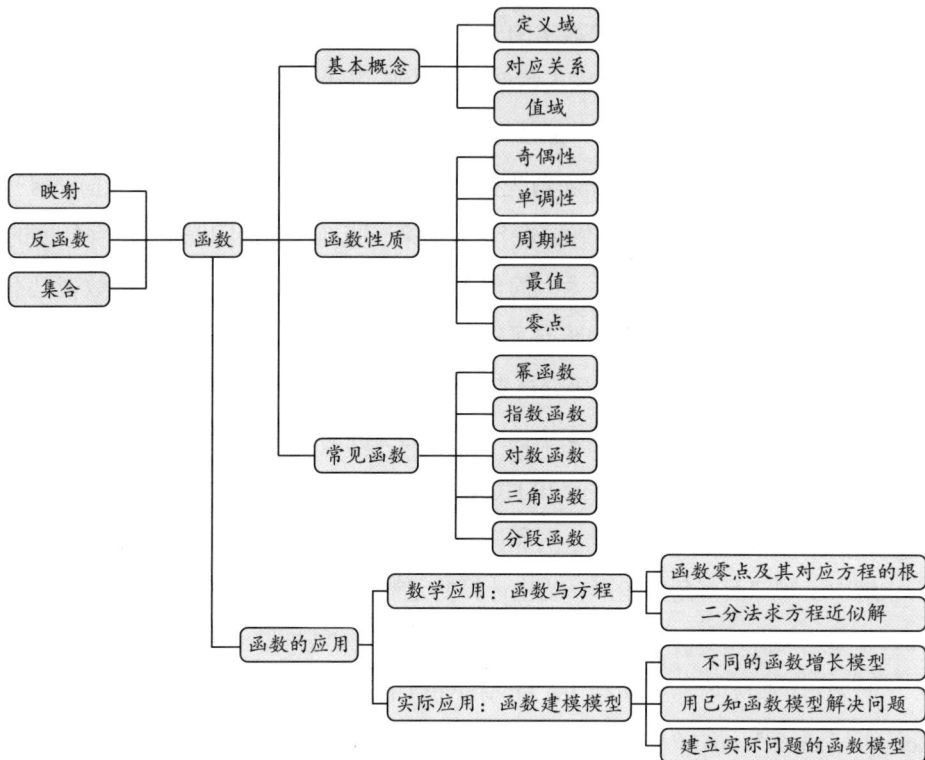

图5-7 "函数"知识框图

（2）知识点分析

《用二分法求方程的近似解》是数学学科内部的应用，其中《函数的零点与方程的解》是为了建立求方程近似解的理论依据，研究从函数特征判定方程实数解的存在性；《用二分法求方程的近似解》是用这个理论依据得到求方程近似解的二分法。

《函数模型的应用》是函数模型的实际应用，意在从现实背景体现出函数的应用价值。这一节包含了两个部分：第一部分是应用已知的函数模型解决现实问题，列举了人口增长模型和碳14衰减模型；第二部分是根据问题建立函数模型，结合实际情况，选择最佳的函数模型解决问题。

（3）思想方法分析

该内容前半部分是侧重于函数与方程的相互关系，突出用函数性质求方程近似解的基本方法（二分法）；后半部分是侧重于用函数构建数学模型的基本过程，突出用"指数型"函数和"对数型"函数模型发现和提出问题、分析和解决问题。

在《用二分法求方程的近似解》中，采用从特殊到一般的方式，观察二次函数 $f(x)=x^2-2x-3$ 图象与 x 轴的关系，帮助学生用函数的观点去认识方程。在第二小节通过求函数 $f(x)=\ln x+2x-6$ 的零点的例子，了解用二分法求方程近似解的思路、步骤和算法，提升数学运算素养；在《函数模型的应用》中，追求问题情境的真实性与例题设问的典型性，强调数学模型的广泛应用和参数的现实意义，着眼于学生对数学应用的理解，认识数学的价值，提升数学建模素养。

（4）内容地位分析

在学习该内容之前，学生已经学习了利用一次函数、二次函数、幂函数解决现实问题，能够在现实问题中应用已知的函数模型，为这节内容的学习奠定了应用能力的基础（见图5-8）。在学习本节课之前，学生学习了指数函数和对数函数，具备了知识基础。学习了本节课的内容后，紧接着就是高中数学第一次数学建模活动，要求利用函数模型解决实际问题，是前面学习的综合应用。

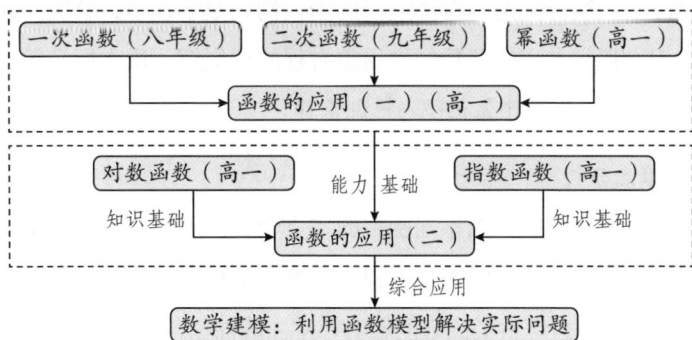

图5-8 函数在初高中的地位

"函数的零点"与大学函数零点问题、罗尔定理、拉格朗日中值定理、柯西中值定理密切联系，在高等代数中将零点与矩阵的特征值联系起来。高中学习的零点知识为大学高等数学奠定了基础，而大学知识是高中知识的延伸。

（5）**课标要求分析**

① 内容要求。

◎ 二分法与求方程近似解。

- 结合学过的函数图象，了解函数零点与方程解的关系。

- 结合具体连续函数及其图象的特点，了解函数零点存在定理，探索用二分法求方程近似解的思路并会程序框图，能借助计算工具用二分法求方程近似解，了解用二分法求方程近似解具有一般性。

◎ 函数与数学模型。

- 理解函数模型是描述客观世界中变量关系和规律的重要数学语言和工具。在实际情境中，会选择合适的函数类型刻画现实问题的变化规律。

- 结合现实情境中的具体问题，利用计算工具，比较对数函数、一元一次函数、指数函数增长速度的差异，理解"对数增长""直线上升""指数爆炸"等术语的现实含义。

- 收集、阅读一些现实生活、生产实际或者经济领域中的数学模型，体会人们是如何借助函数刻画实际问题的，感悟数学模型中参数的现实意义。

② 学业要求。

能够对简单的实际问题，选择适当的函数构建数学模型，解决问题；能够从函数观点认识方程，并运用函数的性质求方程的近似解。重点提升数学抽象、数学建模、数学运算、直观想象和逻辑推理素养。

（6）**重难点分析**

本单元的重点内容是判断不同函数的零点个数问题、巧妙运用零点存在性定理、根据已知信息建立合适的函数模型、归纳数学建模的步骤，从而解决大部分函数问题。在面对部分综合类函数问题时，学生的抽象与思维转换能力相对欠缺，因此如何教会学生选择函数模型解决数学问题，是本单元的难点所在。

5.2.4.2　核心素养解读

在函数应用的教学中蕴含数学抽象、数学建模、数学运算、直观想象、数据分析和逻辑推理等数学学科核心素养。

从数学运算的角度出发，数学无时无刻不涉及运算，明确零点是函数的零点，即方程的解，对可以求得精确解的函数和方程，例如二次函数，运用配方法、公式法等对一元二次方程求解；对指数、对数等难以计算精确解的组合函数，理解二分法求解的思路，掌握利用二分法这一数学方法求近似解的过程；在建立函数模型求解的过程中也涉及运算。

从数学抽象的角度出发，在初中阶段，学生已经初步掌握了方程与函数的关系，但是要直接抽象出零点的概念还是比较仓促的，教学过程中复习旧知引导学生抽象出零点的概念，通过数形结合带领学生观察零点的特征并总结归纳零点存在性定理，使其在头脑中对数形结合思想有进一步的认识；从实际问题情境抽象出函数关系，画出散点图拟合符合条件的函数模型，运用数学语言、符号将抽象问题具体化。

从逻辑推理的角度出发，函数的应用这一内容体现了从特殊到一般的归纳推理，零点概念以及零点存在性定理都需要从一次、二次两类特殊的函数出发，师生合作探究，总结归纳一般函数的零点及其存在定理；利用二分法求方程的近似解，在不断缩小范围找解的过程中要求学生有逻辑地思考问题，把握二分法求解的本质，是学生逻辑思维的体现。

从直观想象的角度出发，函数本身是抽象的，图象是学生学习函数的一种工具。整个单元需要借助函数图象让学生从直观上认识并理解零点、零点存在区间，其中蕴含的数学思想更是需要借助图形建立数与形的联系，在具体的图象中感知零点、二分法的本质，从而提升学生的数学思维，培养学生的数形结合能力。

从数学建模的角度出发，利用数学建模解决实际问题是一种有效手段。从实际问题出发，让学生有意识地用数学语言描述问题，发现、提出问题，建立模型、模型求解、检验模型等，使学生经历建模的完整过程，认识函数模型在人口、考古、投资等方面的价值，加强理论与实际的联系，提升学生应用意识，体会数学源于生活并应用于生活，感悟数学之美。

从数据分析的角度出发，在数学建模过程中，需要从实际生活中收集所需数据并整理，从而进行数据拟合，构建模型。

5.2.4.3 教学建议

（1）函数的零点与方程的解

在本节的教学中，既要体现指数函数和对数函数的应用，又要体现函数性质的应用；既要利用函数的局部性质分析其整体性质，注重用函数特征来判定方程解的存在，又要体现用函数观点研究方程解的基本方法，突出函数零点与方程解的有机联系，通过函数的应用，突出数学运算素养。

本小节的教学可按照"概念—定理—应用"的线索展开，在函数的零点与方程的解的转换过程中，逐步渗透化归与转化思想、函数与方程思想和数形结合思想，以此帮助学生通过直观想象进一步领悟函数的本质。

① 函数零点的概念教学。通过类比二次函数零点的概念直接给出函数零点的概念，遵循了学生的认知规律，有利于学生把握函数零点的本质。因此，教学时要用函数的观点说明学习的必要性。教学时可结合本节后面的阅读与思考"中外历史上的方程求解"，从高次代数方程解的探索历程，引导学生认识函数与方程的关系，并养成先将方程问题转化成函数问题，再利用函数的性质解决问题的习惯。

② 函数零点存在定理的教学。该内容的教学可以通过"探究"，让学生观察对应的二次函数在区间端点上的函数值之积的特点，引导学生发现连续函数在某个区间上存在零点的判定方法，在此基础上给出函数零点存在定理。教学时可按照"导出定理—了解定理—应用定理"展开。

（2）用二分法求方程的近似解

二分法的教学可按照"求方程近似解—求函数零点—通过缩小区间逼近零点—二分法"的过程展开，在解决问题的过程中提升数学抽象和数学运算素养。本小节的教学，既要让学生了解二分法的来龙去脉，又要让学生在近似计算中感受逼近和算法的思想。要让学生明确使用二分法的依据是方程所对应的函数的性质，关键是按照步骤"通过缩小区间逼近零点"。

本小节的教学还可以使用信息技术促进教学。例如，在求方程 $\ln x + 2x - 6 = 0$ 与 $2^x + 3x = 7$ 的近似解的过程中，既要借助信息技术画出对应函数的图象和计算相应的函数值，形成函数有零点的直观认识、验证方程近似解的精确度、让学生逐步养成估算的习惯、突出函数性质的应用，又要杜绝不经历分析和求解过程而直接利用信息技术得解。使用信息技术，可以更好地理解二分法的算法思想，探索相应的结论，突出动手操作的过程，这是提升学生运算素养的一种有效途径。

（3）函数模型的应用

本小节的四个例题都属于函数模型的应用，但问题呈现各有侧重，有的例题提供了函数模型，用已知模型解决实际问题，重在通过运算推理求解模型，并将得到的函数模型用于描述实际问题的变化规律，从而解决有关问题；有的例题则要选合适的模型解决实际问题，因此需要先分析和理解实际问题的增长情况，重点考虑"对数增长""直线上升""指数爆炸"，然后再根据增长情况选择函数模型构建数学模型，将实际问题化归为数学问题。在教学中，应引导学生归纳问题特点以及解决问题的过程和方法，注意实际问题的具体背景，并结合三种不同函数模型特点选择合适的函数模型，重在理解，切忌死记硬背。教学中也要注意借助教材提供的框图总结用函数建立数学模型解决实际问题的基本过程。

5.2.4.4　知识拓展

二分法的概念最早可以追溯到古希腊时期，当时的数学家欧多克索斯（Eudoxus）和阿基米德（Archimedes）就使用了类似二分法的思想来求解圆周率。在中世纪，印度、阿拉伯和欧洲的数学家们也都独立地发现了二分法，并将其应用十求解代数方程。

二分法作为一种系统化的算法，最早由英国数学家约翰·沃利斯（John Wallis）在1656年提出，并由开普勒（Johannes Kepler）在1685年完善。沃利斯和开普勒都是牛顿微积分理论的先驱者，他们利用二分法来求解无理数、超越数和三角函数等问题。

二分法在近代被广泛地推广和应用于各种科学领域，如物理、化学、工程、计算机等。它也被改进和扩展为其他更高效或更通用的求根方法，如牛顿迭代法、割线法、弦截法等。

5.2.5 数列

5.2.5.1 内容分析

（1）知识框图（图5-9）

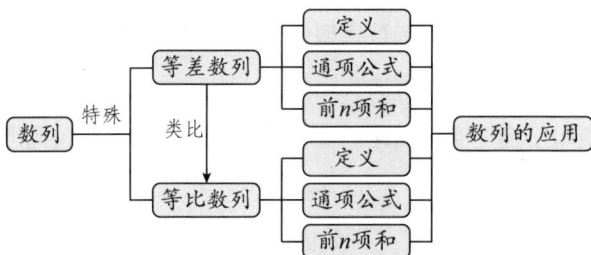

图5-9 "数列"知识框图

在必修课程中，学生学习了函数的概念和性质，总结了研究函数的整体方法，掌握了一些具体的基本函数类，探索了函数的应用。在本主题中，学生将学习数列和一元函数导数及其应用。数列是一类特殊的函数，是数学重要的研究对象，是研究其他类型函数的基本工具，在日常生活中也有着广泛的应用。

本单元的学习，可以帮助学生通过对日常生活中实际问题的分析，了解数列的概念；探索并掌握等差数列和等比数列的变化规律，建立通项公式与前 n 项和公式；能运用等差数列、等比数列解决简单的实际问题和数学问题，感受数学模型的现实意义与应用；了解等差数列与一元一次函数、等比数列与指数函数的联系，感受数列与函数的共性与差异，体会数学的整体性。

内容包括数列概念、等差数列、等比数列。

① 数列概念。

通过日常生活和数学中的实例，了解数列的概念和表示方法（列表、图象、通项公式），了解数列是一种特殊函数。

② 等差数列。

◎ 通过生活中的实例，理解等差数列的概念和通项公式的意义。

◎ 探索并掌握等差数列的前 n 项和公式，理解等差数列的通项公式与前 n 项和公式的关系。

◎ 能在具体的问题情境中，发现数列的等差关系，并解决相应的问题。

◎ 体会等差数列与一元一次函数的关系。

③ 等比数列。

◎ 通过生活中的实例，理解等比数列的概念和通项公式的意义。

◎ 探索并掌握等比数列的前 n 项和公式，理解等比数列的通项公式与前 n 项和公式的关系。

◎ 能在具体的问题情境中，发现数列的等比关系，并解决相应的问题。

◎ 体会等比数列与指数函数的关系。

了解数学归纳法的原理，能用数学归纳法证明数列中的一些简单命题。

在数列的教学中，应引导学生通过具体实例（如购房贷款、放射性物质的衰变、人口增长等），理解等差数列、等比数列的概念、性质和应用，引导学生掌握数列中各个量之间的基本关系。应特别强调数列作为一类特殊的函数在解决实际问题中的作用，突出等差数列、等比数列的本质，引导学生通过类比的方法探索等差数列与一元一次函数、等比数列与指数函数的联系，加深对数列及函数概念的理解。

在教学中可以组织学生收集、阅读数列方面的研究成果，特别是我国古代的优秀研究成果，如"杨辉三角"、《四元玉鉴》等，撰写小论文，论述数列发展的过程、重要结果、主要人物、关键事件及其对人类文明的贡献，感悟我国古代数学的辉煌成就。

数列的学习涉及数形结合、函数与方程、转化与化归等数学思想，能有效提升学生的数学运算、逻辑推理、数学抽象等素养。数列概念等研究是从运算开始的，在各种实例中通过运算抽象出各种数列概念，如等差数列、等比数列；在研究中我们又时常需要把数列转化为函数及其图象来思考；等差数列和等比数列的前 n 项和的求解公式的推理过程学生也需要掌握。

数列是高中数学课程的传统内容，有广泛的应用场景，从函数、几何甚至到统计都有应用数列去辅助研究的场景。而数列本身的研究，又需要用到函数、代数、几何等诸多方面的知识。数列概念看似基础，但是与高中数学各知识板块都有关联，所以说数列知识很重要。

数列内容的学习与函数知识紧密相连：等差数列和等比数列分别与一元一次函数和指数函数关联，这意味着数列内容的学习需要不少的基础知识，因此安排在高中最合适。中小学的函数、代数、几何等知识是高中学习数列的基础。学习数列概念有利于学生理解中小学数学知识的整体性，有利于发展学生的数形结合思想。

数列在整个数学知识体系中是不可或缺的重要内容，与各种知识均可产生联系。尤其在高等数学中，数列是研究函数的基础，函数的极限是从数列的极限推广而来的。学习数列知识为大学数学分析的学习打下了极为关键的基础。

5.2.5.2　核心素养解读

数列的教学蕴含了数学运算、逻辑推理、数学抽象等核心素养的学习。

首先，《课标（2017年版）》中对数学运算提出了非常明确的要求，比如要求掌握等差数列和等比数列的前 n 项和公式、能发现具体情境中数列的等差或等比关系，并解决相应问题。这些要求中涉及不少的数学运算，可有效提升学生的数学运算素养和能力。在一道道例题中，同学们不仅在反复运用各种数列的通项公式和前 n 项和公式中加深了对数列知识的印象，同时也在反复的计算中锻炼了数学运算素养。其次，逻辑推理和数学运算一样，也贯穿在整个数列学习中，从对各种实例中凝练出数列概念，到理解等差数列、等比数列、前 n 项和公式的推导过程中使用的技巧方法并做到能使用它们，都体现了对学生逻辑推理素养的要求。最后，《课标（2017年版）》中明确提到要让学生从生活实例中去了解和理解数列、等差数列、等比数列的概念和通项公式的意义。进一步说，是希望学生能从各种实例中发现共性和规律，抽象出数学概念，这是对学生数学抽象素养的考验和锻炼。

5.2.5.3　教学建议

（1）基于学情——数学教学的起点

奥苏贝尔指出："影响学习的唯一的、最重要的因素是学生已经知道了什么，要根据学生原有的知识进行教学。"所以，学生现有的数学认知结构是启发式教学的出发点。想要自然地、严谨地导出数列的通项公式和前 n 项和公式，教师应首先关注学生学习本节课时所具有的认知基础和情感基础，然后再确定启发学生思考的方式、方法。就教学实践来看，数列的探究过程要运行顺畅，让学生丝毫没有觉察到公式推导带给他们的"枯燥感"，反而又让学生体验到"跳一跳，能够着桃子"的愉悦感和成功感。

（2）关注学生——数学教学的关键点

在数列教学中，要充分相信学生的能力，依靠学生，进而解放学生，发展学生。

教师要充分预见学生在交流过程中可能会出现的问题，把握数列章节教材的深浅，学生如果在交流过程中出现了大大超出教材难度本身的地方，应当有策略地给予纠正；在重点不清、概括性不强的地方，教师应当适时地进行归纳补充。教师只起组织和点拨的作用。这样学生的学习积极性就被充分地调动起来，其学习的潜力也会被充分地挖掘出来。学生在课堂上是快乐的，就会激发学生在学习上的积极性，提高学生的学习兴趣，真正实现从"要我学"转变为"我要学"。

（3）注重数学思想方法的渗透，促进学生形成数学核心素养

在数学教学中，从一个基本问题出发，运用类比、联想、特殊化和一般化的思维方法，探索问题的发展变化，使学生发现问题的本质，挖掘潜在的数学思想，培养学生的数学抽象和逻辑推理能力。在等差数列的学习中，运用基本量解题是常规思路，根据题目中的条件列出关于首项和公差的方程，其本质就是方程的思想。在求数列的通项公式时，如果碰到一时找不到思路的数列，不妨先求出数列的前几项，根据前几项猜测数列的通项公式，这其实就是归纳推理。在教学过程中应注重培养高一学生的数学建模能力和运算能力，学习了等差数列的概念、通项公式、等差数列的性质及前 n 项和公式等知识后，再学习等比数列时就相对轻松了。研究等比数列的方法可以类比等差数列，事半功倍。转化与化归的思想方法在数列这一章的学习中也发挥了重要作用。数学概念、性质、定理等知识是"有形的"，而数学思想方法却隐含在数学知识体系里，是"无形的"，数学思想要通过教学过程来实现。

（4）注重本质教学，用函数的观点认清数列的本质

数列是一类特殊的函数，它的定义域是自然数集，故它的图象是由离散的点组成的，但是倘若将这些点用光滑的曲线连起来，那么等差数列的通项 a_n 关于 n 的函数是一次函数，图象就是一条直线。前 n 项和 S_n 关于 n 的函数是没有常数项的二次函数，图象是过原点的抛物线。从函数的观点出发，引导学生认清数列的本质，很多题目会一目了然。

（5）关注数列应用题

新课程的理念特别注重学生的应用实践能力和勇于创新的精神，这也是传统的应试教育做得比较欠缺的部分。等差数列和等比数列是描述离散现象的两种重要的数学模型，在很多方面均有应用，如银行利率、行星轨迹等。问题情景的设计最好是学生感兴趣的和与生活息息相关的内容，教师引导学生建模解模是至关重要的。

5.2.5.4 知识拓展

古希腊毕达哥拉斯学派的基本观点是万物皆数。他们认为数是万物的本源，因此他们曾经在沙滩上研究数学问题，他们在沙滩上画点或用小石子来表示数，比如他们曾经研究过的三角形数。

斐波那契数列，又称黄金分割数列。因数学家列昂纳多·斐波那契以兔子繁殖为例子引入，故又称为"兔子数列"，指的是这样一个数列：1，1，2，3，5，8，13，21，34，…在数学上，斐波那契数列以如下递归的方法定义：$f(0)=1$，$f(1)=1$，$f(n)=f(n-1)+f(n-2)$（$n \geq 2$，$n \in \mathbf{N}^*$）。

早在春秋战国时期，惠施说过："一尺之棰，日取其半，万世不竭。"翻译成白话文，其中蕴含着一个等比数列。

谢尔宾斯基三角形是一种分形，由波兰数学家谢尔宾斯基在1915年提出。它是自相似集的例子。引入谢尔宾斯基三角形这种美妙的图形让学生感受数学的美（图5-10）。

图5-10　谢尔宾斯基三角形

高斯是德国著名数学家、科学家，他的数学研究遍及众多领域，是历史上最伟大的数学家之一。他从小就表现出非凡的数学才能，最出名的就是他在读小学时，老师出了一道算术难题："1+2+3+…+100＝？"这可难为了刚学算术的孩子们，当其他同学还在忙于把100个数逐项相加时，高斯却不一会儿就将答案给了出来。

国际象棋起源于古代印度。相传国王要奖赏国际象棋的发明者，问他想要什么？发明者说："请在棋盘的第1个格子里放上1颗麦粒，第2个格子里放上2颗麦粒，第3个格子里放上4颗麦粒，依此类推，每个格子里放的麦粒都是前一个格子里所放麦粒数的2倍，直到第64个格子。请给我足够的麦粒以实现上述要求。"国王觉得这个要求不高，就欣然同意了。判断国王是否能实现他的诺言。

九连环是一种流传于山西省的传统民间智力玩具。它用九个圆环相连成串，以解开为胜。据明代杨慎《丹铅总录》记载，曾以玉石为材料制成两个互贯的圆环，"两环互相贯为一，得其关捩，解之为二，又合而为一"。后来，以铜或铁代替玉石，成为妇女儿童的玩具。它在中国差不多有两千年的历史，卓文君在给司马相如的信中有"九连环从中折断"的句子。清代曹雪芹著的《红楼梦》中也有林黛玉巧解九连环的记载。周邦彦也留下关于九连环的名句"纵妙手、能解连环"。如果要把九连环解开，至少需要移动多少次圆环呢？

5.2.6　一元函数导数及其应用

5.2.6.1　内容分析

（1）知识框图（图5-11）

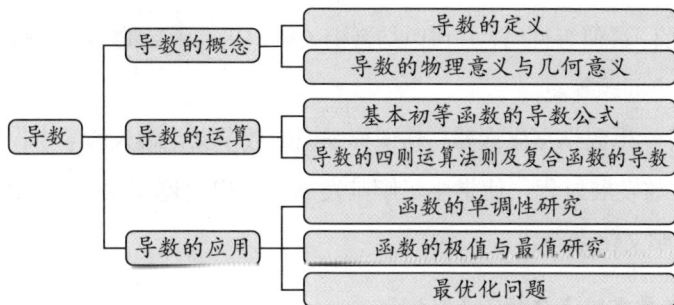

图5-11　"一元函数导数"知识框图

微积分的创立是数学发展史中的里程碑，它的发展及应用开创了向近代数学过渡的新时期，为研究变量与函数提供了重要的方法和手段。导数的概念是微积分的核心概念之一，它有极其丰富的实际背景和广泛的应用。在本模块中，学生将通过大量的实例，经历由平均变化率到瞬时变化率刻画现实问题的过程，理解导数的概念，体会导数的思想及其内涵；应用导数探索函数的单调性、极值等性质及其在实际中的应用，感受导数在解决数学问题和实际问题中的作用，体会微积分的产生对人类文化发展的价值。

导数的相关内容安排在选择性必修和选修课程中，由于高中阶段主要学习的是一元函数的导数，因此在选择性必修中将原章节名称"导数及其应用"改为"一元函数导数及其应用"，且由于文理不分科，在内容上去掉了原理科的部分要求，也就是删减了定积分和微积分基本定理。通过导数部分的学习，学生能够学会定量刻画函数变化，并把导数作为工具研究函数性质，体会微积分创立和发展，培养学生的数学核心素养。通过研读新课标，可以发现新课标对导数的教学要求主要有以下几点。

① 多结合实例理解知识。通过丰富的物理、几何背景引入导数的概念，使学生充分感受导数概念的本质，再通过实例体会导数的应用，加深理解，并结合具体实例了解函数的单调性、极值、最值与导数的关系，体会导数在函数研究和实际问题解决中强大的功能，以及导数应用的广泛性。

② 感悟极限思想。在高中阶段，学生不具备极限知识，课程也不要求掌握极限概念，但导数概念的形成离不开极限思想，因此在教学过程中教师要引导学生经历不断"逼近"的过程，通过瞬时变化率的刻画了解导数概念，感悟极限思想。

③ 注重导数的应用价值。导数可以用于定量研究函数变化，研究函数的局部单调性、极值、最值等性质，并可以结合相关知识研究函数的零点问题、数列问题、不等式恒成立问题等。

④ 培养学生数学文化素养。新课标强调把数学文化融入教学中，通过分析微积分的创立与发展过程，使学生了解其发展的历史轨迹，激发学生的学习兴趣，提高学生数学文化素养。

（2）教学重难点分析（表5-4）

表5-4 "一元函数导数及其应用"教学重难点

	重点	难点
导数的概念	了解导数的概念及其几何意义	理解导数概念的本质；运用极限思想抽象出导数的定义
导数的运算	计算一般函数在某点的导数，求解简单函数的导函数	导函数公式表的记忆与运用，建议在具体函数的求导过程中逐步掌握
导数的应用	明确函数的单调性和导函数关系，会求函数的单调区间、极值和最值	利用导数求函数最值
微积分的创立与发展	了解牛顿、莱布尼茨的主要业绩，正确理解建立微积分的必要性	正确理解建立微积分的必要性以及科学进步的必然性

（3）教学目标

① 导数的概念及其几何意义。通过分析平均速度和瞬时速度的关系，理解极

限思想和导数的定义，掌握从割线到切线的转化，发现切线的斜率和切点处导数的关系，体会其几何意义，此处的极限思想也为后续的积分学习提供先导条件，并且为大学数学的学习做好思维上的铺垫。

② 初等函数的导数。掌握用导数的定义求解常见初等函数的导数，归纳出一般的初等函数求导法则。初等函数导数的学习是过渡到一般函数导数学习的重要条件。

③ 导数的四则运算。掌握并熟练运用导数的四则运算，即 $[f(x)-g(x)]'=f'(x)-g'(x)$，$[f(x)+g(x)]'=f'(x)+g'(x)$，$[f(x)g(x)]'=f'(x)g(x)+f(x)g'(x)$，$\left[\dfrac{f(x)}{g(x)}\right]'=\dfrac{f'(x)g(x)-f(x)g'(x)}{[g(x)]^2}$。

④ 复合函数的导数。掌握复合函数的求导公式，并且会对初等函数的复合函数进行求导，即 $y'_x=y'_u \cdot u'_x$，这里 $y=f(u)$，$u=g(x)$。

⑤ 函数的单调性。理解导数的正负号与函数单调性的关系，能够熟练地求解各类初等函数的单调区间。

⑥ 函数的极值与最值。理解函数的极值与最值，能够灵活地求解函数的极值与最值。

5.2.6.2　核心素养解读

导数部分的学习培养学生的数学抽象、逻辑推理、数学建模、直观想象、数学运算素养，具体分析如下。

从数学抽象素养的角度来看，导数概念的形成是一个典型的抽象过程，通过平均速度和割线斜率的"逼近"得到瞬时速度和切线斜率，归纳出瞬时变化率的概念，从而抽象出导数定义，丰富学生的活动经验。从数学的结构和体系来说，导数也是函数单调性概念的进一步抽象的结果，其本质是相同的，因此可串联起相关知识之间的联系，形成完整的函数单元。

从逻辑推理素养的角度来看，在导数单元中的概念教学、公式教学和解题教学中都能提升学生的逻辑推理能力，培养学生的数学思维，使学生逐步学会有条理地思考问题，有逻辑地表达自己。例如，在导数概念的教学中，要引导学生归纳出具体实例的本质，并用符号表示导数的定义；在基本初等函数的导数公式的推导中，通过简单函数归纳出一部分导数公式；在函数的单调性与导数的学习中，要理清结论与条件之间的充分必要关系。

从数学建模素养的角度来看，导数是解决实际生活中的优化问题的基本工具，包括效率最高、成本最低、利润最大等。课本中所给的例题包括原油的冷却与加热、血管中药物浓度、饮用水净化等生活现实情境，通过学习学生学会数学建模的方法和步骤，经历数学建模的全过程，体验数学建模活动，培养学生应用数学的意识。

从直观想象素养的角度来看，函数单元的教学对直观想象素养的培养起着很大的作用。本单元通过高台跳水的函数图象，以及函数图象上的割线与切线抽象出导数的概念。研究函数性质也离不开函数图象，在本单元第三节的教学中借助几何直观，了解函数的单调性、极值、最值与导数的关系，通过高台跳水的 $h(t)$ 函数图象和 $v(t)$ 函数图象，思考函数的单调性与导数的联系。对于导数部分的试题，大多数题目都要运用数形结合思想，通过描述大致的函数图象解决问题。

从数学运算素养的角度来看，正确求导是应用导数解决问题的基本要求，不论什么题目，只要用到导数就离不开求导，因此本单元对学生的求导运算提出了一定的要求，要求学生熟记基本初等函数的导数公式以及运算法则，并掌握复合函数的求导运算。对于函数单调性、极值、最值这类的问题，学生要熟悉其运算的思路，要按解题步骤规范解题。对于一些实际问题的求解，需要学生从中提炼出运算对象，再进行运算求解。

5.2.6.3 教学建议

① 任何研究都以发现问题为起点，因而问题情境也是数学学习的重要组成部分。数学知识多是枯燥乏味的，如果不精心创设问题情境来引入课堂，很难激起学生的学习兴趣和热情。好的问题情境能够调动学生的数学思维，激发学生研究问题和解决问题的主动性和积极性，引导学生由接受学习变为主动学习，从而激活学生思路与动机，让课堂变得活跃，提升学生的数学核心素养。对于导数概念这节课，依据新课标指导，可以分为以下三个部分：一是通过实例中平均速度、割线斜率的概念总结出平均变化率；二是通过探究活动感受逼近思想，获得瞬时变化率（即导数）的概念；三是能用导数的概念解决实际问题并解释所得结果的

意义。其中最关键的一步是让学生体会无限逼近的思想，虽然学生在物理课程中学过瞬时速度，但本单元的学习是想凸显从"平均速度"到"瞬时速度"的过程，故不可省去让学生感受用平均速度刻画运动状态是不准确的过程，更不可省去用计算器计算不同时间间隔下的平均速度，感受平均速度的变化趋势，以此猜想瞬时速度。笔者认为这是这节课最重要的教学活动，是能够让学生亲身感受极限思想的过程，需要舍得花时间给学生经历计算过程。除了高台跳水外，生活中还有很多其他的情境，如旧版课本的气球膨胀率，随着气球的不断膨胀，气球膨胀速度越来越慢；或者运动员登山问题，山坡的陡峭与登山运动员对陡峭的感受之间的关系，也可以引出平均变化率的知识。

②重视运算是我国数学教育的优良传统，历来的数学课程标准都强调数学运算，《课标（2017年版）》进一步把数学运算作为培养数学核心素养的重要内容，更彰显了数学运算的重要性。而导数这一章涉及的运算颇多，综合了各类函数的求导运算、解方程和不等式的运算，等等。教师应抓住此契机，培养学生的数学运算核心素养。纵观历年高考的导数部分，考生由于运算出错而失分的情况屡见不鲜。所以如何提高学生的运算素养，最大限度地降低和避免运算失误，是每位高中数学教师都必须认真面对的问题。

③导数本身作为函数的瞬时变化率，就体现了一种运动变化的观点，所以在课堂中可以利用几何画板进行直观操作，让学生感悟各种"变化"过程，有利于培养学生的直观想象的数学核心素养，加深学生对各种概念及方法的理解。例如，在导数概念的教学中，用几何画板演示"割线"逼近"切线"，让学生看到从平均变化率到瞬时变化率的演变过程，有助于学生初步体会"极限"的思想；在讲授利用导数判断函数单调性时，用几何画板演示曲线上一点及这点处的切线在曲线上运动的过程，有助于学生结合导数的几何意义，深刻感受切线斜率的正负与曲线上升、下降的关系，即导数的正负与函数单调性的关系。实际上，在传统导数课堂中，教师对"导数在研究函数凹凸性中的作用"这一知识点的讲解是比较困难的，并不能够轻易地、充分地挖掘教材所蕴含的数学本质。但信息技术的介入可以很好地解决这一问题，一旦我们将信息技术融入高中数学课程，将其作为一种认知工具与情感激励工具来促进学生自主学习，便非常有助于教师在课堂教学中寻找发展学生数学核心素养的策略与途径，进而有效培育学生的数学核心素养。

5.2.6.4 知识拓展

（1）导数概念的多元推广

就一元函数 $y=f(x)$ 来说，若它在 $x=x_0$ 处的导数 $f'(x_0)$ 存在，则表明曲线 $y=f(x)$ 在 $x=x_0$ 处连续，在 $(x_0, f(x_0))$ 处存在切线，即曲线在该处呈光滑状态。

但是对于多元函数 $y=f(x_1, x_2, x_3, \cdots, x_n)$ 来说，一元函数导数概念的狭隘性就显露出来了。因为在定义中，自变量在直线上变化，而多元函数的自变量是在一个平面区域、空间区域，甚至 n 维空间区域内变化，该定义就显得无能为力了。而导数概念在多元函数中的引申，是偏导数和方向导数，它们的自变量本质上仍在一维区间内变化。

换一个角度，如果从导数的几何意义——存在切线推广至二元函数 [指曲面 $z=f(x, y)$] 存在切平面，n 元函数 [指超曲面 $z=f(x_1, x_2, x_3, \cdots, x_n)$] 存在切超平面。亦可从函数可微性的视角进行推广，那么一元可微函数的大多数基本性质对于多元可微函数仍然正确，为此引入 n 维空间 $\mathbf{R}^n$ 上的线性函数的概念。

设 L 是定义在 $\mathbf{R}^n$ 上的实函数，如果对于 n 维向量 $\boldsymbol{x}, \boldsymbol{y} \in \mathbf{R}^n$ 及常量 a、b（即 $a, b \in \mathbf{R}^n$），有

$$L(a\boldsymbol{x}+b\boldsymbol{y})=aL(\boldsymbol{x})+bL(\boldsymbol{y})$$

那么我们称 $L(\boldsymbol{x})$ $(\boldsymbol{x} \in \mathbf{R}^n)$ 为 $\mathbf{R}^n$ 上的线性函数。由定义可知，线性函数的本质是向量的线性组合的函数值，等于向量函数值的相应线性组合。它在基向量的坐标系下的表示式是

$$L(\boldsymbol{x})=a_1 x_1+a_2 x_2+\cdots+a_n x_n$$

式中：$\boldsymbol{x}=(x_1, x_2, \cdots, x_n)^{\mathrm{T}}$；$a_i \in \mathbf{R}$, $i=1, 2, \cdots, n$。

下面我们给出多元函数 $f(x)\{[\boldsymbol{x}=(x_1, x_2, x_3, \cdots, x_n)]^{\mathrm{T}} \in \mathbf{R}^n\}$ 的可微分定义。

设 $\boldsymbol{x}_0=(x_1^0, x_2^0, \cdots, x_n^0)^{\mathrm{T}} \in \mathbf{R}^n$，如果存在线性函数 L（与 $\boldsymbol{x}_0$ 有关），使得式（1）成立：

$$\lim_{\boldsymbol{h} \to 0} \frac{f(\boldsymbol{x}_0+\boldsymbol{h})-f(\boldsymbol{x}_0)-L(\boldsymbol{h})}{\|\boldsymbol{h}\|}=0 \tag{1}$$

式中，$\boldsymbol{h}=(h_1, h_2, \cdots, h_n)^{\mathrm{T}} \in \mathbf{R}^n$，$\|\boldsymbol{h}\|=\sqrt{h_1^2+h_2^2+\cdots+h_n^2}$ 是向量 $\boldsymbol{h}$ 的模，那么称函数 f 在 $\boldsymbol{x}_0$ 处可微；如果 $L(\boldsymbol{h})=d_1 h_1+d_2 h_2+\cdots+d_n h_n$，那么向量 $\boldsymbol{d}=(d_1, d_2, \cdots, d_n)^{\mathrm{T}} \in \mathbf{R}^n$ 被称为函数 f 在 $\boldsymbol{x}_0$ 处的梯度。当 f 在 $\boldsymbol{x}_0$ 处可微时，d_i 是函数 f 在 $\boldsymbol{x}_0$ 处的第 i 个坐标的

偏导数。

如果 $f(x)$ 在 x_0 处可微，取 $\boldsymbol{h} = tv\,(t \in \mathbf{R},\, v \in \mathbf{R}^n)$，则式（1）变为

$$\lim_{t \to 0} \frac{f(\boldsymbol{x}_0 + tv) - f(\boldsymbol{x}_0) - L(tv)}{t} = 0$$

$$\lim_{t \to 0} \frac{f(\boldsymbol{x}_0 + tv) - f(\boldsymbol{x}_0)}{t} = L(v)$$

这表明 $L(v)$ 是函数 f 在 x_0 处沿方向 v 的方向导数。如果函数 f 是 $\mathbf{R}^n$ 到 $\mathbf{R}^m$ 的映射，那么我们要引进线性变换的概念来讨论函数 f 的可微性。

（2）**两种特殊导数**

① 对称导数

这是一种条件弱于一般导数的导数概念，在傅氏级数讨论中常用到。

定义　设 $f(x)$ 在 $[a, b]$ 有定义，$x_0 \in (a, b)$，

　　　　记 $\Delta_h f(x_0) = f(x_0 + h) - f(x_0 - h)$。

若 $\lim\limits_{h \to 0} \dfrac{\Delta_h f(x_0)}{2h}$ 存在，则称该极限值为 $f(x)$ 在 x_0 处的对称导数，记作 $f^{[1]}(x_0)$。

在对称导数定义中，未使用 $f(x)$ 在 x_0 处的值，因此，即使函数 $f(x)$ 在 x_0 处存在对称导数，也可以在 x_0 处不连续。

② 单调增加函数导数

定义　设 $g(x)$ 为 $[a, b]$ 上给定的一个严格单调增加函数，$f(x)$ 定义在 $[a, b]$ 上，$x_0 \in (a, b)$，若 $\lim\limits_{h \to 0} \dfrac{f(x_0 + h) - f(x_0)}{g(x_0 + h) - g(x_0)}$ 存在（在端点 a、b 上理解为左、右单侧导数），则称极限值为 $f(x)$ 在 x_0 处关于 $g(x)$ 的导数，记作 $f'_g(x)$。

相关的题目延伸

【题目】已知函数 $f(x) = -x^3 + ax^2 + b\,(a, b \in \mathbf{R})$

　　　　（1）求函数 $f(x)$ 的单调递增区间；

　　　　（2）若对任意 $a \in (3, 4)$，函数 $f(x)$ 在 $\mathbf{R}$ 上都有三个零点，求实数 b 的取值范围。

引申1：将（2）中"都有三个零点"改为"仅有一个零点"该如何求解？

引申2：将（2）中"都有三个零点"改为"有且只有两个零点"该如何求解？

引申3：一般地，一元三次函数 $y = ax^3 + bx^2 + cx + d$ 的零点个数与 a, b, c, d 的关系探讨。

5.3　几何与代数（一）

5.3.1　平面向量及其应用

5.3.1.1　内容分析

（1）知识框图（图5-12）

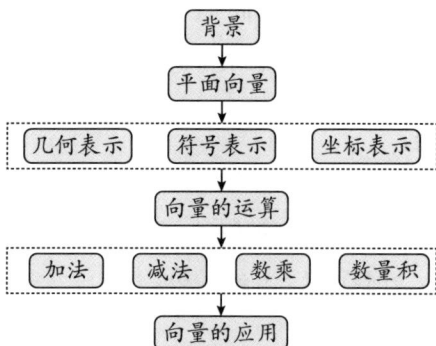

图5-12　"平面向量及其应用"知识框图

平面向量的数学本质、数学文化以及所渗透的数学思想。

① 向量具有丰富的物理和实际背景。在物理课程学习中，很多物理量都可以用向量描述，如力、位移、速度、转动惯量等。在很多实际问题中，有一些量具有很多维度，每一个维度取不同数量值，就可以用向量来表示。例如：举行一次测试，有五个不同科目：a、b、c、d、e，每个科目测试只有两个结果：合格、不合格；为了方便可以用"1"表示合格，用"0"表示不合格。这样，就可以用一个五维的0、1向量表示一个人的测试结果，即（1，0，1，1，0），这个人 a、c、d 科目是合格的，b、e 科目不合格。

② 向量是代数研究对象。向量拥有丰富的运算，又称为向量代数，例如，向量的加法、减法，向量的数乘，向量的数量积（点乘），将来还会接触向量的叉乘、向量的混合积等。向量的运算应用在很多不同的领域，这些运算是数、字母运算所不具备的。

③ 向量是几何研究对象。在高中阶段，把向量定义为既有方向又有大小的量，这实际上是一个几何的描述，在大学数学教学指导委员会的文件中这种向量被称为几何向量。由此，可以建立直线、平面的向量方程，即可以用向量来表示直线

和平面。在以后的学习中，向量还可以帮助我们表示曲线等更多的数学对象。也常把向量称为向量几何。

④ 向量是联系几何与代数的天然桥梁。向量自身就是数形结合，这也是用向量思考和解决问题的基本特点。

⑤ 向量与它所拥有的运算构成重要数学模型。若用"V_2"表示二维向量，用"**R**"表示实数，用"+"表示向量加法，用"·"表示数乘，用"$|\square|$"表示向量的模（长度），则：$(V_2, \mathbf{R}, +, ·)$ 就是一个线性空间；$(V_2, \mathbf{R}, +, ·, |\square|)$ 就是一个线性赋范空间。由此可见，向量是学习抽象数学模型的实例和雏形，是掌握这些抽象模型的基础。对向量的全面认识起到帮助学生理解数学直观、抽象的作用，这是推理、运算的基础，能使学生感悟到数学模型的威力。

⑥ 向量基本定理——基。在学习向量时会接触到一个重要概念——基或基底，它是向量基本定理的产物，向量基本定理和基的概念贯穿向量内容的始终。

一维向量基本定理：给定非零向量 a，任何向量 b 与 a 共线（平行）的充要条件是向量 b 可以用向量 a 的线性组合表示，即 $b=\kappa a$。所有与非零向量 a 共线的向量构成一维向量空间，a 就是它的基，κ 就是向量 b 的坐标。

二维向量基本定理：给定不共线的向量 a、向量 b，任何向量 c 与向量 a、b 共面的充要条件是向量 c 可以用向量 a、b 的线性组合表示，即 $c=\kappa a+\mu b$。所有与不共线向量 a、b 共面的向量构成二维向量空间，a、b 就是它的基，κ、μ 就是向量 c 的坐标。若不共线向量 a、b 都是单位向量且相互垂直，a、b 就是它的标准正交基。

三维向量基本定理也是一样的。

在高中阶段需要掌握一维、二维、三维向量基本定理，建立起这个基本结论与向量其他内容的联系。例如：一维向量基本定理不仅可以看作理解数乘运算的逆运算，而且是对数乘运算的全面理解等。这个结论把直观、抽象、推理、运算、模型有机地结合在一起。

向量是近代数学中重要的基本概念之一，具有物理背景和几何背景。向量是沟通几何与代数的桥梁，在数学和物理学科中具有广泛的应用。

《课标（2017年版）》将向量内容分两部分安排：必修课程中的"平面向量及其应用"和选择性必修课程中的"空间向量与立体几何"。平面向量是学习空间向量的基础，空间向量是平面向量的推广。在本章，教科书介绍了平面向量及其运算、平面向量基本定理及坐标表示等基本知识，通过举例说明用向量解决一些平面几何问题、物理问题的方法，特别是用向量方法证明余弦定理、正弦定理，让学生感受向量方法的力量。平面向量是体现"形"与"数"融合的重要载体。

向量的运算不仅拓宽了运算对象，体现运算的形式在不断发展，而且为后续向量的学习（包括平面向量基本定理、空间向量等）、在现实生活和物理学科中的应用、在平面几何、解析几何、三角函数等数学内部的广泛应用奠定了基础。

向量运算体系的建立也进一步体现了数学内部，如代数、几何、三角函数等知识之间的内在联系。从向量运算的角度来看，向量具有较好的代数结构。向量及其加法运算、数乘运算构成向量空间，这也为学习高等数学中线性代数奠定基础。

本单元之前，学生已经学习了关于数、式、集合、函数等对象的运算。本单元将运算对象进一步拓展到向量，因此向量的运算是一类特殊的运算。

在数学中，从运算的共性来看，运算是一类映射，是两个元到第三个元确定的一种特殊关系，用集合的语言可叙述为：设有集合 A、B、C，把一个从 $A \times B \to C$ 的映射叫作 $A \times B$ 到 C 的一个代数运算或二元运算。特别地，若 $A = B = C$，此映射称为 A 上的一个二元运算。由此可见，向量的加、减法运算是向量集合上的一个二元运算；向量的数乘运算是实数集合与向量集合对应到向量集合的映射；向量的数量积也就是两个向量集合对应到实数集合的映射。

平面向量及其运算在其他数学内容中有广泛的应用。在本章中，体现在平面几何中的应用，介绍了解决平面几何问题的向量方法；体现在平面解析几何中的应用，用向量方法得出了线段中点的坐标；体现在三角函数中的应用，用向量方法证明了两角差的余弦公式、余弦定理和正弦定理。下一章在介绍复数及其运算时也联系了平面向量及其运算。在选择性必修课程中，类比平面向量及其运算的学习，介绍空间向量及其运算、用向量方法解决立体几何问题；用向量方法解决平面解析几何中直线与方程的有关问题。

（2）学习要求

向量理论具有深刻的数学内涵、丰富的物理背景。向量既是代数研究对象，也是几何研究对象，是沟通几何与代数的桥梁。向量是描述直线、曲线、平面、曲面以及高维空间数学问题的基本工具，是进一步学习和研究其他数学领域问题的基础，在解决实际问题中发挥重要作用。本单元的学习，可以帮助学生理解平面向量的几何意义和代数意义；掌握平面向量的概念、运算、向量基本定理以及向量的应用；用向量语言、方法表述和解决现实生活、数学和物理学科中的问题。

（3）**学习内容**

向量概念、向量运算、向量基本定理及坐标表示、向量应用与解三角形。

① 向量概念

◎ 通过对力、速度、位移等的分析，了解平面向量的实际背景，理解平面向量的意义和两个向量相等的含义。

◎ 理解平面向量的几何表示和基本要素。

② 向量运算

◎ 借助实例和平面向量的几何表示，掌握平面向量加、减运算及运算规则，理解其几何意义。

◎ 通过实例分析，掌握平面向量数乘运算及运算规则，理解其几何意义。理解两个平面向量共线的含义。

◎ 了解平面向量的线性运算性质及其几何意义。

◎ 通过物理中"功"等实例，理解平面向量数量积的概念及其物理意义，会计算平面向量的数量积。

◎ 通过几何直观，了解平面向量投影的概念以及投影向量的意义。

◎ 会用数量积判断两个平面向量的垂直关系。

③ 向量基本定理及坐标表示

◎ 理解平面向量基本定理及其意义。

◎ 借助平面直角坐标系，掌握平面向量的正交分解及坐标表示。

◎ 会用坐标表示平面向量的加、减运算与数乘运算。

◎ 能用坐标表示平面向量的数量积，会表示两个平面向量的夹角。

◎ 能用坐标表示平面向量共线、垂直的条件。

④ 向量应用与解三角形。

◎ 会用向量方法解决简单的平面几何问题、力学问题以及其他实际问题，体会向量在解决数学问题和实际问题中的作用。

◎ 借助向量的运算，探索三角形边长与角度的关系，掌握余弦定理、正弦定理。

◎ 能用余弦定理、正弦定理解决简单的实际问题。

5.3.1.2 核心素养解读

本章内容体现了数学运算、直观想象、逻辑推理以及数学建模、数学抽象等数学核心素养。

（1）数学运算

《课标（2017年版）》提到，数学运算主要表现为：理解运算对象，掌握运算法则，探究运算思路，求得运算结果。向量这一章的学习，需要学生在熟悉或关联的情境中，发现向量的有关运算对象，并依据相关的运算法则进行正确地运算求解。解决平面几何问题和一些物理问题、解三角形问题等也需要借助向量的有关运算。这些过程都锻炼了学生的数学运算能力。

（2）直观想象

《课标（2017年版）》提出，直观想象的主要表现有：建立形与数的联系、利用几何图形描述问题、借助几何直观理解问题等。本章内容包括借助向量运算及其几何意义，发现运算规律；借助几何直观认识向量的夹角、投影向量、平面上两点间的距离，把握两个向量平行或垂直关系。例如，借助"向量三角形"发现和提出一些数学问题，进一步提升运用直观想象思考问题的意识。

（3）逻辑推理

逻辑推理是六大数学核心素养之一。本章中，推导向量的运算性质、发现和证明平面向量基本定理、正弦定理、余弦定理等都包含了推理论证的过程。综合应用向量的有关知识求解距离、向量的夹角，以及判断向量的位置关系，解决这些问题的过程就是在有逻辑地思考问题。

（4）数学抽象

《课标（2017年版）》提出，数学抽象是指通过对数量关系与空间形式的抽象，得到数学研究对象的素养。本章涉及借助具体到抽象、特殊与一般的思维方式发现和提出向量的有关问题，如向量运算、抽象概括平面向量基本定理等知识的学习，都是培养学生抽象概括能力的重要载体。在平面几何、物理等情境中，能够借助抽象概括建立向量模型，解决问题。

（5）数学建模

向量作为数学模型，广泛地运用于解决数学、物理学科及生活实际问题。本章设计了大量将向量应用于实际问题情境的内容，学生需要阅读、理解问题情境，合理选择向量运算，通过对已知材料的分析、整理，进而借助向量这一模型表达向量运算建模的过程和结果，解决一些简单的平面几何、物理、解三角形等实际问题。

5.3.1.3　教学建议

（1）注重与实际的联系

在向量内容的教学中，要利用学生的生活经验、其他学科的相关知识，创设丰富的情境。例如，在引言中通过位移说明学习向量知识的意义，在6.1节中以速度、力为实际背景素材，说明它们都是既有大小又有方向的量，由此引出向量的概念；又如，从位移的合成、力的合成引入向量加法法则；再如，从力的分解引出平面向量基本定理。通过这些实例使学生了解向量内容的物理背景，理解向量内容。

另外，要引导学生应用向量解决物理问题，应用解三角形解决测量等问题，让学生在解决实际问题的过程中把握本章内容与实际的联系，提高解决实际问题的能力。

（2）注重运用向量的几何表示

要借助几何直观呈现向量内容，将向量的几何表示贯穿向量的概念、运算、应用的全过程，在引入概念、建立运算体系、展示应用各环节时利用图形理解和解决数学问题，从而帮助学生理解向量内容，运用向量内容解决问题，提升学生的直观想象素养。

在引出向量概念后，要利用有向线段给出向量的几何表示，为学生建立起理解和运用向量内容的背景支持。在引入平行向量、相等向量与共线向量的概念时要给出图示，便于学生直观理解这些概念。

在向量运算内容的教学中也要借助图形直观展开内容。例如：结合位移、力的图示描述位移的合成、力的合成，进而借助几何直观探究 $a+a+a$ 和 $(-a)+(-a)+$

($-a$) 的长度和方向，引入向量的数乘运算；借助向量的几何表示给出向量的夹角的概念；通过几何直观，让学生了解平面向量投影的概念以及投影向量的意义。

向量具有明确的几何背景，向量的运算具有明显的几何意义，因此涉及长度、夹角的几何问题可以通过向量及其运算得到解决。在解决问题的过程中，要充分利用向量的几何表示这个直观基础。在用向量解决物理问题时，也要充分利用位移、速度、力等的图示，探索和形成解题思路。

（3）注重与数及其运算的类比

向量及其运算与数及其运算可以类比，这种类比使学生体会向量研究中的问题与方法，使向量学习有一个好的思维固着点。这样的类比是教学中提高思想性的有效手段，因此在教学中应当予以充分的关注。

在本章的教学过程中，应引导学生通过与数及其运算的类比，体会研究向量的基本思路。联系数及其运算有助于学生把握向量及其运算。例如，在介绍向量加法的运算律时，提示学生数的学习经验：定义了一种运算，就要研究相应的运算律，从而引导学生研究向量加法的运算律，并类比数的加法满足交换律与结合律，让学生探究向量的加法是否也满足交换律与结合律。在介绍向量的减法时，类比数的减法定义向量的减法。在学完本章内容后，还要引导学生反思，重新概括研究思路，这样可以使学生体会数学中研究问题的思想方法，提升学生的数学思维水平。

（4）让学生掌握向量运算并加以应用

让学生掌握向量运算，有利于提升学生的数学运算素养，并为运用向量解决问题打下基础。在教学中，首先要借助向量的物理背景与数的运算定义向量的运算，然后在向量运算的定义的基础上研究向量的运算律；在研究运算律的过程中，要引导学生类比数的运算律提出向量的运算律，并运用实数的运算律与几何的一些基本定理加以证明。

由平面向量基本定理引入向量的坐标的概念后，就可以利用向量的坐标进行运算。在教学中要让学生体会向量坐标运算的作用。例如，向量可以用表示这个向量的有向线段的起点、终点的坐标刻画，从而这个向量的长度可以用表示这个向量的有向线段的起点、终点的坐标刻画，实际上得出了起点、终点两点间的距离公式。利用向量的坐标运算还可以推出线段的中点坐标公式，以及两角差的余弦公式。

在介绍向量的应用时，要注意展示运用向量解决问题的思路与方法，提升学生的数学运算素养。例如，在介绍平面几何中的向量方法时，要结合例题总结用向量方法解决平面几何问题的步骤；在介绍向量在物理学科中的应用时，要结合例题分析用向量方法解决物理问题的思路；在介绍余弦定理和正弦定理时，要指出借助向量的运算探索三角形的边长与角度的关系的思路与方法，并说明如何运用余弦定理和正弦定理解三角形。

让学生掌握平面向量的运算并加以应用，可以加深学生对平面向量的认识，提升他们的运算素养，也为他们在选择性必修课程中掌握空间向量的运算并加以应用起到了示范作用。

（5）让学生经历本章中各项内容的形成发展过程

为了让学生从整体上把握本章内容，应让学生经历本章中各项内容的形成发展过程，体会其中蕴含的研究数学对象的思路和方法。例如，让学生经历余弦定理、正弦定理的引入、证明、应用的过程。

三角形全等的判定方法表明，给定三角形的三个角、三条边这六个元素中的某些元素，这个三角形就是唯一确定的。在本章中，可通过探讨三角形的其他元素与给定的某些元素的数量关系引入余弦定理、正弦定理。

在本章中，要利用向量的运算证明余弦定理、正弦定理。以推导余弦定理为例，要引导学生分析如何借助向量的运算探索三角形边长与角度的关系。这里讨论的是已知两边及其夹角求第三边的问题。设 $\overrightarrow{CB}=a, \overrightarrow{CA}=b, \overrightarrow{AB}=c$（图5-13），则向量 c 就可以用 a、b 表示，从而 c 的长度可以用 a、b 的长度及 a、b 的夹角的余弦表示，其第三边可以用已知两边及其夹角的余弦表示，得到余弦定理。通过上述证明过程让学生体会从形到向量，借助向量运算解决问题，再从向量到形的"三部曲"，培养学生利用向量运算解决问题的能力。

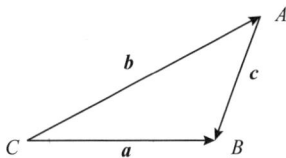

图 5-13

在本章中要让学生类比解直角三角形及其应用，利用余弦定理、正弦定理计算三角形的边长与角度，解决测量等问题，让学生体会这两个定理在解三角形及解决实际问题中的作用。

这样，让学生掌握本章各项内容的来龙去脉，有利于学生理解和掌握相应的内容，从而获得"四基"，增强"四能"，提升数学学科核心素养。

5.3.1.4　知识拓展

向量的起源：向量这个术语作为现代数学和物理学中的一个重要概念，首先是由英国数学家哈密顿使用的。向量的名词虽来自哈密顿，但向量作为一条有向线段的思想却由来已久。向量理论的起源与发展主要有三条线索：物理学中的速度和力的平行四边形概念、位置几何、复数的几何表示。物理学中的速度与力的平行四边形概念是向量理论的一个重要起源之一。18世纪中叶之后，欧拉、拉格朗日、拉普拉斯和柯西等的工作，直接促进了在19世纪中叶向量力学的建立。同时，向量概念是近代数学中重要的基本概念之一，有着深刻的几何背景。它始于莱布尼茨的位置几何。现代向量理论是在复数的几何表示这条线索上发展起来的。18世纪，由于在一些数学的推导中用到了复数，复数的几何表示成为人们探讨的热点。哈密顿在做三维复数的模拟物的过程中发现了四元数。随后，吉布斯和亥维赛在四元数基础上创造了向量分析系统，最终被广为接受。

5.3.2　复数

5.3.2.1　内容分析

（1）知识框图（图5-14）

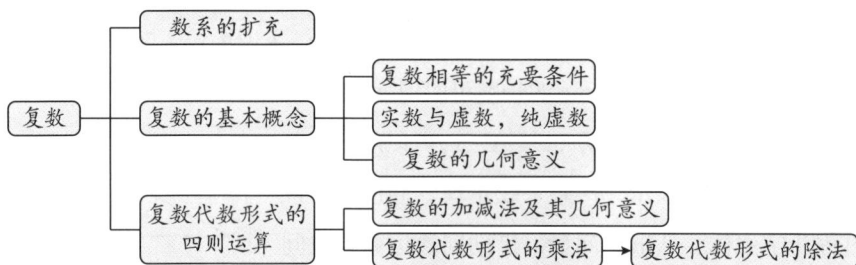

图5-14　"复数"知识框图

（2）教学内容分析

数系的扩充与复数的引入是必修第二册第七章的内容，是高中生共同的数学基础之一。数系的扩充过程体现了数学的发现和创造过程，同时是数学产生、发展的客观需求，复数的引入是中学阶段数系的又一次扩充。

复数的内容是高中数学课程中的传统内容。在本章中，学生将在问题情境中了解数系扩充的过程以及引入复数的必要性，学习复数的一些基本知识，体会人类理性思维在数系扩充中的作用。

（3）课程标准分析

本节课的《课标（2017年版）》要求：在问题情境中了解数系的扩充过程，体会实际需求与数学内部的矛盾（数的运算规则、方法理论）在数系扩充过程中的作用，感受人类理性思维的作用以及数与现实世界的联系；理解复数的基本概念以及复数相等的充要条件；了解复数的代数表示法及其几何意义。

《课标（2017年版）》将复数作为数系扩充的结果引入，体现了实际需求与数学内部的矛盾在数系扩充过程中的作用，以及数系扩充过程中数系结构与运算性质的变化。这部分内容的学习，有助于学生体会理论产生与发展的过程，认识到数学产生和发展既有来自外部的动力，也有来自数学内部的动力，从而形成正确的数学观；有助于发展学生的创新意识和创新能力。

（4）学习目标

① 在问题情境中了解数系的扩充过程，体会实际需求与数学内部的矛盾在数系扩充中的作用，感受人类理性思维的作用以及数与现实世界的联系。

②理解复数的基本概念以及复数相等的充要条件。

③ 了解复数的代数表示法及其几何意义。

④ 能进行复数代数形式的四则运算，了解复数代数形式的加、减运算的几何意义。

（5）教学重点与难点

教学重点：复数的概念（代数形式、向量表示）以及代数形式的加、减、乘、除的运算法则，加减法的几何意义。

教学难点：实数系到复数系的扩充，复数的概念，复数除法的运算法则。

5.3.2.2 核心素养解读

培养学科核心素养是新课改的主旋律，也是新型课堂模式的基本要求。

"数系的扩充和复数的概念"是高中教材中经典内容之一，富有浓厚的数学思想和数学文化，复数概念的发展具有丰厚的历史背景。数学知识是数学家思维活动的成果，数学家的思维方法和思维过程是数学文化中的宝贵财富，因此，教师可以从数学文化的视角，发掘复数概念形成过程中数学家思维活动方式，利用数学家的思考方式和方法来突破复数概念这一教学难点，创设充满浓郁数学文化的问题情境，以问题引入新课，让学生产生强烈的认知冲突，经历数学家曾经经历的困惑，凸显引入新的数、扩充数系的必要性，从而诱发学生深入思考与探究、回顾数系的扩充过程，引导学生思考：每次扩充引入了什么数？解决了什么实际问题？它们有什么共同特点？提炼出数系扩充的"进步性、引新性和可算性"原则，为后面的探究活动做好必要的铺垫，引导学生根据前三次数系扩充的一般规律，运用类比的方法，模仿数学家欧拉的想法，合理引进虚数单位 i 揭示数系扩充的本质特征，逐步领悟数系扩充过程的研究方法，学会用数学的思想方式去思考问题、分析问题和解决问题。

数学核心素养可以理解为学生学习数学应当达成的有特定意义的综合性数学能力，是数学的教与学过程中应当特别关注的数学基本素养。数学核心素养的发展，自然体现在学生再创造复数过程中。复数概念的发现过程是典型的数学抽象过程，引导学生从历次数系扩充过程中抽象出数系扩充过程的研究方法：引入一个新的数，就要定义相应的运算；定义一种运算，就是要研究它满足怎样的运算律，再引导学生抽象概括出数系扩充的基本原则，通过问题探讨，引导学生深度思考，运用类比、归纳的方法，合理地引入虚数单位 i，并抽象出复数的代数形式，从而构建复数概念，培养学生数学抽象、逻辑推理等数学核心素养。

在数学的教学过程中不应该片面地以解题至上的理念来教导学生，而应该让学生了解数学的历史由来、数学在古代的应用，以及数学未来的发展态势。同时，可以在讲课时穿插一些数学家的名人轶事来活跃课堂气氛。在传导数学家们的正能量时减轻学生对数学学习的恐惧。学生也可以在全面了解数学体系后改变旧的数学学习观，形成新的有利于他们自身发展的数学学习观。对于很多学生而言，他们对数学的兴趣并不是很大，畏难心理也普遍存在，作为教师，我们在面对这种情况时，切不可操之过急，应该在充分了解学生心结的基础上，优化自己的教学模式，耐心地引导学生，用新颖的教学模型激发学生的学习兴趣，从根源上解决学生害怕学数学的问题，给学生的数学学习创造良好的学习环境。在讲解复数内容时，提前布置学生查阅数系的发展及数系扩充的背景。学生在课外阅读中了解到数系的每一次扩充都解决了一定的矛盾，从而扩大了数的应用范围，这正好体现了数学的实用性，激发了学生学习的欲望，增加了数学学习的趣味性，让学生了解数学思想文化的璀璨光辉和文化价值，有利于提高学生对数学的学习兴趣，培养学生的个人文化修养。

5.3.2.3　教学建议

① 教师对复数概念的理解不能完全按照教材的设计，定义复数就是 $a+bi$ 这样形式的数，而是要从数学历史和几何意义的角度来进行讲解。举例来说，在数系的扩充和复数的概念中，可以提出问题：方程 $x^2+1=0$ 在实数集中是否有解？联系从自然数到实数系的扩充过程，你能设想一种方法，使这个方程有解吗？接下来，通过回顾数系扩充的历史，让学生体会到数系的扩充是生产实践的需要，也是数学学科自身的需要。通过介绍数的概念发展过程，使学生对数的发展历史及各种数系之间的关系有着比较清晰、完整的认识，从而激发学生积极主动地建构新的数系。进而通过虚数单位的引入，来解决一开始提出的问题。这中间的过程蕴含了创新精神和实践能力，对培养学生的情感、养成科学的态度、形成正确的价值观有积极意义。

② 对于模的概念，绝对值的数学符号与复数模的数学符号是相同的，但教师需要说明绝对值是模的特殊情况，两者是一般和特殊的关系，其性质有相同点和不同点。

③ 教材中的复数部分比较孤立，跟其他章节的联系非常弱，所以教师可以把复数跟解析几何联系起来，既加深了对复数几何意义的理解，又减弱了复数知识的孤立感。如设置习题：$z=1$，$z \in \mathbf{C}$，则 z 的轨迹是什么图形？此外，教师可以再适当安排一些内容，在深入地学习复数与向量联系之后，探究复数在解析几何、三角函数中的广泛应用。

5.3.2.4　知识拓展

（1）数系扩充的历史

数系的扩充过程以自然数为基础，德国数学家克罗内克（Kronecker）说："上帝创造了整数，其他一切都是人造的。"

数系的扩充过程，在人类文明史的发展过程中，先有正整数 $Z^+ \in \mathbf{N}$，但在 Z^+ 中减法又不封闭，如 $3-5=-2$，不再属于 Z^+，为此引进新数：Z^- 和 0，合成整数 Z。$Z=Z^+ \cup Z^- \cup \{0\}$，这是数系的第一次扩充。在 Z 内除法又不封闭，如 $5 \div 3 \notin Z$，为此引进新数：分数，合成有理数 $Q=Z \cup \{x \mid x$ 是分数 $\}$，这是数系的第二次扩充。在 Q 内正数不能开偶次方，如 $\sqrt{2} \notin Q$，为此引进新数：无理数，合成新数 $\mathbf{R}=Q \cup \{x \mid x$ 是无理数 $\}$。在 $\mathbf{R}$ 内负数不能开偶次方，如 $\sqrt{-1} \notin \mathbf{R}$，为此又要引进新数：虚数 i，与实数 $\mathbf{R}$ 合成复数，如 $\mathbf{C}=\mathbf{R} \cup I$。

（2）数系扩充的原则

回顾数系扩充的历史我们可以发现，随着数系的扩充，数域在不断扩大：自然数系→整数系→有理数系→实数系→复数系。而数域的每一次扩充，都遵循以下原则。

① 从数系 A 扩充到数系 B 必须是 A 真包含于 B，即 A 是 B 的真子集。

② 数系 A 中定义的基本运算能扩充为数系 B 的运算，且这些运算对于 B 中 A 的元来说与原来 A 的元间的关系和运算相一致。

③ A 中不是永远可行的某种运算，在 B 中永远可行，例如，实数系扩充为复数系后，开方的运算就永远可行；再如，自然数系扩充为整数系后，减法的运算就能施行等。

④ B 是满足上述条件的唯一的最小的扩充，例如，自然数系只能扩充为整数系，而不能一下子扩充为实数系。

还有一点必须明确：数系 A 的每一次扩充，都解决了原来数系中的某些矛盾，随之应用范围也扩大了。但是，每一次扩充也失去原有数系的某些性质，比如，实数系扩充到复数系后，实数系的顺序性质就不复存在，即复数系中不具有顺序性质。

数系的扩充，一般采用两种形式：一种是首先从理论上构造一个新的集合，即通过定义等价集合来建立新的数系，然后指出新的数系的一部分集合是和以前的数系同构的；另一种则是把新元素加到已建立的数系中而扩充。

（3）复数的产生

从古代起，人们便能够解二次甚至某些高次方程，然而一个最其貌不扬的二次方程 $x^2+1=0$ 却使得数学家们狼狈不堪。难道存在平方为 -1 的数吗？16世纪，一些勇敢的数学家做出了大胆选择：引进虚数单位 i，从而建立了复数系。

当然，也有不少人试图建立复数及其运算的几何意义。但开始真正领悟到复数与平面上点之间的关系的是挪威人维塞尔、瑞士人阿甘德以及德国人高斯。1797年，维塞尔在坐标平面上引入虚轴，以实轴和虚轴所确定的平面向量表示复数，并且还用几何术语定义了复数和向量的运算。1806年，阿甘德将复数表示成三角形式，并且把它与平面上线段的旋转联系起来。高斯在证明代数基本定理时，应用了复数，还创立了高斯平面，从而在复数与复平面上的点建立了一一对应，并首次引入"复数"这一名称。这些人的工作主要是建立了复数的直观基础。

（4）四元数

到了18世纪，复数理论已经比较成熟，人们很自然地想到了这样的问题：复数系还可能进行扩充吗？是否可以找到一个可以真包含复数系的"数系"，使它们承袭复数系的运算和运算律？也就是说，我们能否进一步构造一个包含复数系的新的数系，且使原来的运算性质全部保留下来？一个很自然的想法是考察一元复系数高次方程的解，如果我们能够找到一个复系数方程，它在复数范围内没有解，就有可能得到一个复数系的扩充系。

但18世纪末高斯所证明的"代数基本定理"（即任意 n 次复系数方程至少有一个复数根）明确无误地宣告了"此路不通"。于是不屈不挠的数学家们不得不寻求新的途径。由于复平面上的点和复数的一一对应关系，故任意复数都可以表示为一个有序实数对，实数可以看作序对 $(a, 0)$，因此有人把复数叫作"二元数"。那么寻求新数系的一个自然途径便是设法建立"三元数系"，"三元数系"应当承袭复数系的运算和运算律，复数系可以看作三元数系的子数系。

数学家们的辛勤努力并未给他们带来预期的成果。然而，数以千计的失败经历却给他们带来了意外的收获：他们终于敢于设想，三元数系可能是不存在的；同时，为了建立新的"多元数系"，可能不得不放弃某些运算性质。

爱尔兰数学家哈密尔顿最初也设法寻找满足乘法交换律的三元数，经过数十个寒暑，灵感终于照亮了他，这是在1843年10月16日，当时他刚好散步走过勃洛翰桥，头脑中正试图寻找三维空间复数的类似物，他突然发现自己要被迫做两个让步：一是他的新数要包含四个分量；二是他必须牺牲乘法交换律。这两个让步都是对传统数系的革命。他当场抽出笔记本，记下了这一划时代的结果。为纪念四元数的发明者——哈密尔顿，"四元数"也被称为哈密尔顿四元数。它是简单的超复数。复数由实数和虚数单位 i 组成，其中 $i^2 = -1$。相似地，四元数由实数和三个虚数单位 i、j、k 组成，而且它们有如下的关系：$i^2 = j^2 = k^2 = -1$，$i^0 = j^0 = k^0 = 1$，每个四元数都是1、i、j 和 k 的线性组合，即四元数一般可表示为 $a+bk+cj+di$，其中 a、b、c、d 是实数。"四元数"的出现昭示着传统观念下数系扩充的结束。

但四元数的发明，其意义远不止获得了新的数系，它使数学家们认识到既然可以抛弃实数和复数的交换性去构造一个有意义、有作用的新"数系"，那么就可以较为自由地考虑甚至偏离实数和复数的通常性质去开拓新的数学领域。这样，虽然数系的扩充就此终止，但是通向抽象代数的大门被打开了。

5.3.3 立体几何初步

5.3.3.1 内容分析

（1）知识框图（图5-15）

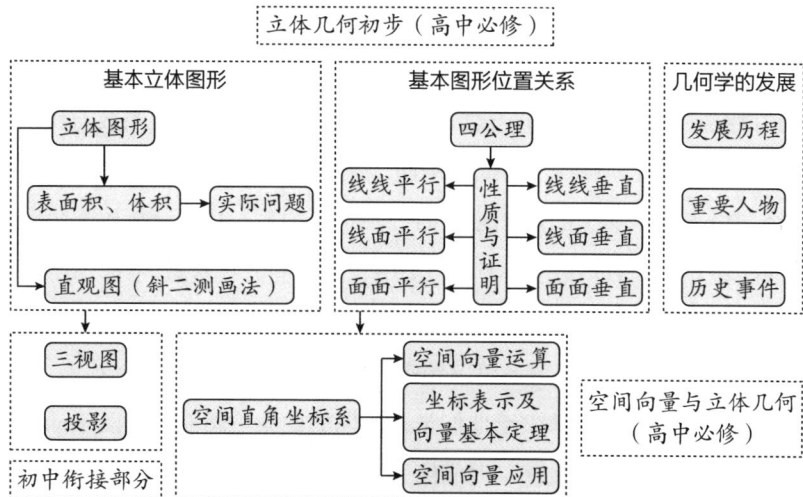

图5-15 "立体几何初步"知识框图

立体几何是几何学的重要组成部分，在高中数学中也具有重要的地位。纵观中学数学教育，立体几何的重点内容是依托于高中的数学教学的。一方面，它是从二维空间到三维空间的拓展，有助于提高学生的空间想象能力[①]；另一方面，其对学生的思维能力的拓展与塑造也有着重要的实践意义。

课改后立体几何初步在必修课程的必修主题三"几何与代数"中，其中包括三个模块：平面向量及其应用、复数和立体几何初步，共占42个学时。根据内容的难易程度以及多少划分，立体几何部分至少要20个学时。

根据知识结构的划分以及《课标（2017年版）》中的学业要求，立体几何初步的教学目标主要有以下三点。

① 使学生能够通过直观图的学习理解空间图形，掌握一些基本的空间图形及其简单组合体的概念与基本特征，解决简单的实际问题。

② 能够运用图形的概念描述图形的基本关系和基本结果，并能证明简单的几何命题（平行、垂直的性质定理等），以及能够进行简单的应用。

③ 使学生了解几何学相关数学文化，激发学生的学习兴趣，拓展学生的视野。

例如，在基本图形位置关系模块中，直线与平面平行的判定就需要1个学时。教学目标的设置如下：

① 掌握空间直线和平面的位置关系，能够在具体图形中描述线面的位置关系。

② 理解并掌握直线与平面平行的判定定理、图形、符号语言、文字语言。

③ 能够灵活运用判定定理解决问题。

（2）教学重难点分析

立体几何初步的教学重点是帮助学生逐步形成空间观念，应遵循从整体到局部、从具体到抽象的原则，提供丰富的实物模型或利用计算机软件呈现空间几何体，帮助学生认识空间几何体的结构特征，进一步掌握在平面上表示空间图形的方法和技能。通过对图形的观察和操作，引导学生发现和提出描述基本图形平行和垂直关系的命题，逐步学会用准确的数学语言表达这些命题，直观解释命题的含义和表述证明的思路，并证明其中一些命题。本章节的重点主要有两个：空间

---

① 胡晋宾. 基于数学课程知识观的高中数学教科书编写策略研究 [D]. 南京：南京师范大学，2020.

图形中点、线、面相互之间的位置关系（平行与垂直）；学会用数学语言表达几何问题。第一节了解简单多面体和旋转体的概念；第二节了解空间图形其他的表现形式，空间图形在平面上应如何表示，学习如何使用斜二测画法绘制直观图；第三节推导并掌握简单多面体和旋转体的表面积和体积；第四节了解构成空间几何体的基本要素——点、线、面，熟识点和线、点和面、线和面的关系，并能使用图形语言和符号语言表示，掌握关于位置关系的公理和定理；第五节掌握线线平行、线面平行、面面平行的判定定理，并在证明立体几何问题时熟练使用；第六节掌握线线垂直、线面垂直、面面垂直的判定定理，并能熟练使用。

立体几何初步的两个主要难点为空间立体感和推理论证。空间立体感主要体现在对学生观察立体图形及直观想象的要求上，第一步学生先接触简单几何体，从直观的图形入手，学生感知并了解每一种图形如何形成、具有什么特点，认识一些基本的几何体，增强空间观念；第二步学生学习直观图，了解一些简单几何体的结构及它们的直观图的画法，进而对几何体的结构从直观认识上升到理性认识，从点、线、面以及它们的位置关系等来真正认识简单几何体的结构。推理论证主要体现在对学生逻辑思维能力和数学语言表达的要求上，学生已有平面上位置关系的认知基础，在了解基本几何体的相关知识后，接着学习空间图形的基本关系，并用数学语言表达。

5.3.3.2　核心素养解读

《课标（2017年版）》中指出："立体几何研究现实世界中物体的形状、大小与位置关系。本章节的学习可以帮助学生以长方体为载体，认识和理解空间点、直线、平面的位置关系；用数学语言表述有关平行与垂直的性质与判定，并对某些结论进行论证；了解一些简单几何体的表面积与体积的计算方法，运用直观感知、操作确认、推理认证、度量计算等认识和探索空间图形的性质，建立空间观念。"立体几何初步的教学主要蕴含了直观想象、逻辑推理、数学抽象、数学运算和数学建模等数学学科核心素养的培养。

①《课标（2017年版）》强调空间观念，可使用计算机软件展示空间图形，帮助学生理解和掌握图形几何性质，突出了几何直观对理解数学观念的作用。在本章第一节，发挥简单的空间几何体的直观作用，借助长方体、棱柱、棱锥、圆柱、

圆台、球等增强空间感，以及在运用斜二测画法转化空间图形时，均渗透了对直观想象的培养。

②《课标（2017年版）》强调了对实现符号语言、图形语言、文字语言之间相互转化的要求，用数学的语言表达世界。在第四、五、六节中，要求学生运用图形语言和符号语言表示空间的几何要素，熟练运用基本事实及判定定理等论证空间图形中的位置关系，有助于加强学生的逻辑思维能力，其中渗透了对学生逻辑推理的培养。

③数学抽象素养是指通过对数量关系和空间形式的抽象，得到数学研究对象的素养，在立体几何初步中主要体现的是从图形与图形关系中抽象出数学概念及概念之间的关系，在章节开篇将生活中常见的事物拆分为简单的空间几何体及其组合，进一步抽象出数学概念，集合概念是直观和抽象性结合的产物。

④《课标（2017年版）》解释了数学运算的含义，即数学运算根据一定的数学概念、法则及定理，由一些已知量通过计算得到确定结果的过程，而立体几何中相关的定量问题的学习也集中体现出了这一点，例如，理解算理根据所给条件寻找正确的途径，推导出柱、锥、球等基本空间几何体的表面积和体积公式，并能熟练运用，且要保证运算的正确，就必须能正确理解空间几何体相关的概念、特征及定理公式，由此可见其中渗透了数学运算的核心素养。

⑤数学建模包括问题情景、建立模型、数学结果、解释、运用与发展的过程，例如探究线面关系，可从教室内物体设置情景：墙上黑板的长边与地面的关系、门缝边与地面的关系等，抽象出数学模型，再运用平行和垂直的概念进行分析解释，其中体现了数学建模的核心素养。

5.3.3.3 教学建议

（1）"知其然，知其所以然"

数学是一门逻辑性非常强的学科，并且十分注重严密性与因果关系。但就立体几何部分而言，一些公理、性质的证明是十分必要的，例如有些公理列为生活常识清晰可见、毋庸置疑，而有些定理则需要借助其他定理来推导。但在几何体的体积的讲解上往往忽略了研究的过程，而只重视最后的结果——体积公式。我们知道圆锥的体积推导是依托于祖暅原理，但这一块内容也确实不在《课标（2017

年版）》的要求范围里。我认为如果不涉及祖暅原理相关知识而直接讲解体积公式会对学生造成一定的认知障碍。如表5-5是一些国家高中立体几何知识教学的分布表。从表中可以看出，教学空间几何体的体积的国家有很多，但把祖暅原理列为教学内容的却只有美国。

表5-5　各国高中立体几何知识教学分布表

知识主题	知识点	中国	日本	韩国	新加坡	印度	英国	法国	德国	俄罗斯	芬兰	美国	南非	澳大利亚	频次
空间几何体	空间几何体的结构特征	1	1	0	0	0	1	1	1	1	1	0	0	0	7
	三视图与直观图	1	0	0	0	0	1	0	0	0	0	0	0	0	2
	平行投影与中心投影	1	0	0	0	0	0	0	0	0	0	1	0	0	2
	绘制空间几何体	1	0	0	0	0	1	1	1	1	1	0	0	0	6
	空间几何软件的使用	0	0	0	0	0	0	1	0	0	0	0	0	0	1
	空间几何体的表面积	1	0	0	0	0	1	1	1	1	1	0	1	1	8
	空间几何体的体积	1	0	0	0	0	1	1	1	1	1	1	1	1	9
	空间相似体的表面积、体积关系	0	0	0	0	0	1	0	1	1	0	0	0	0	3
	祖暅原理	0	0	0	0	0	0	0	0	0	0	1	0	0	1
	空间几何体的对称	0	0	0	0	0	1	0	0	1	0	0	0	1	3
	空间几何体的相似	0	0	0	0	0	1	0	1	1	1	0	0	0	4
	欧拉公式 $V+F-E=2$	0	0	0	0	0	0	0	0	0	0	1	0	0	1
	几何建模	0	0	0	0	0	0	0	0	1	0	0	0	0	1
总　计		6	1	0	0	0	8	5	6	8	5	4	2	3	

注：表中"1"代表某国课表中有该知识点，"0"代表没有。

因此，建议在教授立体几何体的体积的时候可以适当渗透祖暅原理相关的知识，这样有助于学生理解公式的由来，真正做到"知其然，知其所以然"。

（2）运用多媒体手段为教学添彩

随着信息化教育的推进，科学技术走入现实课堂的例子已经数见不鲜。此外，立体几何的教学具有直观性这一大特点，但在过去的传统课堂中，由于工具的限制，往往不能体现这一特点，造成教师讲解困难、学生理解障碍。科学技术的发展可以很好地解决这一大难题。一方面，一些几何软件，如几何画板、超几何画板的使用都对教学起到了很好的辅助作用；另一方面，如表5-5中所示，规定"空间几何软件的使用"这一知识点教学的只有法国。

因此，提出两点建议：

① 在教学点线面位置关系模块的时候，教师可以适当使用多媒体软件进行辅助教学，增加直观性，帮助学生建立立体感以及加深对概念的理解与掌握。

② 可以开设"空间几何软件的使用"这一门课程或者增加这一部分的课时。这对增加学生的动手能力以及创造性的培养都有所帮助，为以后培养科技型、创新型人才打下基础，同时也对学生的建模思想有所启发。

（3）数学文化使数学富有活力

《课标（2017年版）》中把几何学的发展列为立体几何初步的一块内容，也是课改的一大特色。也许许多教师对这一块感觉无从下手或者认为这一内容的引入对教学效果毫无影响。实则不然，我认为几何学的发展的教学是有必要而且大有裨益的。那么如何恰当引入数学文化使其能为教学增益呢？我认为可以分为以下两点。

① 引发认知冲突。一方面，可以在课前引入一些几何学的发展史或者一些小故事，来吸引学生的眼球。例如，前文中提到的教学棱锥时引入了埃及金字塔的故事，可以让学生发现原来生活中也处处充满着数学。之前一个调查也显示，许多学生认为数学是枯燥无味的。恰当地引入数学文化可以改变学生对数学的看法，数学不再是一门高高在上、不可攀越的学科，而是一门贴近生活、充满乐趣的学科。另一方面，也可以抛出一些历史上出现过的趣味问题，引发学生的好奇心，激发学生的学习兴趣。例如，在教学线线、线面垂直关系的时候可以引入"3根指挥棒和12个直角的问题"（是否能用3根指挥棒摆出12个直角的问题），引发学生的认知冲突，从而激发学生的学习兴趣。

② 激发学生的学习兴趣。除了在课堂上引入一些数学文化，为课堂增色，教师还可以在课后布置一些探究性的数学问题，拓展学生的视野和思维。例如，让学生课后探究"柏拉图多面体"问题。让有兴趣、有精力的学生自行探究，这也是实现不同水平的学生分层教育的一种方式。

5.3.3.4 知识拓展

（1）欧几里得公理化体系下的立体几何

欧几里得几何是指按照古希腊数学家欧几里得的《几何原本》构造的几何学。

欧几里得的《几何原本》在人类数学史中第一次给出了公理化的数学体系。过去所积累下来的数学知识是零碎的、片段的，欧几里得借助逻辑方法，把这些知识组织起来，加以分类、比较，揭示彼此间的内在联系，把它们组织在一个严密的系统之中。《几何原本》体现的理性精神对数学的发展产生了深远影响，它跨越地域、民族、语言的障碍传播到了整个世界，其中公理化方法作为一种理论形式为人们普遍接受，按照数学的定义、公理与三段论的逻辑论证来组织数学理论已成为人们的共识。《几何原本》为数学发展树起一面旗帜，并成为理性思维的象征。

（2）祖暅原理下的立体几何体积问题

该问题祖暅原理也称祖氏原理，一个涉及几何求积的著名命题。公元656年，唐代李淳风注《九章算术》时提到祖暅的开立圆术。祖暅在求球体积时使用一个原理："幂势既同，则积不容异"，"幂"是截面积，"势"是立体的高，这句话的意思是两个同高的立体，如在等高处的截面积相等，则体积相等。更详细地说就是，界于两个平行平面之间的两个立体，被任意平行于这两个平面的平面所截，如果两个截面的面积总相等，则这两个立体的体积相等。上述原理在中国被称为祖暅原理，国外则一般称为卡瓦列里原理。

（3）生产生活中谷物储存问题

源于《九章算术》第五章"商功"：一圆柱形谷仓，高1丈3尺$3\frac{1}{3}$寸，容纳谷2000斛（1丈=10尺，1尺=10寸，斛为容积单位，1斛≈1.62立方尺，$\pi\approx3$），则圆柱底面周长约为5丈4尺。根据圆柱体积公式、圆的周长公式，结合相关数据计算得出的结果和书中描述不谋而合。

（4）圆锥体积公式

《算数书》竹简于20世纪80年代在湖北省江陵县张家山出土，这是我国现存最早的成系统的数学典籍，其中记载有求"囷盖"的术："置如其周，令相乘也。又以高乘之，三十六成一。"该术相当于给出了由圆锥的底面周长 L 与高 h，计算其体积 V 的近似公式$V_{圆锥}\approx\frac{1}{36}L^2h$。它实际上就是将圆锥体积公式中的圆周率 π 近似取3得到的。

（5）**牟合方盖**

牟合方盖是由我国古代数学家刘徽首先发现并采用的一种用于计算球体体积的方法，类似于现在的微元法。由于其采用的模型像一个牟合的方形盒子，故称为牟合方盖。

《九章算术》中"少广"章的廿三及廿四两问中有所谓"开立圆术"，"立圆"的意思是"球体"，古称"丸"，而"开立圆术"即求已知体积的球体的直径的方法。其中廿四问为："又有积一万六千四百四十八亿六千六百四十三万七千五百尺。问为立圆径几何？"开立圆术曰："置积尺数，以十六乘之，九而一，所得开立方除之，即丸径。"从中可知，在《九章算术》内由球体的体积求球体的直径，是把球体的体积先乘16再除以9，然后再把得数开立方根求出约得14300尺，即约为4.76千米，换言之$V_{球} = \dfrac{9}{16}d^3$、$d = \sqrt[3]{\dfrac{16}{9}V_{球}}$。

（6）**相关数学名词**

堑堵亦作"壍堵"。古代数学名词。两底面为直角三角形的棱柱，亦即长方体的斜截平分体。《九章算术·商功》："今有壍堵，下广二丈，袤一十八丈六尺，高二丈五尺，问积几何？"答曰："四万六千五百尺。"北宋沈括《梦溪笔谈·技艺》："算术求积尺之法，如刍萌、刍童、方池、冥谷、堑堵、鳖臑、圆锥、阳马之类，物形备矣"。

5.4 几何与代数（二）

5.4.1 空间向量与立体几何

5.4.1.1 内容分析

（1）**知识框图**（图5-16）

在必修二的课程中已经学习了平面向量，空间向量实际上是由平面向量推广得来的，因此，可以通过平面向量类比学习空间向量相关概念，在学习过程中可以感受类比方法的应用。在学习空间向量的某些概念的时候，可以将三维的问题转化为二维的问题，比如，任意两个空间向量的运算可以转化为两个平面向量的运算，从中体会转化与化归的数学思想。同时，向量作为沟通代数与几何的桥梁，可以利用向量解决立体几何中的相关问题，感受数形结合的数学思想。

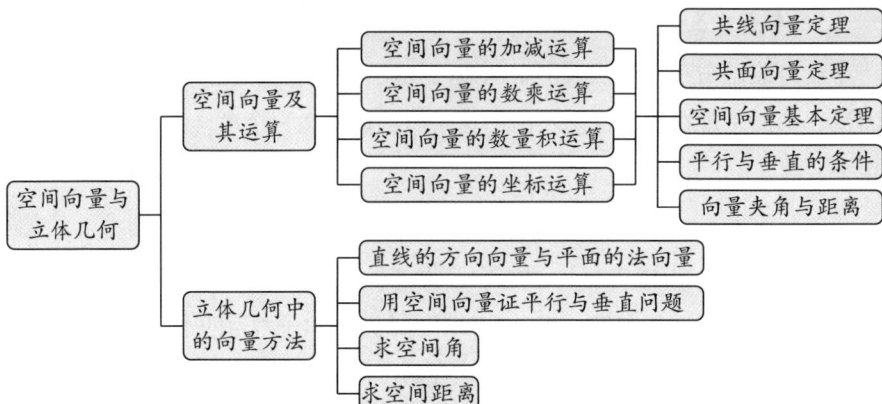

图5-16 "空间向量与立体几何"知识框图

以实际背景抽象出空间向量的概念，定义空间向量的加法、减法、数乘的线性运算，给出这些运算满足的性质，由这些空间向量构成的集合实质上是大学高等代数中所学的向量空间的概念。

（2）地位分析

必修二在不同的章节分别安排了平面向量与立体几何，教材在此处对立体几何的安排是横向的，从空间中的线线关系到线面关系再到面面关系，而本章是对必修二平面向量这一板块的拓展，同时也将向量与立体几何联系在一起，教材在此处的安排是纵向的，从直线的方向向量、平面的法向量到线面、面面关系的判定与度量。从以前应用综合法解决几何问题到利用向量解决问题，能够进一步体会到向量在解决几何问题中的程序性、工具性、简单性。

向量作为几何与代数的沟通桥梁，它的几何表示是一条有向线段，同时它又能通过坐标系与有序实数对相对应，从而利用坐标解决问题。利用计算代替逻辑推理和空间想象，用数的规范性代替形的直观性，降低立体几何的学习难度，提高了学习效率。

初中物理学过力、位移等既有大小又有方向的矢量，同样高中物理也有，因此，初中生对于向量有个模糊的印象，但尚未抽象为数学概念。在大学高等数学中，所学的向量空间又是对高中所学的向量的进一步深化、抽象，将向量空间定义为带有加法、数乘运算且封闭，并满足一定运算性质的向量构成的集合，此时向量的含义更加广泛，只要满足对应的运算性质的都可以称为向量，比如，我们所学的矩阵、多项式，等等。定义了数量积运算的向量空间就是一个具有度量的欧式空间。因此，高中关于向量的学习也为大学代数的学习奠定了一定的基础。

（3）课标分析

在必修课程学习平面向量的基础上，本主题将学习空间向量，并运用空间向量研究立体几何中图形的位置关系和度量关系。

本单元的学习，可以帮助学生在学习平面向量的基础上，利用类比的方法理解空间向量的概念、运算、基本定理和应用，体会平面向量和空间向量的共性和差异；运用向量的方法研究空间基本图形的位置关系和度量关系，体会向量方法和综合几何方法的共性和差异；运用向量方法解决简单的数学问题和实际问题，感悟向量是研究几何问题的有效工具。

内容包括空间直角坐标系、空间向量及其运算、向量基本定理及坐标表示、空间向量的应用。

① 空间直角坐标系。

◎ 在平面直角坐标系的基础上，了解空间直角坐标系，感受建立空间直角坐标系的必要性，会用空间直角坐标系刻画点的位置；

◎ 借助特殊长方体（所有棱分别与坐标轴平行）顶点的坐标，探索并得出空间两点间的距离公式。

② 空间向量及其运算。

◎ 经历由平面向量推广到空间向量的过程，了解空间向量的概念；

◎ 经历由平面向量的运算及其法则推广到空间向量的过程；

③ 向量基本定理及坐标表示。

◎ 了解空间向量基本定理及其意义，掌握空间向量的正交分解及其坐标表示；

◎ 掌握空间向量的线性运算及其坐标表示；

◎ 掌握空间向量的数量积及其坐标表示；

◎ 了解空间向量投影的概念以及投影向量的意义。

④ 空间向量的应用。

◎ 能用向量语言描述直线和平面，理解直线的方向向量与平面的法向量；

◎ 能用向量语言表述直线与直线、直线与平面、平面与平面的夹角以及垂直与平行关系；

◎ 能用向量方法证明必修内容中有关直线、平面位置关系的判定定理；

◎ 能用向量方法解决点到直线、点到平面、相互平行的直线、相互平行的平面的距离问题和简单夹角问题，并能描述解决这一类问题的程序，体会向量方法在研究几何问题中的作用。

基于新课标对本章节的要求可以得出，首先，要重视类比方法对空间向量的相关概念的学习，平面向量与空间向量内容具有"同构"性，虽然研究对象改变，从二维平面到三维空间，但是研究方法、研究思想没有发生改变，因此在教学过程中，要注重将在平面向量学习过程中所获得的基本活动经验、基本思想迁移运用至空间向量相关概念的学习；其次，新课标提出要掌握空间向量及其运算的坐标表示，空间直角坐标系的建立将向量与有序实数对相对应，进而转化为数的运算，搭建起沟通几何与代数的桥梁，利用坐标解决立体几何中的问题；最后，新课标提出要理解向量投影的概念，向量投影实质上是一种几何变换，在求解点、线、面相关距离问题方面发挥着重要的作用。

（4）教学目标

①能够理解空间向量的概念、运算、背景和作用。

②能够依托空间向量建立空间图形及图形关系的想象力。

③能够掌握空间向量基本定理，体会其作用，并能简单应用。

④能够运用空间向量解决一些简单的实际问题，体会用向量解决一类问题的思路。

（5）教学重难点

教学重点：空间向量的基本概念和基本运算、空间向量的基本定理；理解并掌握向量方法解决立体几何问题的一般方法。

教学难点：空间向量的基本定理；建立立体图形与空间向量之间的联系，把立体几何问题转化为向量问题。

（6）相关的教学建议

①加大空间直角坐标系和空间应用篇幅，使逻辑结构自成体系。《课标（2017年版）》在空间向量知识体系中的逻辑结构处理上符合学科逻辑发展顺序以及学生

心理发展顺序。对比之前的《课标（实验）》，空间直角坐标系的内容是必修二的部分，《课标（2017年版）》必修课程中空间直角坐标的内容介绍统一安排在选修1"空间向量与立体几何"中，这样使得空间向量的内容更具有连贯性，学生学习起来更容易宏观把握。另外，在模块3中已经安排学习"立体几何初步"，希望帮助学生逐步形成空间想象能力。在"立体几何初步"中，学生先从整体观察空间几何体，认识空间图形，再以长方体为载体，直观认识和理解空间的点、线、面的位置关系，并使用数学语言表述几何对象的位置关系和证明有关线面平行、线面垂直关系的性质定理。而相应的线面平行、线面垂直关系的判定定理在选修课程系列2中利用向量方法加以论证，从而引出了空间向量的学习。在《课标（2017年版）》中空间向量的逻辑结构自成体系，内容丰富，比较符合学生的认识规律，从而有利于学生的学习和发展。

②知识点顺序安排逻辑清晰，难度稍微加大。《课标（2017年版）》中空间向量的学习分成空间直角坐标、空间向量及其运算、向量基本定理以及坐标表示和空间向量的应用四个部分，一改以往《课标（实验）》中要求"能用向量方法解决线线、线面、面面的夹角的计算问题，体会向量方法在研究几何问题中的作用"，提高为"能用向量方法解决点到直线、点到平面、相互平行的直线、相互平行的平面的距离问题和简单夹角问题，并能描述解决这一问题的流程，体会向量方法在研究几何问题中的作用"；以及一改以往《课标（实验）》中要求"经历用向量方法解决某些简单的平面几何问题、力学问题与其他一些实际问题的过程"，提高为"会用向量方法解决简单的平面几何问题、力学问题以及其他实际问题"，可见新课标重视空间向量的运用。

其安排的知识点顺序如下：空间直角坐标系的建立→平面向量的推广→空间向量的概念→空间向量基本定理→空间向量的正交分解与坐标表示→空间向量的线性运算与坐标表示→空间向量的数量积与坐标表示→直线的方向向量与平面的法向量→用向量语言表述线面的位置关系→用向量方法证明一些定理→用向量方法解决空间中的夹角计算问题。从上面所列的知识点的顺序可看出：《课标（2017年版）》在先引入空间向量的正交分解与坐标表示后，要求掌握空间向量的线性运算与坐标表示，再学习空间向量的数量积，使得向量计算完全坐标化，这很自然地用向量的坐标表示给出数量积的运算性质的证明，以及空间中的夹角和距离公式；而且非常重视空间向量的应用，为呼应前面必修课程模块3中的"立体几何初步"，特别先给出直线的方向向量和平面的法向量的概念，然后要求使用向量语言表述线面之间的位置关系，并用向量方法证明有关线面位置关系的一些定理；接着介绍用向量方法来解决空间两直线的夹角、线面的直角、二面角的计算问题，这部分的内容可以特别用一些典型的例题（例如，实际生活中的距离问题等）来说明向量方法在立体几何中的进一步运用。

③ 加强对空间向量投影概念以及投影向量的意义理解。《课标（2017年版）》在空间向量的应用部分，着重举例介绍了空间向量投影的概念以及意义。这两个概念的引入使得线线、线面、面面的位置关系可以用简洁的向量语言表述；而且在证明一些有关线面位置关系的定理（包括三垂线定理）和空间中的夹角计算问题中，运用直线的方向向量和平面的法向量，能够使得证明过程简洁又不失逻辑性，计算过程清晰、简明；甚至在解决一些实际生活中的应用问题上，也可以采用将其转化为用两个基本向量来简化解题过程的方法。这有利于用代数思想处理向量问题，达到立体几何问题研究代数化的目的。

④ 取消文理学生学习空间向量的区别。《课标（实验）》中空间向量与立体几何这一内容是作为理科生选择学习的内容，此次课标修订取消文理分科，意味着空间直角坐标系、空间向量与立体几何这一内容是文理科生共同学习的内容。对于许多文科生而言，单纯使用综合法可能会加大学习难度，空间向量为文科生解决立体几何问题提供了新的视角，使几何问题代数化。实际上，在空间向量的引入中充分关注了不同学生在数学上的不同需求，以满足学生在数学上不同发展的要求，体现了立体几何课程对全体学生的适应性，有助于不同学生打好不同的基础，从而获得最佳发展。这也符合国际人才发展的需要。

5.4.1.2　核心素养解读

"空间向量和立体几何"在选修2系列《几何与代数》中占据了重要地位，具体体现了如下的核心素养。

（1）逻辑推理

逻辑推理是指从一些事实和命题出发，根据规则推出其他命题的素养，主要包括两类：一类是从特殊到一般的推理，推理形式主要有归纳、类比；另一类是从一般到特殊的推理，推理形式主要有演绎、逻辑。推理是得到数学结论、构建数学体系的重要方式，是数学严谨性的基本保证，是人们在数学活动中进行交流的基本思想品质。逻辑推理主要表现为掌握推理基本形式和规则，发现问题和提出问题，探索和表述论证过程，理解命题体系，有逻辑的表达与交流。通过高中数学课程的学习，学生能掌握逻辑推理的基本形式，学会关联，把握事物发展的脉络，形成重论据、有条理、合乎逻辑的思维品质和理性精神，增强交流能力。

《课标（2017年版）》在"空间向量与立体几何"中的"立体几何"教学中，对于逻辑推理能力的要求一直以来是不低的。学生常常对空间元素关系的各种证明题感到困惑，往往感觉要完成一个证明题需要熟练地运用一系列判定定理和性质，一环套一环才能够解决。如果在任何一个环节卡住的话，往往前功尽弃。由于立体几何体系的一个重要问题在于它没有提供一套强有力的、通用的解题方法，尽管学生们学了一堆几何定理，仍然会在一些其实并不难解的习题面前束手无策，无法将定理相互关联起来。因此，逻辑推理对于大部分学生来说是立体几何学习的一个瓶颈。而通过向量与立体几何的结合，可以降低对立体几何逻辑推理的严谨要求，降低学生对立体几何的畏惧心理，从而更好地学习"立体几何"这部分的内容。

（2）数学建模

数学建模是对现实问题进行数学抽象，用数学语言表达问题的数学方法，构建模型解决问题的素养。数学建模过程主要包括：在实际情境中，从数学的视角发现问题、提出问题、分析问题，建立模型，确定参数计算，求解检验结果，改进模型，最终解决实际问题。数学模型是搭建数学与外部世界联系的桥梁，是数学应用的重要形式；数学建模是应用数学解决实际问题的基本手段，也是推动数学发展的动力。数学建模主要表现为发现和提出问题、建立和求解模型、检验和完善模型、分析和解决问题。通过高中数学课程的学习，学生能有意识地用数学语言表达现实世界，发现和提出问题，感悟数学与现实之间的关联；学会用数学模型解决实际问题，积累数学实践经验，认识数学模型在科学、社会、工程技术诸多领域的作用，提升实践能力，增强创新意识和培养科学精神。

《课标（2017年版）》在"空间向量与立体几何"中，展示了向量应用的多重性，这为除"几何"和"物理"之外的应用打开了一扇大门。高中学生应该有机会学习和接触一些实际的数学应用，这些应用将为他们未来的学习和择业提供数学的基础。比如，垂直起飞或垂直爬升的飞机的运动过程就可以从空间向量得到解释、城市数字化地图的道路向量设计、卫星定位（GPS）中的问题和船只航行的安全问题等，它们既存在着向量的实际应用，也有不同层面的几何背景，也就是说向量可以帮助学生建立"多元多维"的几何认识。

（3）直观想象

直观想象是指借助几何直观和空间想象感知事物的形态和变化，利用空间形式特别是图形，理解和解决数学问题的素养。主要包括：借助空间形式认识事物的位置关系、形态关系与运动规律，利用图形描述分析数学问题，建立形与数的联系，构建数学问题的直观模型，探索解决问题的思路。

直观想象是发现和提出问题、分析和解决问题的重要手段，是探索和形成论证思路、进行数学推理、构建抽象结构的思维基础。

直观想象主要表现为建立形与数的联系、利用几何图形描述问题、借助几何直观理解问题、运用空间想象认识事物。

通过高中数学课程的学习，学生能提升数形结合的能力，发展几何直观和空间想象能力；增强运用几何直观和空间想象思考问题的意识；提高直观想象素养，在具体情境中感悟事物的本质。

《课标（2017年版）》在"空间向量与立体几何"中，充分运用学生的空间想象能力，把生活中的立体图形抽象成三维图形，在第一部分"空间直角坐标系的建立"，帮助学生直观想象图形的构建过程。培养直观想象素养需要在大量具体的现实情境和抽象的纯数学情境中，提供具体实物、抽象化的实物模型、代数模型样例、几何模型图或者利用信息技术演示模拟的实物图片、三维立体模拟模型、几何模型图和变化过程模拟动画等，并且让学生认真仔细地观察和较为深入长久地思考，经过学生头脑中对这些实物表象和模拟实物表象的抽象和概括、记忆和联想、对比和加工，学习画出正确、标准的直观想象平面图，用文字或语言准确描述直观想象图或动态过程，逐渐积累丰富的直观想象方面的数学经验，在现实情境和纯数学情境下反复实践和训练，最终转化为学生的数学直观想象素养。

（4）**数学运算**

数学运算是指在明晰运算对象的基础上，依据运算法则解决数学问题的素养，主要包括理解运算对象、掌握运算法则、探究运算思路、选择运算方法、设计运算程序、求得运算结果等。数学运算是解决数学问题的基本手段；数学运算是演绎推理，是计算机解决问题的基础。数学运算主要表现为理解运算对象，掌握运算法则，探究运算思路，求得运算结果。通过高中数学课程的学习，学生能进一步发展数学运算能力，有效借助运算方法解决实际问题。通过运算促进数学思维发展，形成规范的思考问题的品质，养成一丝不苟、严谨求实的科学精神。

《课标（2017年版）》在"空间向量与立体几何"中，利用向量法解决空间位置关系和有关度量计算问题，就是算法思想的一种体现。所谓算法思想就是一种程序化思想，是解决某类问题的一系列步骤和程序，只要按照这些步骤执行，都能使问题得到解决，已成为现代人所应具备的一种基本数学素养。向量法经历了由"试验"到"落实"的过程，说明向量法确实是解决空间线面、面面位置关系和度量计算问题非常有效的工具，为处理立体几何问题提供了新的视角，在一定程度上降低了对学生推理论证的要求，使得学习难度大大降低，提高了学生的学习热情。更为重要的是向量法展示了程序化的解题步骤，而程序化编程已经成为现代计算机技术和软件技术发展的核心，成为现代信息社会发展的动力。算法化与"四基"和"三大能力"一样，已经成为现代中学生所应具备的基本能力。

5.4.1.3　教学建议

（1）**利用空间向量内容提高学生的逻辑推理、数学运算能力**

"空间向量与立体几何"部分的引入为处理立体几何中的推理论证及计算问题提供了新视角。利用向量知识，通过建立坐标系便可着手计算，由计算结果得出几何结论，大大减弱了推理论证的成分，同时也避免了构造辅助面等过程。因此，向量知识是"立体几何"部分的重要内容，有着广泛的应用。但是，在教学中选用适当的方法来解决立体几何问题才是明智的。几何法与向量法相结合让学生灵活掌握，加强了学生利用各种知识进行解题的能力。事实上，很多时候几何法和向量法相结合能更好地发挥两种方法的长处，避免短处。对于几何中严密的论证和计算，一是教师要提高几何法解决问题的能力，增强学生的推理能力；二是应多采用向量法，利用空间坐标向量间的性质和计算解决问题。

① 建议利用平面几何和立体几何的关系，引导学生观察、发现和抽象有关结论，对于学生得出的结论要给予鼓励，并帮助证明是否成立。

② 建议多用课件授课，加强几何图形的直观性，让学生彻底领悟平面图形与立体图形的区别和联系；辅助学生制作一些立体图形模型，通过动手操作，培养学生对立体几何的兴趣；由于课时的限制，立体几何学习的难度较大，建议适当增加课时，加强立体几何的教学；在利用空间向量法解决立体几何中的度量问题时，尽量让学生自己多动手计算，教师不要一味代替，只要讲清楚计算方法和思路即可。

③ 建议在教学中，注意知识的整体性，把各个局部知识按照一定的观点和方法组织成整体，以便于存储、提取和应用。要指导学生认真阅读课文，及时进行复习和总结，使得所学知识系统化。

（2）教师应该在空间向量的教学过程中重视学生空间想象能力的培养

① 结合信息技术和多媒体工具，形象表示空间向量和图形。研究几何问题，图形必不可少，书面文字的表达及黑板绘图受到很大限制，如果合理使用现代信息技术，就可以克服这一难题。学习空间向量，形象的图形和动态的几何变化可以使问题更直观生动化，有助于师生的观察、思考。

例如，在空间向量的正交分解与坐标表示、线面的平行与垂直，以及投影向量的教学过程中，我们通过多媒体形象生动的视图，帮助学生思考，轻松掌握主要内容，并且节省了大量时间。

② 采用实物教学法，增强学生直观想象能力。学生接触的现实世界是三维的，因此，对于学生来说，接受三维几何比接受平面几何较为容易。教师应多采用实物教学，这样能够使学生更多地接触空间几何体，在自己的脑海中存留空间几何体的图形，在以后的解题过程中，调动自己记忆中的几何图形，可以降低学生思考几何图形的难度。

③ 提供一种较好的教学模式。在概念讲授过程中，让学生经历再创造的过程、了解空间向量的产生与发展、自主地发现空间向量。在现代教学的理念中，学生已不是知识的记忆体，他们更应该体会知识的创造过程，激发学生创造新知识的

渴望，培养学生自我创造的能力。在知识训练过程中，从回顾平面向量入手，让学生经历从平面到空间的过渡。采用对比的方法，时刻进行空间向量与平面向量的对比，让学生在学习新的知识的同时温习旧的知识。这种对比的方法对于学生来说更容易接受。最后将学生的思维由课内延伸到课外。教师可以在课堂小节的时候选择既能触发学生思考又能令学生感兴趣的问题，还可以在教学中选择现实生活中的实例，这样可以让学生学会在生活中运用数学思维的能力。

④强调学生在学习空间向量的同时不要忽视综合法。《课标（2017年版）》学业中要求学生灵活选择运用向量法与综合法，从不同角度解决立体几何问题（如距离问题），通过对比体会向量法的优势。但是在实际过程中，很多学生会首先选择用向量法来解决自己不熟悉的立体几何问题。因此空间向量在解决立体几何问题的时候显出了其优势，但是不能忽视综合法的优势。要想在学习空间向量的同时不忽视综合法，应该注意以下两点：一是注重一题多解。学生在学习的过程中不要一味地追求答案，要学会一题多解的思维方法，试图寻找最简洁的方法进行解题，锻炼自己的多方面能力，让自己在学习过程中得到全面发展。二是教师要注意保持空间向量法与综合法教学的平衡性，不能过度强调向量法的优势，让学生产生向量法万能的错觉。教师必须精心编制、选择立体几何例题、习题，特别是利用综合法解答比较简洁的立体几何习题，来促进学生对综合法的认识与兴趣，让学生在学习中自愿尝试使用综合法来解决立体几何问题。总之，学生在应用向量法时忽视综合法，并不是学生单方面的问题，需要教师与学生共同努力，来平衡综合法与向量法在学生思想中的地位[①]。

⑤ 培养学生使用空间向量进行实验和探索的能力。在教学过程中，我们不仅仅要使学生学习掌握空间向量的基本知识，以及解决有关的立体几何问题，更重要的是要培养学生使用空间向量进行实验和探索的能力。这种能力可以通过教师潜移默化的培养，即在授课过程中，注意使用空间向量解决问题。

（3）重视空间向量的基本概念和基础知识的教学

维果茨基说："概念间的形式是通过社会经验和掌握来实现的"，空间向量的概念是空间向量思维活动的核心基础，而且对空间向量的加法、减法、数乘向量

---

① 赵宇.空间向量对立体几何教与学影响的研究 [D].长春：东北师范大学，2008.

的意义及运算律，空间向量数量积的性质、距离及夹角等基本概念的教学质量影响较大，甚至直接影响着学生数学思维能力与品质的形成和发展。对相关概念教学的主要目标之一是使学生通过数学概念的掌握和运用，最终理解和掌握空间向量中所渗透的数学思想、方法，只有在这些数学思想、方法的高度上掌握空间向量的概念和数学知识，才能抓住根本，才能较好地形成数学能力。同时，由于这些基本概念将会成为解决立体几何问题的有力工具，也只有让学生对这些基本概念和性质及基础知识的透彻理解，才能使他们在解决立体几何问题时游刃有余。因此，在教学中，不能忽视空间向量的基本概念和基础知识的教学。

（4）注重培养学生多元化的思维能力

罗增儒教授等认为"思维能力包括逻辑思维能力、非逻辑思维能力和创造性思维能力。逻辑思维能力与非逻辑思维能力互相补充、互相促进，创造性思维是逻辑思维能力和非逻辑思维能力的补充"[①]。对"立体几何和空间向量"的教学，一定要注重思维能力的培养，尤其是多元思维能力的培养。学习立体几何最为显著的目的之一就是对学生空间向量能力的培养，心理学家林崇德等人认为"由于中学生的空间想象能力是解释图形信息，即对视觉表征及与在几何作业、图形、图标、各类图示中使用的空间语言的理解有关，因此它与学生所学习的课程内容的组织形式有关，尤其是内容的表现形式有很大关系"[②]。可见空间想象能力培养的重要性。而且学习空间向量后，为解决立体几何问题又提供了一种代数化的思想，可以把研究空间图形的位置关系转化到代数的运算和逻辑推理，这为培养学生的解题能力，特别是多元化的思维能力，提供了空间平台。因此，在教学工作中，要注重培养学生多元化的思维能力，多层次、多样化地提高学生的解题能力，尽量避免学生建立坐标系不合理的错误。

（5）重视数形结合的教学思想方法

数形结合法是数学思想方法中的一种对应思想方法，充分体现了数与形的对应思想，主要运用在分析问题和处理问题的过程之中，而且在中学数学里应用非

---

① 罗增儒. 解题教学是解题活动的教学 [J]. 中学数学教学参考，2020（32）：19-22.
② 林崇德，沃建中，刘慧娟. 中小学生智力发展的脑电图研究 [J]. 心理与行为研究，2003（1）：5-10.

常广泛。除了典型的函数题中体现了数形结合的思想外，有关空间向量的坐标运算，解决立体几何图形的位置关系，又一次将数与形完美结合在一起，再次体现数形结合的数学思想。同时，在近几年的高考中，以规则多面体为载体是这类立体几何问题的基本题型，也是高考的一个重点和热点。因此在教学中，教师要重视数形结合的思想方法渗透，善于总结这类问题常规而有效的解题方法，并研究出解题的基本规律，不断提高学生的解题能力和理解能力，减少学生在学习中的困惑[①]。

5.4.1.4　知识拓展

（1）相关概念的界定

立体几何（solid geometry）是三维欧氏空间的几何的传统名称，一般是指我们所生活的空间。在初中平面几何的学习之后，高中立体几何作为后续课程出现，它主要研究物体在空间中的形状、大小、位置关系等。空间向量（space vector）是指空间中具有大小、方向的量。

（2）向量的起源与发展

向量（矢量），是现代数学和物理学中的一个重要概念，它最早是由英国数学家哈密顿提出来的。来自物理学中的速度与力的平行四边形概念是向量理论的一个重要起源。

18世纪中期以后，欧拉、拉格朗日、拉普拉斯和柯西等的工作的结果直接导致了19世纪中期向量力学的建立。与此同时，向量的概念成为近代数学中最重要、最基本的概念之一，同时还有着深刻的几何背景，它是沟通代数、几何与三角函数的一种工具。现代向量理论是在复数的几何表示这条线索上发展起来的。

18世纪后期，挪威科学家威塞尔首次使用坐标平面上的点来表示复数 $a+bi$（a、b 均为有理数，且不同时等于0），并使用具有几何意义的复数运算来定义向量的运算。通过向量把坐标平面上的点表示出来，并在研究几何问题与三角问题时使用向量的几何表示方法。20世纪初期，高中数学课程引入向量这个概念。可以看出，向量沟通了物理和数学，在数学中又同时具有代数和几何的双重身份和双重特点。引入空间直角坐标系后，向量的坐标表示被定义为向量的代数形式，用

坐标平面上的点和有向线段来表示向量的几何形式。这样，向量就把"数"与"形"完美地结合在了一起，使几何问题转化成代数问题，空间中点、线、面的位置关系转化成向量的数量关系。

（3）空间向量的引入符合实际要求

几何学是研究空间形态的科学，空间是客观的，不以人的主观意志为转移。回顾几何历史的发展，大概经历了实验几何、综合推理几何、三角学和解析几何这几个阶段。要想研究空间向量引入是否符合实际要求，应该考虑以下两方面原因。

①从立体几何给学生造成学习压力入手，说明空间向量的引入符合实际要求。在中学阶段，学生一直采用"形到形"的综合推理方法学习几何，这对大多数学生来说都是比较困难的。因此在改革中学数学过程中，传统几何一直被世界各国视为重点，通过人们多年的争论，取得的共识是：中国数学不能让现实生活中的 R^1、R^2、R^3 空间消失。因为这样的现实空间对培养学生数学思想能力具有重要的作用。问题在于，传统演绎几何单纯使用综合法。过分依赖现实几何对象，局部地或者说是单个地考虑几何图形的性质，如研究空间对象的距离和角，并借用一系列几何对象间的关系做媒介，进行推理论证，加以确认，再做计算。这样思考几何对象，方法的抽象程度很高，学生难以将各类问题个别的方法——存储并灵活运用。多年的教学实践表明，立体几何的教学尽管费时费力最多，但效果却最差，历年高考立体几何问题得分率之低，足以说明学生思考几何问题的缺陷。多年来立体几何教学的改革荆棘丛丛、步履维艰。这也迫使我们不得不分析一下立体几何体系存在的问题，主要有以下两点 [1]。

首先，从控制论的角度分析，"学习一门课程，好比浏览一个城市；课程的逻辑体系，就好比城市的交通系统，应当有一个'放射形'的交通中心，交通中心应该四通八达，找到它，我们到哪儿都方便，而欧几里得的几何体系又怎么样呢？它没有一个突出的中心，没有一个能让学生俯瞰全局的制高点，它的逻辑结构是串联式而不是放射型的"。《几何原本》的每一节都那么重要，任何一部分没有学好，往前走路就断了——"这就是串联式逻辑结构的特征"。

---

① 张景中. 从数学教育到教育数学：张景中院士、曹培生教授献给中学师生的礼物 [M]. 北京：中国少年儿童出版社，2005.

　　其次，从问题解决的角度分析，立体几何体系的又一个问题在于它没有提供一套强有力的、通用的解题方法，学生学会了加减乘除，就会算很多算术题；学会了解方程、方程组，就能解大量的方程应用题。而几何方面，尽管学生学了一堆几何定理，仍然会在一些其实并不难解的习题面前束手无策，立体几何给出的基本解题工具主要是全等三角形和相似三角形，而许多问题里面的图形，并不包含这些，要用上它们，往往要做辅助线，可怎样做辅助线呢？这同样是一个难点，也使得很多学生束手无策，平面几何如此，立体几何也如此。当然，三角法在立体几何中是一个应用广泛的方法，甚至是一个通法，但是三角法的应用仍然没有改变立体几何难学的状况，那是因为立体几何的知识点太多。比如，要求二面角的大小，必须先造角，那么如何去造，方法就有很多，而且每一个具体的问题，几乎只有一种造法，这样在学生手头，每一个问题都是新的，学生对所要学的功课、对立体几何失败的归因方向不言而喻。"立体几何太难了""我不是学几何的料"是较多学生的结论。因此在立体几何的学习中引入一种新的工具是在所难免的，也是迫切的。这时候空间向量成了人们理想的工具。以向量为工具研究 $\mathbf{R}^3$ 空间中的几何问题，完全更新了人们对空间几何问题的思维方法。由于向量在空间具有自由移动性，利用向量，容易把空间对象间的几何关系抽象为向量的运算加以反映，大量的演绎过程被转化为向量的运算过程，使问题易于得到解决。

　　虽然空间向量引入立体几何中，给立体几何的教学与学习带来了新的活力，也使得立体几何有了自己的通法，大大降低了它的教学与学习难度，但是空间向量引入立体几何的尝试在这并不是第一次。20世纪60年代，国外有一批热心改革的数学家和数学教育家，发起了一场轰轰烈烈的"新数学"运动。但是他们的改革后面走了极端，例如，法国著名的数学家狄东尼甚至提出了"欧几里得滚蛋"的惊人口号，他的想法是让向量运算来取代立体几何，结果遭到了挫折。有人说新数学运动以失败告终；有人则反对这种说法，认为不算失败。不管怎么说，反正是进行不下去了。为什么没有成功呢？也许，从事这一运动的数学家和数学教育家们没有真正弄清楚欧几里得体系能够占领课堂两千多年的原因吧。他们想简单地切断历史，让中学生从上一代人的终点开始，尽快吸取近代甚至现代数学的成就。结果表明，这只是一厢情愿的良好愿望。人的认知过程是有客观规律的。我们很难期望用数学家的领悟来代替中学生的领悟，更不能希望中学生跳过一系列的认识发展阶段，直达现代数学的大门。这说明，在高中数学中引入空间向量的同时，也不能忽略立体几何的教学。

②从新课程理念及内容选择的要求出发，空间向量的引入符合实际要求。课程理念是课程的灵魂，高中数学课程理念体现了"三个面向"和国家的教育方针；确立了以人为本，以学生的发展为本的教育观，着眼于为学生的未来和终身学习打基础；重视公民素质的全面提高和学生个性的健康发展；反映社会和时代的需求，并与社会发展相适应；注重我国数学教育特点与世界发达国家和发展中国家数学课程改革先进经验的融合，具有全球意识；关注数学的教育价值和高中学生数学学习的心理特征，强调学习方式的转变，在处理知识性和教育性、基础性和先进性、统一性和选择性等多重关系上，体现了世界数学教育发展的共同趋势，并且具有鲜明的中国特色[①]。其中最显著的特点就应该算是"提供多样课程，适应个性选择"了。以往的立体几何只有综合法，然而综合法的具体方法有很多，例如，三角法中的正弦余弦、正切余切、三角函数的和差化积、积化和差以及做辅助线法、体积法、面积法、割补法，等等，解题技巧有很多，学生在解题时很难选择正确的方法，再加上考试时间有限，一旦选择错误的方法，不但解题步骤烦琐，计算量增大，而且很难得到正确的答案，这样，立体几何试题，在考试期间，存在着很大的偶然性。空间向量的引入，可以说给学生带来了一个便捷的工具、一个多样的选择。从整体来看，学生通过向量法解决立体几何问题，主要有四种方法：其一，向量的加、减法，向量的数乘；其二，$\overrightarrow{AB} \cdot \overrightarrow{CD} = |\overrightarrow{AB}| \cdot |\overrightarrow{CD}| \cdot \cos E$（$E$为$\overrightarrow{AB}$与$\overrightarrow{CD}$的夹角）；其三，利用向量垂直的特殊位置关系；其四，向量的代数式。

学生只要学会了上面四种方法，大部分的立体几何题都可以迎刃而解，其中第四种向量的代数式，较前几种方法稍难一些，应用也并不是很广。可以说，用向量法解立体几何问题，属于代数方法，而不是几何方法。这样，无论是代数领悟力好的学生，还是空间感强的学生，都找到了一种适合自己的解题方法。这样也更符合我国新课程的理念，即为不同学生的不同数学需求，打好不同的基础。空间向量的引入充分关注了不同学生在数学上的不同需求，以满足学生在数学上得到不同发展的要求，体现了立体几何课程对全体学生的适应性，有助于不同学

① 韩际清，田明泉.高中数学新课程理念与教学实践[M].北京：商务印书馆，2007.

生打好不同的基础，从而获得最佳发展。这也符合国际人才发展的需要。总体来看，无论是为了缓解立体几何课程给学生造成的压力，还是为了适应新课程的教学理念，空间向量的引入，对于老师和学生都是有利的，有利于培养学生学习数学的兴趣，养成良好的数学思维习惯，有利于学生的全面发展。

（4）空间向量的教育价值

向量从阿基米德的平行四边形法则算起，至今已经走过了两千多年的历程，如今向量已经成为最重要的数学基本概念之一，是一个非常优秀的数学模型。1997年起，平面向量和空间向量开始进入我国中学数学课程，下面来讨论一下向量教学的教育价值[①]。

① 回顾向量发展的历史，我们会清晰地看到，向量作为一个成功的数学模型，它的最早原型就是人们一刻也不能缺少的"力"、无处不在的"速度"、只要运动就会发生的"位移"等，可见向量并不是凭空产生的概念，它由人们生存、生活、生产中时刻遇到的那些经验、知识不断的抽象、升华、提炼而成。通过向量的教学，可以让广大师生知道，一个数学模型之所以能确立、发展，关键在于它具有广泛的应用性，社会发展需要它，它就会发展，社会也会因为它的发展而得到促进，任何一门对时代发展无助的学科，最终都只会走向衰落，因此，在数学教学上教师们必须坚持"与时俱进"的科学发展观，把社会发展最重要、最有应用价值的数学知识建成数学模型。

② 向量学科的形成和发展是一个不断观察现实世界和提出问题、分析问题、解决问题的过程，这说明数学思想与方法本身就是面对社会发展、服务于社会发展的，几千年积累形成的数学思想方法系统将继续促进社会的发展，因此，学习数学除了要学习具体的数学知识外，更重要的是要学习解决问题的思想方法，对于学生而言，把握数学思想方法才可能真正地学好数学；对于教师而言，在教学中应该尽量地总结数学的思想方法，以便于让学生更好地理解数学。

③ 数学离不开运算，数学的发展实际上是运算的发展，小学生的算术主要讲数字的运算，后来数字运算发展到字母运算，算术就过渡到代数，接着又从简单的字母运算发展到代数式的运算、函数的运算……数学一步一步由低级走向高级，

① 严士健.向量及其应用[M].北京：高等教育出版社，2005.

大家知道方向是不能运算的，但是自从向量理论建立后，方向随着向量同样可以进入运算的行列，运算在继续发展，数学也在继续推进，这说明，在教师教学的过程中必须用创新的观点来面对数学运算的开拓，因为每一种正确的开拓，都意味着数学效用的提高，哈密顿的"四元数"尽管未能起到预期的功效，但是哈密顿冲破乘法运算交换律这一勇敢行为，为数学进展做出了无法估量的贡献。数学在于开拓，教学中应当鼓励学生勇于开拓，找到自己的学习方法和解题方法，培养独立创新能力。

④ 向量的原型是力，它是物理对象，阿基米德用有向线段表示力，使它又成了几何对象，引入坐标系后，向量又成了一对有序实数（是指平面向量）从而又变成了代数对象。所以向量实际上沟通了物理和数学，在数学中又沟通了几何与代数。人们习惯用"数"表示代数，"形"表示几何，从而可见向量是数形结合的桥梁。这种沟通为数学大大增强了活力。向量是一种有用的数学工具，向量作为一种成熟的数学工具进入几何领域，又为人们解决这些领域的问题提供了新的方法，增加了新的视野，这无疑也是对广大学生创新精神的一种培养。

⑤ 引入空间向量可以更新学生对空间形式的思维方法，为学生建立一种符合现代数学发展要求的思维方式，同时向量运算体系与算术、代数运算体系基本相似，学生可以运用他们熟悉的代数方法进行推理，来掌握图形的性质，从而丰富了学生的思维结构，提高了运用数学解决问题的能力。到高中阶段也应该学习几何的代数化方法，这是当前世界各国基础数学教学阶段要求达到的水平，中学生初步学习几何的代数化方法，能为以后的学习打下较为坚实的基础。

⑥ 吴文俊院士认为："欧几里得体系除了数量关系，纯粹在形式间经过公理、定理来进行逻辑推理……尽管立体几何漂亮的定理有的是，漂亮的证明也有的是，但是你跑不远，更不能腾飞"[①]。吴先生还认为："对于几何，对于研究空间形式，你要真正地腾飞，不通过数量关系，我想不出有什么好办法"[②]。由此可见，传统的几何要"腾飞"，必须引入具有"数量关系"的空间向量，这一必然趋势引发了高中传统几何课程的改革，也更加合理地构建了高中数学的知识体系，为学生提供

---

① 吴文俊 . 数学教育现代化问题 [J]. 数学通报 .1995（2）：1-4，51.

② 操慧，陈德生 . 浅谈空间向量的教学体会 [J]. 咸阳学院学报 .2006（6）：162-163.

了更多更好的方法去解决立体几何中距离和角度问题。这也是现在引入空间向量的主要原因。

　　⑦ 几何发展的根本出路在于几何代数化，这其中的原因除了用代数方法研究几何问题能"以数释形"，有利于培养学生的逻辑思维能力外，还有一个很重要的原因就是，随着信息技术的不断发展，很多现实生活中的问题抽象成数学问题后，需要用计算机辅助处理。其中计算机是无法直接处理有关几何图形的问题，只有将几何图形"翻译"成代数语言，再编写程序，从而达到处理几何图形的目的，研究几何图形的代数方法有很多种，如面积和体积的计算、笛卡尔时代的坐标集合、向量几何等，其中被实践证明，对中学生较为有效的方法是向量几何，这是由于实现几何代数化首先应把几何中一个最基本的几何量——"两点的相对位置（位移）"代数化，两点的相对位置是几何中最基本的几何量，它包括距离和方向两个要素，把这个量加以抽象，就引出向量的概念，然后把几何中的全等和平行（平移）、相似等转化为向量的加法、数乘向量和内积三个运算，这样就把空间图形的位置关系和度量关系的运算转化为向量代数体系中的运算。向量运算体系与算术、代数运算体系基本相似，学生就可以运用他们熟悉的代数方法进行推理，来进一步掌握空间图形的性质。所以向量有助于中学生理解和掌握几何代数化的方法。

　　综上所述，核心内容有以下几条：向量的代数和几何双重身份；向量对运算的贡献是几何代数化的一个重要组成部分；向量可以连接数学与物理等自然学科；向量为学生的创造精神建立了一个桥梁。向量教学使学生在掌握有关知识，增强解决问题能力的同时，还了解到数学为什么今天被人们称为数学文化的原因，了解到数学发展必须紧扣社会发展的脉络，了解到数学内在的和谐与统一，了解到数学就在我们身边，数学并不是空想出来的，而是对现实生活的浓缩，它是现实生活中具体事例的特例。从而，使学生在学习数学的同时，产生学习数学的兴趣；在生活中，使学生养成良好的数学思维习惯。

5.4.2 平面解析几何

5.4.2.1 内容分析

（1）知识框图（图5-17）

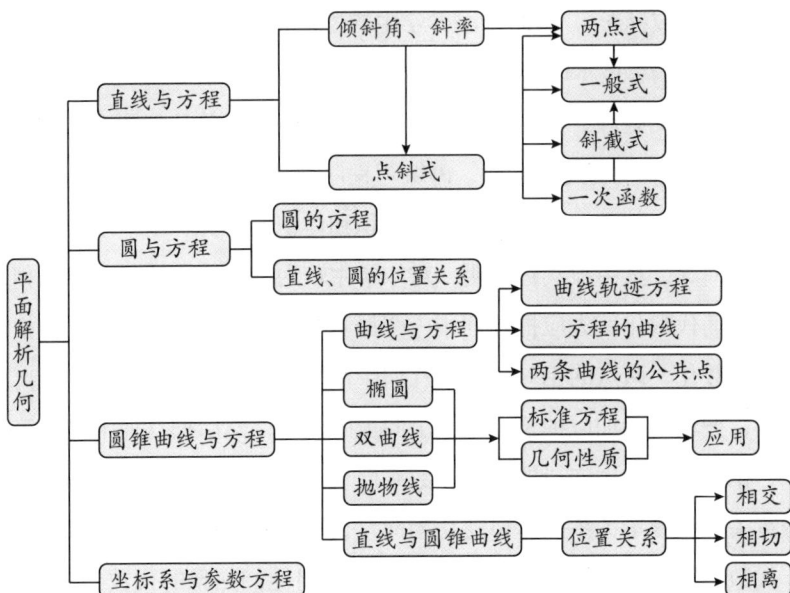

图5-17 "平面解析几何"知识框图

高中数学课程中的平面解析几何贯穿运用代数方法解决几何问题的思想，讨论的核心问题是"曲线与方程"，研究的图象主要是直线与二次曲线。从数学学科核心素养、数学思想、高中课程知识联系和大学其他知识联系出发，将"平面解析几何"引入高中教材的教育价值主要体现在以下三个方面。

首先，让学生理解解析几何的基本思想，体会数形结合思想。解析几何是沟通形与数的桥梁。平面解析几何综合体现了数学抽象、数学运算、逻辑推理、数学建模和直观想象的数学学科核心素养。在学习平面解析几何过程中，需要学生不断经历将几何问题代数化及代数结果几何化。这一过程中能够提升学生数学运算和直观想象的数学学科核心素养。对曲线的轨迹运动过程进行观察、分析、抽象，总结归纳出曲线的定义，体现了数学抽象核心素养。结合函数与方程思想，通过圆锥曲线的标准方程研究曲线的几何性质或由已知曲线的几何性质建立曲线方程来提升学生的数学建模素养。

其次，高中平面解析几何涉及诸如三角函数、平面向量、不等式、解方程等多方面的数学知识，这需要学生能够综合运用所学的知识来求解平面解析几何问题，也说明了解析几何具有很强的应用性。高中平面解析几何提高了学生观察、推理论证、分析和解决问题能力，培养逻辑推理素养。

最后，高中阶段的解析几何属于解析几何的入门阶段。解析几何是一门非常有用的学科，它与函数的知识联系紧密，是代数与几何并驾齐驱的有力工具，是连接初等数学与高等数学的桥梁，为学生进一步学习解析几何理论知识做足知识储备。解析几何课程是众多高等院校的基础课程之一，也是高中阶段的平面解析几何内容的深化。该部分的学习促进学生深入认识解析几何中利用代数方法研究几何问题的过程与本质，对于训练学生掌握坐标法等方面有着重要的作用。

综上所述，平面解析几何是高中阶段数学很重要的一部分。

（2）**课程分析**

通过本单元的学习，可以帮助学生在平面直角坐标系中，认识直线、圆、椭圆、抛物线、双曲线的几何特征，建立标准方程；运用代数方法进一步认识圆锥曲线的性质以及位置关系；运用平面解析几何方法解决简单的数学问题和实际问题，感悟平面解析几何中蕴含的数学思想。

内容包括直线与方程、圆与方程、圆锥曲线与方程、平面解析几何的形成与发展。

①直线与方程。

◎ 在平面直角坐标系中，结合具体图形，探索确定直线位置的几何要素。

◎ 理解直线的倾斜角和斜率的概念，经历用代数方法刻画直线斜率的过程，掌握这两点的直线斜率的计算公式。

◎ 能根据斜率判定两条直线平行或垂直。

◎ 根据确定直线位置的几何要素，探索并掌握直线方程的几种形式（点斜式、两点式及一般式）。

◎ 能用解方程组的方法求两条直线的交点坐标。

◎ 探索并掌握平面上两点间的距离公式、点到直线的距离公式，会求两条平行直线间的距离。

② 圆与方程。

◎ 回顾确定圆的几何要素，在平面直角坐标系中，探索并掌握圆的标准方程与一般方程。

◎ 能根据给定直线、圆的方程，判断直线与圆、圆与圆的位置关系。

◎ 能用直线和圆的方程解决一些简单的数学问题与实际问题。

③ 圆锥曲线与方程。

◎ 了解圆锥曲线的实际背景，感受圆锥曲线在刻画现实世界和解决实际问题中的作用。

◎ 经历从具体情境中抽象出椭圆的过程，掌握椭圆的定义、标准方程及简单的几何性质。

◎ 了解抛物线与双曲线的定义、几何图形和标准方程，以及它们的简单几何性质。

◎ 通过圆锥曲线与方程的学习，进一步体会数形结合的思想。

④ 平面解析几何的形成与发展。

收集、阅读平面解析几何的形成与发展的历史资料，撰写小论文，论述平面解析几何发展的过程、重要结果、主要人物、关键事件及其对人类文明的贡献。

通过对《课标（2017年版2020年修订）》中平面解析几何具体要求的分析，课程标准提倡充分发挥信息技术的作用，通过计算机软件向学生演示方程的参数变化对方程所表示的曲线的影响，加深学生对方程与曲线的一一对应的认识。首先，在教学前，组织学生收集、阅读平面解析几何形成和发展过程，在教学过程中，通过具体实例，譬如行星运行轨道、抛物运动轨迹等使学生了解圆锥曲线的背景与应用；进而能够根据具体问题情景描述图形的几何特征与问题，例如，椭圆是到两个定点的距离之和为定长的动点的轨迹等。其次，结合具体问题合理地建立坐标系，运用代数语言描述几何特征与问题。最后，培养学生数形结合思想，借助几何图形的特点，形成解决问题的思路，通过直观想象与代数运算给出数学模型，并给出几何解释，解决问题。试题设置上，注重直线、圆和圆锥曲线之间的互化与联系，学生能够根据不同的问题情景，建立平面直线、圆与圆锥曲线的标准方程，运用代数的方法研究上述曲线之间的基本关系，运用数形结合思想解决一些简单的实际问题，重点提升学生直观想象、数学运算、数学建模、逻辑推理和数学抽象素养。

以人教A版为例的教学目标：通过高中阶段解析几何的学习，要求学生掌握在直角坐标系中曲线与方程的对应关系，能根据具体几何图形，适当地建立直角坐标系，灵活运用数形结合的思想，建立直线、圆及圆锥曲线相应的方程，并能通过已有的方程来研究平面曲线的简单几何性质、解决一些简单的实际问题。能够通过坐标法解决一些与圆锥曲线相关的简单几何问题（如判断圆锥曲线与直线的位置关系）和实际问题。

（3）教学重难点分析

教学重点：灵活运用数形结合思想，主要体现在，一是利用图形的几何性质建立标准方程，经历构建数学模型的过程，理解和掌握直线、圆及圆锥曲线的概念、标准方程、几何图形与基本几何性质；二是通过标准方程探索几何图形与基本几何特征。圆锥曲线的标准方程是一类揭示曲线几何性质的代数结构。通过经历观察、探索、分析、联想过程，借助曲线的标准方程解决几何问题，提高学生数学应用能力。

教学难点：圆锥曲线的图象及标准方程的掌握；双曲线的渐近线；直线、圆与圆锥曲线的位置关系；几何关系代数化。

5.4.2.2 核心素养解读

（1）借助解析几何，强化学生数学抽象、运算素养

在高中阶段，整个教学体系都是通过不同的概念组建而成，所以概念的教学非常重要，准确地理解概念是成功解题的基本条件。教师在课堂中需要建立清晰的概念关系，阐述概念的内涵，构建概念之间的连续性，强化学生对于概念的掌握与理解，并以题目组的方式进行练习。从形到数、从数到形的相互结合方式，完善概念的整体认知结构，从而实现运算对象的真正意义理解，在解题过程中获得成功。在解析几何中，教师应引导学生对几何特性进行正确的抽象概括，以建立正确的概念系统。

（2）借助解析几何，强化学生建模能力

在高中数学解析几何的教学过程中，一般的几何题目可以借助建模思想的方式实现题目的分析与解题。面对较为复杂的问题时，需要有数形转化的思维能力，并应用这一种方式解决具体问题。对于解析几何题目，在分析题目的过程中便借助了模型，进而将题目进行逐一分析，从而提升整个解题的效率。掌握数学建模的思想方式是高中数学阶段的重点能力，同时也是复杂、困难题目分析的最佳方式。

（3）借助解析结合，强化逻辑思维能力

在解题过程中应用间接求解的方式，较为常用的是以引入常数为主，之后借助系列性的运算将这一个常数消除掉，进而得到最终的答案。这一种引入常数的间接求解方式属于建立在逆向思维角度上的题目，在获得结论之后，可以借助引入参数的方式获得等式，之后借助逻辑推理的方式培养学生的题目分析能力，从而达到核心素养的培养目标。

（4）借助解析几何，强化直观想象能力

在解题过程中，应用特殊的常数法进行解题是一种常用的解题方法，这种解题方式，不仅需要熟练掌握多种曲线方程的基本形式，同时还需要熟悉方程的特殊性结构，尽可能减少常数的待定数量。计算能力是解决几何题目的基础，但是只有一个好的解题方法如果计算出现错误也是不行的。对此，数学运算的基本素养不仅要求运算的准确性，同时还需要尽可能地减少运算量以及运算过程中可能发生的错误，以引入常数的方式进行准确运算，可以让学生更好地掌握"点"对"点"的运算，将运算过程简化，从而提高题目直观分析能力。

数学基本能力是在数学活动中经过体验形成和发展起来的，是顺利完成数学活动应具备的，并且直接影响其效率的一种比较稳定的心理特征。数学观念是人们对数学的基本看法和概括认识，是长期的数学思维活动成果与结晶，也是个体的数学思维活动的产物，它反映了学习者的思想、观点，处理问题的方法、态度和习惯，数学核心素养的长期浸润有助于数学观念和数学能力的形成[①]。

5.4.2.3 教学建议

平面解析几何知识内容多、琐碎、难度大且相似度过高，易混淆。平面解析几何主要包括：直线及直线方程，圆、圆锥曲线及其方程，直线、圆与圆锥曲线之间的位置关系等核心问题。直线基本量主要包括直线的倾斜角、直线的斜率及

---

① 温春祥.在数学核心素养的视角下审视高中解析几何的教学研究 [J].考试周刊.2018（30）：71，73.

五种表达形式的直线方程。圆基本量包括圆半径、圆心及圆的一般方程和标准方程。圆锥曲线基本量包括圆锥曲线的定义和标准方程、焦点坐标和焦距、长短轴、准线和渐近线、离心率等知识点。总体来看，平面解析几何的知识点多、难且繁杂琐碎，主要考查学生对相应的结论知识的理解与记忆、逻辑推理、数学抽象、直观想象能力。在具体问题情境中，需要学生能够综合运用平面几何、空间向量、立体几何和三角函数知识。在解题过程中，需要学生灵活运用数形结合思想、特殊到一般思想、类比思想、函数与方程思想，对学生数学素养要求较高。

运用数学单元主题教学方式使数学知识具有整体性，学生学习具有建构性，凸显数学知识本质，把握学生认知过程，感悟数学的基本思想，发展数学学科核心素养。具体来说，纵向大单元为"曲线与方程"，将"直线、圆"和"椭圆、双曲线、抛物线"作为两个子主题单元，横向单元是依据问题研究的思路来展开，依据"问题情境—曲线方程—几何性质—位置关系"教学环节组成微主题的横向小单元。使用主题单元教学，一是有利于学生整体把握平面解析几何概念与知识，使学习内容具有连贯性与整体性；二是有利于学生学习方式和教师教学观念的转变，以学生为学习的主体，教师为学生学习的引导者、组织者和合作者，符合新课标的要求；三是有利于学生数学核心素养的形成。

从学生的知识层面来说，这一章节是在初中"平面几何""一元一次方程""二元一次方程"和上一章"空间向量与立体几何"基础上进行的，学生已掌握建立直角坐标系的规律，通过在直线与圆的方程学习中掌握直线与圆的位置关系和建立圆的方程的方法，熟悉了将基本的几何问题代数化思想，具有一定解决问题的能力，为后续学习圆锥曲线方程的建立做好铺垫。在具体教学过程中，可以通过引导学生动手操作、观察、分析、合作探究、抽象、归纳总结出数学知识，经历完整的知识形成过程，培养数学抽象与逻辑推理素养，提高动手操作能力，丰富教学活动经验。因此，教学模式上适宜运用发现式教学与探究式教学。

借助信息技术进行作图与运算，可以将教材中教师难讲的、学生难理解的知识形象化和具体化，利用动态演示的方法研究曲线方程的参数变化对曲线图象的影响，同时也可以提高学生的学习积极性和调动学生的学习兴趣。鼓励学生动手操作计算机直观感受图形的变换，通过设置曲线方程与参数来研究曲线的几何性质，与时俱进地提高学生的动手实践能力，丰富学生的活动经验。人教 B 版的高中数学教材中有一些内容可以借助信息技术来加深知识的理解与记忆，如人教 B 版选择性必修1第2章第84页，给定直线的方程，利用计算机软件做出平面直角坐标系中的直线；第134页，根据椭圆的方程，利用计算机软件做出椭圆，并研究椭圆的性质；同样在第147页和第156页，根据双曲线与抛物线的方程，利用计算机软件做出双曲线与抛物线，从而研究它们的几何性质。

在教学过程中，应关注学生对"曲线"与"方程"的等价性的理解，实现几何代数化与代数几何化的灵活转换，即使用"方程"来研究"曲线"的几何性质，运用"曲线"刻画的点的轨迹对方程的解集进行研究。引导学生观察、分析、归纳曲线的几何特征，掌握和运用坐标法来求解曲线方程，感受数形结合思想。

在教学过程中，应关注学生的学习心理和知识接受能力，适当设置层次梯度，由易到难。教学内容要在学生的最近发展区，确保学生可以通过探索分析得到。例如，在研究直线与圆的位置关系时，初中阶段是运用几何法，而在高中阶段，结合函数与方程思想，引导学生联立直线与圆的方程，通过分析一元二次方程的解的个数来研究直线与圆的位置关系，并且会运用符号语言与图形语言给出直线与圆位置关系的直观形式。适当的层次梯度设置可以增强学生学习数学的自信心，调动学生的主观能动性。

在教学过程中，应关注知识原理的讲解，注重知识迁移。譬如，椭圆与双曲线的定义是以点到两个定点之间距离的和与差给出的；抛物线的定义是以点到一定点和一定直线（定点不在直线上）的距离之比给出的；圆锥曲线的统一定义可以由平面内动点到给定定点和定直线（定点不在定直线上）的距离之比给出，该比值只可能为：小于1、等于1、大于1，对应的动点轨迹分别对应椭圆、抛物线、双曲线。如果学生不能掌握好知识原理，也即不能处理好圆锥曲线的第一定义与统一定义之间的联系与区别，那么将不利于学生将所学的知识结论迁移到变式题目中，导致解题出错，知识迁移失败。

在教学过程中，应关注不同解题方法的总结与对比。平面解析几何的考题形式复杂且灵活，一道题目可能有几种不同的解法，在讲解一类典型题目过程中需要引导学生探索、分析选择什么样的方法能够快速解决数学问题，从而降低计算量、提高解题正确率，同时注重引导学生就不同类型题目选择的最佳解法进行分析与比较。只有这样，才能加深学生对解题思路的理解与掌握，避免解题思路僵化、单一导致的计算繁杂，并提高学生的数学思维能力。譬如，计算圆锥曲线与直线位置关系时，引导学生领悟"设而不求"的数学思想，运用韦达定理求解，从而降低计算量和错误率，节约做题时间等。

5.4.2.4　知识拓展

（1）解析几何创立的背景

几何学的发展经历了漫长的历史，最早的开端可以追溯到古埃及、古印度及古巴比伦，时间大约在公元前3000年，直到公元前3世纪，希腊大数学家欧几里得把古埃及和古希腊人的几何学知识加以系统地整理和总结，用公理化的方法建立起了一个严密的逻辑体系，这标志着几何学成为一个独立的分支。

在解析几何建立之前，代数和几何是两个独立的分支，代数学可以用来对抽象的未知量进行推测，几何学可帮助人们认识真实世界的知识和真理。然而，欧式几何过多地依赖于图形，抽象程度高，代数又过多地受到法则和公式的约束，缺乏直观。两者的局限性限制了数学的发展，在这样的背景之下，两个法国人笛卡尔和费马站在了时代的前列。

（2）笛卡尔与费马的解析几何

笛卡尔认为希腊人留给后人的几何方法过于抽象和特殊，并着手把代数应用于几何中。他引入了"坐标"的概念，利用"坐标法"，提出方程表示曲线的思想，最终以"坐标"这一媒介，实现了几何问题的代数化，自此，几何问题不仅可以归结为代数形式，而且还可以利用代数语言通过代数变换去发现几何性质。我们通常把笛卡尔和费马同称为解析几何的创立者，但费马与笛卡尔研究的角度和方法不同，各有侧重。笛卡尔的研究角度是由轨迹出发去探究它的方程；而费马则是由方程出发去探求它的轨迹，前者由几何到代数，后者由代数到几何，一正一反，正好是解析几何的两个方面。

（3）平面解析几何背后的思想

① 化归思想。化归思想是解析几何的最基本思想，这点毋庸置疑，解析几何的产生，实际上就来自于化归思想，即把几何问题化归为代数问题来进行解决。

② 方程思想。方程思想在平面解析几何的应用，最明显的例子，便是在求解曲线方程时常用的"待定系数法"了。而事实上，无论点、直线、曲线，都可以

用方程的形式表示出来，也就是所谓的轨迹方程，而方程的表现形式也是多样的。

③ 向量思想。用向量法来求解一些较为复杂的平面几何问题，可以避免一些繁杂的代数与三角运算，更加方便而快捷地得到答案。可以说向量法为平面几何问题的研究提供了一种新的途径，也是在高中平面解析几何教学当中必须要掌握的思想方法之一。

④ 数形结合思想。在研究问题时，注意数与形的结合，即根据问题的具体情形，把问题的数量关系转化为图形性质，使复杂问题简单化，从而使问题得到正确而有效的解决。在高中的平面解析几何中，当题目中出现了"圆"或者"角平分线"时，几乎无一例外地要用到数形结合。解析几何堪称是数形结合的典范。由向量及其运算所建立的坐标系是数形相互转化的桥梁，实现了由数到形的转化。

对于高中教师而言，不仅在平面解析几何的教学过程中，而且在高中的整个教学过程中，都应该尽可能地利用数学史激发学生的学习兴趣，并在教学过程中挖掘隐含在其背后的深刻思想，这样才会让学生觉得，原来"数学"并非印刷着成串定理及公式的"冷冰冰"的一本教材。

5.5 概率与统计

5.5.1 概率

5.5.1.1 内容分析

（1）知识框图（图5-18）

概率的研究对象是随机现象，为人们从不确定性的角度认识客观世界提供重要的思维模式和解决问题的方法。必修课程中概率的学习，结合具体实例帮助学生理解样本点、有限样本空间、随机事件，学会计算古典概型中随机事件的概率，加深对随机现象的认识和理解。选择性必修课程中概率的学习还可以帮助学生了解条件概率及其与独立性的关系，能进行简单计算；感悟离散型随机变量及其分布列的含义，知道可以通过随机变量更好地刻画随机现象；理解伯努利试验，掌握二项分布，了解超几何分布；感悟服从正态分布的随机变量，知道连续型随机变量；基于随机变量及其分布解决简单的实际问题。

内容包括随机事件与概率、随机事件的独立性、随机事件的条件概率、离散型随机变量及其分布列、正态分布。

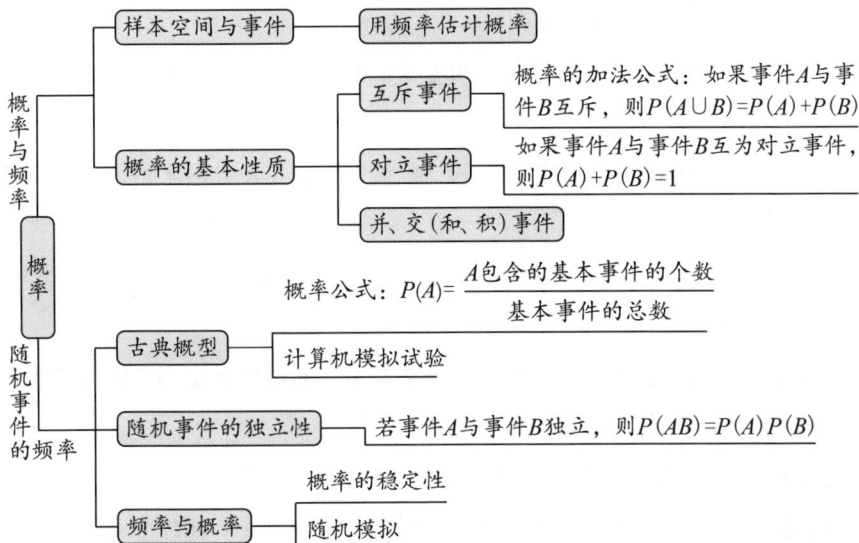

图5-18　"概率"知识框图

（2）教学重难点分析

①随机事件与概率。

◎ 结合具体实例，理解样本点和有限样本空间的含义，理解随机事件与样本点的关系。了解随机事件的并、交与互斥的含义，能结合实例进行随机事件的并、交运算。

◎ 结合具体实例，理解古典概型，能计算古典概型中简单随机事件的概率。

◎ 通过实例，理解概率的性质，掌握随机事件概率的运算法则。

◎ 结合实例，会用频率估计概率。

②随机事件的独立性。

结合有限样本空间，了解两个随机事件独立性的含义。结合古典概型，利用独立性计算概率。

③随机事件的条件概率。

◎ 结合古典概型，了解条件概率，能计算简单随机事件的条件概率。

◎ 结合古典概型，了解条件概率与独立性的关系。

◎ 结合古典概型，会利用乘法公式计算概率。

◎ 结合古典概型，会利用全概率公式计算概率，了解贝叶斯公式。

④离散型随机变量及其分布列。

◎ 通过具体实例，了解离散型随机变量的概念，理解离散型随机变量分布列及其数字特征（均值、方差）。

◎ 通过具体实例，了解伯努利试验，掌握二项分布及其数字特征，并能解决简单的实际问题。

◎ 通过具体实例，了解超几何分布及其均值，并能解决简单的实际问题。

⑤正态分布。

◎ 通过模型误差，了解正态分布的随机变量。通过具体实例，借助频率直方图的几何直观，了解正态分布的特征。

◎ 了解正态分布的均值、方差及其含义。

概率是描述随机现象的数学模型，在数学和其他领域中具有重要作用。通过概率知识的学习，可以使学生学会在处理问题时审视概率的大小，并能运用概率知识进行判断和决策。通过概率知识的教学，有利于中学生开展研究性学习从而培养学生的思维品质，逐步养成尊重事实、用数据说话的习惯，提高学生分析问题和解决问题、创新、建模以及应用的能力，促使学生产生终身学习数学和其他学科的强烈欲望。

初中已经学过基本的概率知识，如随机事件、必然事件、用列举法求概率等。初中概率知识可以作为本内容学习的基础，概率知识的学习也为高中学段的计数原理、统计等内容的学习做铺垫，同时为大学的概率论与数理统计、数据采集与预处理、数据分析等课程奠定基础。

在中学阶段的教材中，概率模型没有涉及几何概型的相关知识，在教学过程中给学生增加几何概型的教学，让学生掌握多种解题方法，以应对困难复杂的题目。除此之外，还可以向学生介绍指数分布、泊松分布、均匀分布等概率模型，以提高学生的知识储备。在随机变量的学习过程中，可以给学生介绍连续型随机变量的知识，让学生对概率知识有更进一步的了解。

5.5.1.2 核心素养解读

在概率的教学中蕴含了数据分析、数学运算、数学建模、逻辑推理、数学抽象等数学核心素养的学习。

《课标（2017年版）》中强调对于学生数学抽象培养的要求是：通过高中数学课程的学习，学生能在情境中抽象出数学概念、命题、方法和体系，积累从具体到抽象的活动经验；养成在日常生活和事件中一般性思考问题的习惯，把握事物的本质，以简驭繁；运用数学抽象的方式思考和解决问题。在概率的学习中，学生可以在随机事件的教学情境中抽象出数学问题，通过恰当的数学语言表达，在得到数学结论的基础上形成新命题，针对问题运用或创造数学方法解决问题，从而培养数学抽象素养。比如，在进行离散型随机变量的概念教学中，通过一些随机事件的例子，从随机事件中抽象出随机变量的概念，在随机变量中抽象出离散型随机变量的概念，这样的探究过程渗透了数学抽象素养。

《课标（2017年版）》中强调逻辑推理，突出了逻辑推理对学习数学课程的作用。逻辑推理的课标要求是：通过高中数学课程的学习，学生能掌握逻辑推理的基本形式，学会有逻辑地思考问题；能够在比较复杂的情境中把握事物之间的关联，把握事物发展的脉络；形成重论据、有条理、合乎逻辑的思维品质和理性精神，增强交流能力。在概率的学习中，学生可以在关联的情境中，发现并提出数学问题，用数学语言予以表达，能够理解归纳、类比是发现和提出数学问题的重要途径，通过对问题条件与结论的分析，探索论证的思路，选择合适的论证方向进行证明。例如，在 n 次独立重复试验中思考事件发生概率之间的关联，随着试验次数的增加，推导出试验发生次数与概率之间的规律，这一推理程序反映了逻辑推理素养的养成过程。

《课标（2017年版）》中对于数学建模素养培养的要求是：通过高中数学课程的学习，学生能有意识地用数学语言表达现实世界，发现和提出问题，感悟数学与现实之间的关联；学会用数学模型解决实际问题，积累数学实践的经验；认识数学模型在科学、社会、工程技术诸多领域的作用，提升实践能力，增强创新意识和科学精神。在概率的学习中，了解熟悉的概率模型的实际背景及其数学描述，理解解决一道与实际生活相关的离散型随机变量问题，需要提出问题、建立模型，然后进行求解以及检验。学生通过在有关离散型随机变量的问题情境中，经历数学建模的过程，理解数学建模的意义，运用数学语言表达数学建模过程中的问题以及解决问题的过程和结果，从而培养学生的数学建模能力。

《课标（2017年版）》中对于数学运算素养培养的要求是：通过高中阶段的数

学学习，学生能进一步发展数学运算能力；有效借助运算方法解决实际问题；通过运算促进数学思维发展，形成规范化思考问题的品质，养成一丝不苟、严谨求实的科学精神。在随机事件的教学情境中，可以通过了解运算对象，提出运算问题，理解运算作为一种演绎推理来解决概率问题，针对不同的概率模型选择合适的运算公式，在交流的过程中借助运算探讨随机事件出现的概率，从而解决问题并且体会解决概率问题的程序思想的意义和作用。例如，利用正确的运算公式准确计算离散型随机变量的均值、方差、离散型随机变量的分布列以及条件概率，等等，这些过程都体现了学生的数学运算素养。

《课标（2017年版）》中数据分析素养培养的要求是：通过高中数学课程的学习，学生能提升获取有价值信息并进行定量分析的意识和能力；适应数字化学习的需要，增强基于数据表达现实问题的意识，形成通过数据认识事物的思维品质；积累依托数据探索事物本质、关联和规律的活动经验。在概率的学习中，通过数据呈现的规律可以解释随机现象，例如，在学习离散型随机变量的分布列时，需要学生根据具体的问题情境分析出所有的随机变量，一一列举，用分布列表示出来，以及根据具体情境分析该随机变量是否服从两点分布、超几何分布等过程均体现了数据分析素养。

5.5.1.3　教学建议

在必修课程的概率教学中，应引导学生通过日常生活中的实例了解随机事件与概率的意义。在随机事件和样本空间的教学中，应引导学生通过古典概型，认识样本空间，理解随机事件发生的含义；理解古典概型的特征，试验结果的有限性和每一个试验结果出现的等可能性，知道在这种特征下，才能定义出古典概型中随机事件发生的概率。教学中要适当解释基本计数方法（如树状图、列表等），计算古典概型中随机事件发生的概率。

在选择性必修课程的概率教学中，应引导学生通过具体实例，理解可以用随机变量更好地刻画随机现象，感悟随机变量与随机事件的关系；理解随机事件独立性与条件概率之间的关系；通过二项分布、超几何分布、正态分布的学习，理解随机变量及其分布。在教学过程中，应在引导学生利用所学知识解决一些实际问题的基础上，适当进行严格、准确的描述。

在教学的过程中，要不断探索和创新教学方式，不仅要重视如何教，还要教会学生如何学，引导学生学会学数学，培养学生独立思考、动手实践、自主探索、合作交流的良好习惯，激发学生的学习兴趣，并且根据不同学生的特点，做到因材施教。

在概率的性质和运算教学中，前面学生已经学习过集合的概念、函数的性质、概率的定义及古典概型的概率求解，具备一定的概念储备和运算能力，因此这里可以启发学生的逻辑思维，放手让学生自主探究，通过类比归纳的方法经历概率性质的探索过程以及运算过程，获得探究实践的成功体验，培养学生的数学抽象、逻辑推理、数学建模素养和动手运算的能力。

在概率的教学中，应注重运用直观感知、合情推理、运算求解、反思与建构的教学方法加强学生对随机现象与概率意义的理解。在概率解题教学中，重视对各种模型的理解与应用，理解概率模型的特点，在实际问题中应重视培养学生识别模型能力，而不是把精力主要放在套用公式上，强化解答概率问题的通性解法，仔细审题，弄清题意，判断所求问题是什么，概率模型是解决问题的关键，然后分类型求解。通过编拟一些看似相同，但本质意义明显不同的题组，在解题中纠正学生常见错误。通过辨析、反思，揭示概念的本质。

《课标（2017年版）》要求鼓励学生使用计算机探索和解决问题。如，借助计算机模拟随机现象，利用随机数大量重复的模拟试验，获得随机模拟值，分析概率的变化规律等。信息技术的运用，一方面，可以为学生创设合适的情境，为学生借助信息技术去探索数学规律，从事一些富有探索性和创造性的数学活动提供空间；另一方面，可以解决实际问题。以往，用概率模型解决实际问题，往往由于数据获取困难及数据量大，使数学在解决实际问题中的作用受到很大限制。借助计算机，可以解决模拟试验与数据问题，可以根据实际情况设置参数，或对模型进行修改以满足实际需要。在研究概率时，可以充分利用 MATLAB、Excel、R 语言等现代化技术来辅助教学，帮助学生更好地理解随机事件及随机事件发生的概率。

在概率的教学中，教师应注意以下两点：一是根据学生的生活经验，创设丰富的教学情景。例如，掷硬币、抛骰子、射击、投篮实例，让学生感受随机现象的广泛存在，认识概率的变化规律，体会概率是刻画随机现象的重要模型，以及概率模型的意义。二是注重概率模型的运用，即运用概率模型，来刻画和描述随机现象，解决一些实际问题。

5.5.1.4 知识拓展

世界著名的数学家拉普拉斯说："生活中最重要的问题，其中绝大多数在实质上只是概率问题"。利用概率进行思考，可以帮我们把事实和无关紧要的干扰信息分离。正如英国的逻辑学家和经济学家杰文斯所说："概率论是生活真正的领路人，如果没有对概率的某种估计，那么我们就寸步难行，无所作为"。随机现象是现实世界中普遍存在的，概率的教学的一个重要目标就是培养学生的随机观念，让学生找出客观事物的统计规律性与随机现象的客观规律性。

概率论的产生还有这样一段故事。在概率论发展初期，最先导致研究概率的基本概念的却是游戏或赌博。17世纪的某一天，保罗与著名的赌徒梅尔赌钱，他们事先每人拿出6枚金币，约定谁先胜三局谁就得到12枚金币。比赛开始后，保尔胜了一局，梅尔胜了两局，这时一件意外的事中断了他们的赌博。于是，他们商量这12枚金币应该怎样合理地分配。保罗认为，根据胜利的局数，他自己应得总数的1/3即4枚金币，梅尔应得总数的2/3即8枚金币。但精通赌博的梅尔认为他赢的可能性大，所以他应该得到全部的金币，于是他们请求数学家帕斯卡评判。帕斯卡得到答案后，又求教于数学家费尔马，他们一致裁决是：保罗应分得3枚金币，梅尔应分得9枚金币。

帕斯卡是这样解决的：如果再玩一局，或者梅尔胜，或者保罗胜。如果梅尔胜，那么他可以得到全部的金币（记为1）；如果保罗胜，那么两人各胜两局，应各得金币的一半（记为1/2）。由于这一局中两人获胜的可能性相等，因此梅尔得金币的可能性应是两种可能性大小的一半，即梅尔为 $\left(1+\dfrac{1}{2}\right)\div 2=\dfrac{3}{4}$，保罗为 $\left(0+\dfrac{1}{2}\right)\div 2=\dfrac{1}{4}$，所以他们各得9枚和3枚金币。

费尔马是这样考虑的：如果再玩两局，会出现4种可能的结果，①梅尔胜，保罗胜；②保罗胜，梅尔胜；③梅尔胜，梅尔胜；④保罗胜，保罗胜。其中前3种结果都是梅尔取胜，只有第4种结果才能使保罗胜，所以梅尔取胜的概率为3/4，保罗取胜的概率为1/4。因此，梅尔应得9枚金币，而保罗应得3枚金币。这和帕斯卡的答案一致。

此后不久，荷兰数学家惠更斯访问巴黎时了解到帕斯卡与费尔马的研究，他对这类问题发生了兴趣，并发表了著作《论赌博中的计算》，探讨概率问题的原理。这些数学家主要以代数方法计算概率。在他们的著述中，出现了第一批概率论专门概念与定理，如概率加法、乘法定理。这些研究成果标志着概率论作为一门科学诞生了。

在此之后，雅各、德莫弗、贝叶斯、蒲丰、勒让德、拉格朗日、拉普拉斯、高斯、泊松、伯努利及其侄子丹尼尔·伯努利等通过研究，逐渐充实了概率论的内容。其中使概率论的发展迈进一大步的是伯努利。伯努利在他的著作中，曾刻画了大量经验观测中所呈现的稳定性，并最先证明了概率论的命题中最重要的大数定律。

对概率论发展做出重要贡献的还有著名数学家拉普拉斯。他是严密地、系统地奠定概率论基础的第一人，他证明了中心极限定理的某一形式德莫弗-拉普拉斯定理。1812年，拉普拉斯出版了《概率的分析理论》，实现了概率论研究中由组合技巧向分析方法的过渡，开创了概率论发展的新阶段。

概率论新纪元的开始，是以1933年苏联数学家柯尔莫哥洛夫的划时代著作《概率论的基本概念》的出版为标志。柯尔莫哥洛夫集前人之大成，提出了概率论的公理化结构，明确了概率的定义和概率论的基本概念。他把这些概念与现代集合论、测试论和泛函分析联系起来，开创了测度论的概率论。

概率论可以帮助我们在充满随机现象的人类社会和自然界中捕捉机遇，规避风险，正确做出判断和决策。概率论和随机数学改变了我们关于自然、心智和社会的看法，以及我们的知识结构乃至于世界观。严格地讲，人们甚至可以说几乎所有的知识都是或然性的，而在我们能肯定知道的少量事情中，甚至在数学科学自身中，归纳与类比这样的发现真理的主要方法都是基于概论事件，所以说整个人类知识系统是与概率论相关联的。

5.5.2　统计

5.5.2.1　内容分析

（1）知识框图（图5-19）

统计的研究对象是数据，核心是数据分析。本单元的学习，可以帮助学生进一步学习数据收集和整理的方法、数据直观图表的表示方法、数据统计特征的刻画方法；通过具体实例，感悟在实际生活中进行科学决策的必要性和可能性；体会统计思维与确定性思维的差异、归纳推断与演绎证明的差异；通过实际操作、计算机模拟等活动，积累数据分析的经验。

内容包括获取数据的基本途径及相关概念、抽样、统计图表、用样本估计总体。

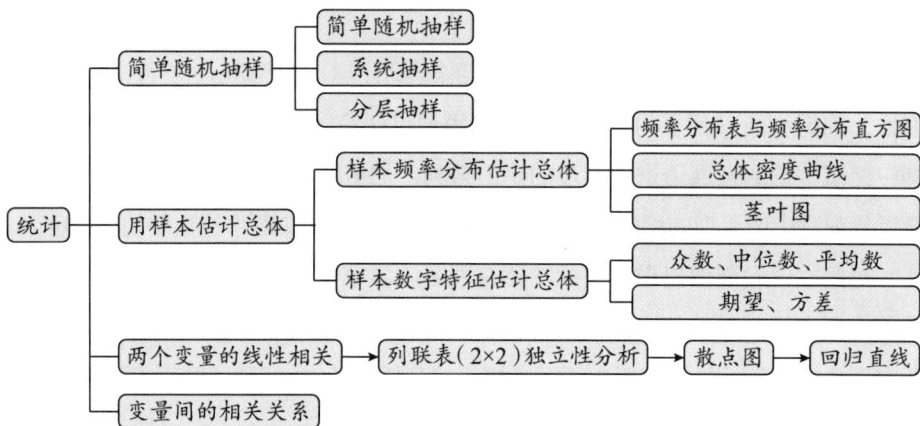

图5-19 "统计"知识框图

（2）教学目标

① 获取数据的基本途径及相关概念。

◎ 知道获取数据的基本途径，包括统计报表和年鉴、社会调查、试验设计、普查和抽样、互联网等。

◎ 了解总体、样本、样本量的概念，了解数据的随机性。

② 抽样。

◎ 简单随机抽样。通过实例，了解简单随机抽样的含义及其解决问题的过程，掌握两种简单随机抽样方法：抽签法和随机数法。会计算样本均值和样本方差，了解样本与总体的关系。

◎ 分层随机抽样。通过实例，了解分层随机抽样的特点和适用范围，了解分层随机抽样的必要性，掌握各层样本量比例分配的方法。结合具体实例，掌握分层随机抽样的样本均值和样本方差。

◎ 抽样方法的选择。在简单的实际情境中，能根据实际问题的特点，设计恰当的抽样方法解决问题。

③统计图表。

能根据实际问题的特点，选择恰当的统计图表对数据进行可视化描述，体会合理使用统计图表的重要性。

④用样本估计总体。

◎ 结合实例，能用样本估计总体的集中趋势参数（平均数、中位数、众数），理解集中趋势参数的统计含义。

◎ 结合实例，能用样本估计总体的离散程度参数（标准差、方差、极差），理解离散程度参数的统计含义。

◎ 结合实例，能用样本估计总体的取值规律。

◎ 结合实例，能用样本估计百分位数，理解百分位数的统计含义。

在义务教育阶段，学生已经学习过有关的统计初步知识，例如，对于抽样方法，初中要求了解简单随机抽样方法，高中除了了解简单随机抽样外，还要求了解分层随机抽样，并要求设计恰当的抽样方法解决问题；又如，在初中主要知道方差可以刻画数据的离散程度，并会对简单数据计算方差，但高中需要理解方差的统计含义，对方差定义的合理性有所体会，会结合实例计算分层抽样方法的样本方差，以及会根据具体问题选择恰当的特征数（标准差、方差、极差）刻画数据的离散程度，必修二第九章是在此基础上的进一步学习，同时为大学概率论与数理统计的学习打下基础。

统计学是通过收集数据和分析数据来认识未知现象的一门科学，它可以为人们制定决策提供依据，在数学和其他领域中有重要的作用。在学习统计这一部分内容时，学生将经历较为系统的数据处理过程。在此过程中，学生可以进一步学习数据收集与整理的方法，感悟根据实际情况进行科学决策的必要性和可能性；体会统计思维和确定性思维的差异，归纳推断与演绎证明的差异；通过实际操作、计算机模拟等活动，积累数据分析的经验，培养数据分析的素养。

5.5.2.2 核心素养解读

在当下的互联网时代，人无论是在工作中还是在生活中都受到大量数据信息的影响和冲击。其实，我们已经进入了大数据时代——因此，数据处理和分析能力便自然而然地成了当代人的核心素养。数学课程改革顺应了时代变化的需求，首次把"数据分析"列为数学的核心素养之一，并且在高中的必修模块3和选修模块中都增设了数据处理的内容。

《大不列颠百科全书》对统计学下的定义如下："统计学是关于收集和分析数据的科学和艺术"。由此可知，统计学是围绕数据分析而建立的，其中包括运用统计的方法来分析数据，组织和显示数据，并在数据的基础上形成推论和预测。

因此，统计内容在培养学生六大核心素养之一——数据分析能力上具有其他数学内容不可比拟的作用。数据分析主要包括收集数据、整理数据、提取信息，构建模型对信息进行分析、推断，进而获得结论。如果说数学能够告诉人们完美准确的答案，那么统计思维就是为人们提供可能的想象空间。在数据分析中所产生的数据具有随机性，统计思维就是概率控制、减少、预测资料的变异，可见，依赖数学统计思维可以养成数据分析核心素养。在高中数学中有很多蕴含统计思维的典型案例，例如，普通高中数学课程必修3中涉及的"一个著名的案例""城市居民月用水量""人体的脂肪百分比与年龄之间的关系"，在选修2-3中涉及的"人的体重与身高的关系""新药是否有效""肺癌与吸烟有关吗"等，应该充分利用这些案例，提升学生的统计思维。

数据分析表现为三个层面，一是对数据本身的意识与感悟，学生要了解生活中的许多问题就应当先进行调查，在收集与分析数据之后做出合理推断，在这一过程中学生能够体会数据中蕴含着信息；二是对数据处理方法的意识和感悟，了解同样的数据可以有多种分析方法，要根据不同的情境选择合适的方法进行分析；三是对现实现象随机性的意识和感悟，通过数据分析体验随机性意识到对于同样的事情每次收集到的数据可能不同，但只要有足够的数据就可以从中发现规律，利用样本的数据估计总体，利用独立性检验进行推测诊断。数据的随机性表现在两个方面，一方面是对于同样的试验，每次收集到的数据可能不同；另一方面是只要有足够的数据还是能够从中发现规律的，如频率与概率。通过让学生经历数据收集、整理，信息提取、分析的过程，借助数据中所蕴含的信息做出决策和推断，感受数据产生的随机性与预测性，建立"用数据说话"的观念和意识，进而逐渐养成数据分析核心素养[1]。

① 余强. 大数据在高中数学精准教学中的应用研究 [D]. 重庆：西南大学，2022.

统计内容在培养学生的数学建模与数学运算能力上也具有重要作用。在统计学中涉及两种不同的思维方式：或然性思维与决策性思维。其中决策性思维旨在发现数据的规律，对变异做出解释或分类，在这个过程中，背景知识是相当重要的；而或然性思维的焦点则是事件发生的稳定程度，并试图从少量的样本去推测总体，在这个过程中，最重要的是构造数学模型。收集到数据之后紧接着要做的工作便是处理数据，或者更直接地就进行数字运算——计算集中量指标（如算术平均数、中位数）来反映数据的集中趋势；计算差异量数指标（如标准差、百分位距）来反映数据的离散程度；计算相关量数指标（如相关系数）来反映数据的相关程度，等等。

5.5.2.3　教学建议

（1）高中统计教学中存在的问题

① 只注重对数据的处理，忽视从数据中如何提取数据信息得出统计结论，把统计处理成数字运算和简单的画图表。收集数据以后对数据的处理固然重要，但是统计的目的是通过对数据的收集和整理得出统计结论。在高中的统计教学中存在着教师整节课都在讲收集来的数据如何处理，而忽视处理数据后如何得出统计结论。如在讲授"频率分布直方图"一节课中，教师过分强调如何频率分布直方图，有哪些具体步骤，需要注意的地方是什么，却很少提及为什么要用频率分布直方图，在统计中起到什么作用，以及画出来可以说明什么问题。

② 强调对现成概念与公式的记忆，忽视概念与公式的生成过程。如在讲授"标准差和方差的公式""回归方程的系数计算公式"时，许多教师直接要求学生记住公式而不阐释公式的来龙去脉及实际意义与应用价值，这样不利于学生统计观念与随机意识的形成。

③ 注重了统计的单个环节，忽视了统计数据处理的系统性。统计教学应该让学生经历系统的数据处理的全过程，掌握数据处理的常用方法，体会统计的作用与基本思想。而在实际教学中，不少教师却只注重了统计的收集数据、处理数据、分析数据中的单个环节，人为地把统计的全过程割裂了。

④ 初、高中统计内容的衔接不当。在初中的"统计初步"的学习中，学生已经对"频率分布直方图"比较熟悉，但是在高中学习"频率直方图"时，如果教

师不强调"频率分布直方图"中纵轴表示的是频数／组距，学生容易在原有的知识结构基础上产生负迁移。

（2）**教学建议**

① 引入统计的发展史，增添教学内容的文化底蕴。通过向学生介绍统计有关数学史，可增加教学内容的文化底蕴，同时有利于激发学生的学习激情。

② 注意与学生以往知识的衔接，在"最近发展区"激发学生兴趣。在学习高中统计内容时，先复习学生头脑中已经储备的初中阶段的知识，如条形统计图、折线统计图、中位数、众数等，并在新的情境中体会它们的含义，以帮助学生对初中阶段统计内容进行复习与提高，并在此基础上进一步学习一些新的知识和方法。另外，在高中阶段的教学中，还要注意培养学生的学习兴趣。在教学设计时，要尽量选取具有丰富背景的内容和问题情境引入学习主题，展示统计思想和方法的广泛应用。

③ 通过典型案例进行统计教学，注重数据的收集。高中阶段的统计教学应通过案例进行，在对实际问题的分析中，使学生经历较为系统的数据处理全过程，在此过程中学习一些常用的数据处理方法，运用所学知识、方法去解决简单的实际问题，体会运用统计方法解决实际问题的基本思想，认识统计方法在决策中的作用以及应用的广泛性。同时，具体的案例也容易帮助学生理解问题和方法的实质，切忌把统计教学变成单纯的数据处理和计算技巧。例如，"最小二乘法"的学习，如果直接介绍一般的最小二乘法公式，学生往往体会不到这种方法的实质，也失去了一个分析问题、处理数据的机会。教学中，可以通过一个学生感兴趣的实例，比如学生身高和体重的关系，让学生利用收集到的数据做出散点图，首先利用散点图直观认识到变量之间存在着线性相关关系，然后鼓励学生想办法确定一条"比较合适"的直线描述这两个变量之间的线性相关关系，在此基础上再引入最小二乘法，并给出线性回归方程。这也要求教师平时要有意收集生活中的素材、广泛涉猎各学科知识，积累案例开展统计教学，展示统计知识的广泛应用。

④ 恰当运用信息技术，实现信息技术与课堂教学的整合。为了增强应用性和时代感，在教学中可以利用信息技术、互联网等途径收集数据，利用计算机模拟需要重复次数较多的试验或是记录、处理试验数据等对弥补课堂教学的局限性具

有重要的意义，还可引导学生用数学的眼光去关注、分析和解释环保、人口、金融、军事、体育等社会热点问题，从而既提高学生的数据分析能力，又培养学生的数学信息素养，还激发学生的主人翁意识、数学应用和创新意识。

⑤ 突出统计思维的特点与作用，注重让学生体会统计思维与确定性思维的差异。霍金斯曾提出这样的观点，统计教学的目标应该从"为所有人的统计"转变为"为所有人的统计素养"，他认为，所谓统计素养，简单地说，就是有效处理不确定现象的能力，而不仅仅是掌握一些分析工具与技术[①]。我国统计学家史宁中认为，传统数学在本质上研究的问题是确定性的，基础是定义与假设，遵循约定原则进行严格的计算或者推理，因此更多的是演绎；统计学在本质上研究的问题是随机的，是非确定性的，通过较多的数据进行推断，也就是通过许多的个别来推断一般，可以认为是一种归纳。也就是说概率与统计的教学不仅可以使学生对数学有一个更全面的认识，而且在思维方式上也是一种互补。统计所研究的问题一般具有不确定性，如应用统计方法由部分推断总体具有随机性。用统计来解决的问题，其结论往往是以不完全的信息作为依据，是可能犯错误的，这一点与确定性思维存在差异。经典的数学一般以演绎的方式来搭建平台，它有助于培养人们的确定性思维。而统计学的一个重要思想就是利用样本的信息来推断总体的有关信息，它以归纳的方式给人们提供了另一种有效的思维模式，即不确定性思维或统计思维。由不确定的数据进行推理是普遍而有效的方法，它能够帮助我们做出合理的决策，并能告诉我们犯错误的概率。运用数据进行推断，虽然不像逻辑推理那样有100%的把握，但是它可以使我们在常识范围内不能做选择的地方做出某种决策，而且提供足够的信心。因此，统计的内容可以培养学生从不确定的角度来观察世界的数学内容，它能使人们在面对不确定性时做出决策。例如，对于统计结果的随机性，教学中重要的是让学生认识到样本是总体的一部分。因此，由样本得到的平均数、方差等，都不是总体的平均数、方差等。这个区别十分重要，要让学生认识到样本的随机性。也就是说，一方面，两个人用同样的方法处理同一个问题时，他们抽样的结果一般是不同的（同一个人做两次，抽样的结果也不会完全一样）。因此，由不同样本得到的结果也会不相同。换句话说，结果有随机

---

① 鲍建生，周超．数学学习的心理基础与过程 [M]．上海：上海教育出版社，2009．

性，下结论可能会犯错误。另一方面，虽然不同的人最后得到的结果互不相同，但由于随机事件频率的稳定性，当样本量很大时，许多问题的结果差别一般也不会太大。也就是说，虽然结果可能犯错误，但统计的推断还是有意义的。这也正是统计学所要解决的问题，即关注对随机性中的规律性的研究，通过对表面随机的现象进行统计分析，从而揭示出事物内在的规律。当然，作为教师还应该清楚样本随机性产生的误差是可以估计的，也可以估计由此犯错误的概率，这和样本抽取不当以及故意制造误导产生的错误是完全不同的。

⑥培养学生对统计论断进行批判性思维的能力。在教学过程中，建议教师在不断引导学生利用统计解决问题、做出决策之前，从问题出发思考需要收集哪些信息、如何收集信息、如何处理信息等，让学生逐渐体会为什么要用统计，统计到底能给我们带来什么。同时引导学生对其统计结论进行反思，调查结果和预想的结论一致吗？你能对统计结论进行解释吗？不一致的原因是什么？是研究设计的问题、统计方法的问题，还是数据处理的问题？通过这种方式，让学生认识到统计思维不同于其他数学思维，统计是一个逐渐改进和完善的过程，是逐渐靠近真理的过程。

5.5.2.4 知识拓展

（1）统计学的起源与发展

统计学最初来源于国情调查，国家管理中需要收集和分析各种数据。比如，对人口、土地、国民收入、各种税收的统计等。14世纪左右，随着航海业在欧洲兴起，航海保险业开始出现，为了合理地确定保险金与赔偿金需要了解不同季节、不同航海路线出现事故的可能性的大小，需要收集相关的数据，根据数据进行分析和判断。渐渐地人们发现，统计资料中的各种数据大多是偶然现象的反映。于是到了19世纪末20世纪初概率论的有关知识被引入统计学，构建了现代统计学。与古典统计学相比，二者都是对于数据的收集和分析，但内涵有了显著的变化，本质的区别是后者进行分析的基础是"不确定性"，即"随机"。

（2）统计学的分类

从具体应用的角度分，统计学包括三个部分：描述统计、推断统计和实验设计。其中，描述统计是指对所收集的大量数学资料进行整理、概括，寻找数学的分布特征，用以反映研究对象的内容和实质的统计方法。例如，对原始数据资料用归组、列表、图示等方法加以归纳、整理，为进一步处理数学资料做好准备工作；计算集中量指标（如算术平均数、中位数）来反映数据的集中趋势；计算差异量数指标（如标准差、百分位距）来反映数据的离散程度；计算相关量数指标（如相关系数）来反映数据的相关程度。描述统计可使无序而庞杂的数学资料成为有序而清晰的信息资料。

推断统计是指根据来自样本的数据推断总体的性质，并标明可能发生的误差，以对随机想象做出估计、推断的统计方法。例如，对总体参数值（如总体平均数、总体标准差）的估计，推断统计和根据已知材料，去估计、推测未知的可能性大小。

实验设计是指研究者为揭示自变量与因变量的关系，验证假设之前所指定的实验计划。内容包括研究步骤的制定、抽样、实验变量，以及实验条件的控制、对结果的统计处理方法等。

在中小学阶段的数学课程中，主要涉及的是描述统计，而描述统计也是整个统计学的基础。适当增加推断统计与试验设计活动对于培养学生的统计思维，感受统计的应用价值将大有裨益。

（3）**统计与概率二者的关系**

统计与概率是两个密不可分的概念，一方面，概率论是现代统计学的根据，统计总是需要通过对样本的统计来推断全体，总要受到实际生活中不确定因素的影响，因此必须加入受不确定因素影响做出错误判断的概率；另一方面，通过频率研究概率需要多次的重复实验，需要收集、整理、分析实验数据，所以概率也离不开统计。已故中国科学院院士、中国统计学会副会长陈希孺先生指出："统计学是有关收集和分析带随机性误差的数据的科学和艺术。"分析着重在数量化，而随机性的数量化是通过概率表现出来，由此可以看出统计学与概率论的密切关系。大体上说，二者的关系为：概率论是统计学的理论和方法的依据，而统计学可视为概率论的一种应用。

（4）**概率、统计学习中的常见错误与困难**

中小学阶段的统计与概率问题一般都与日常生活有一定的联系，因此，学生的实际生活经验往往影响到一些统计与概率概念的理解，从而形成一些直觉性的常见误解。

赌徒谬论：绝大多数赌徒倾向于相信之前的下注结果对当前下注有影响，即人们往往认为一个事件发生的概率是与先前试验的结果有关的。例如，若投掷硬币时前四次都是正面朝上，则有人会预言接下来更有可能是反面朝上。

小数定律：如果统计数据很少，那么事件就表现为各种极端情况，这些情况都是偶然事件，跟它的期望值一点关系都没有。许多学生具有这样的观念，即总体的每个样本必须代表总体的真实部分，这种观念会影响学生的推理。应用小数定律，学生会误解样本大小对概率背景的影响。例如，学生总是认为，在同时掷硬币的时候，两个正面和一个反面的结果与200个正面和100个反面的结果是等可能的。

5.5.3　计数原理

5.5.3.1　内容分析

（1）知识框图（图5-20）

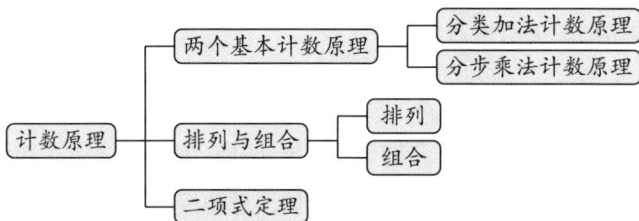

图5-20　"计数原理"知识框图

分类加法计数原理、分步乘法计数原理是解决计数问题的最基本的，也是最重要的方法，它们为解决很多实际问题提供了思想和工具。本节内容的学习，可以帮助学生了解计数与现实生活的联系；通过具体的实例，抽象归纳出分类加法计数原理和分步乘法计数原理；基于对两种计数原理的学习，推导出排列数与组合数的公式；探讨二项式定理的形成过程；利用计数原理解决生活中一些简单的问题。

内容包括分类加法计数原理、分步乘法计数原理、排列、组合、二项式定理。

①分类加法计数原理、分步乘法计数原理。

◎ 通过实例，总结归纳出分类加法计数原理、分布乘法计数原理。

◎ 能根据具体问题的特征，选择合适的计数原理来解决一些简单的实际问题。

②排列、组合。

◎ 通过探究与交流，理解排列、组合的概念，理解排列数与组合数之间的关系。

◎ 能利用上一节学习的计数原理推导出排列数公式和组合数公式。

◎ 能够掌握排列不重复、不遗漏的方法。

◎ 通过对实例计算过程的观察，推导出排列数与组合数的性质。

③二项式定理。

◎ 能用计数原理证明二项式定理。

◎ 掌握二项式系数、字母的幂次、展开式项数的规律及性质。

◎ 会用二项式定理解决与二项式展开式有关的简单问题。

（2）**教学目标**

能够结合具体实例，识别和理解分类加法计数原理和分步乘法计数原理及其作用，并能够运用这些原理解决简单的实际问题。

能够结合具体实例，理解排列、组合、二项式定理与两个计数原理的关系，能够运用两个计数原理推导出排列、组合、二项式定理的相关公式，并能够运用它们解决简单的实际问题，特别是概率中的某些问题。

⑴ 分类加法计数原理、分步乘法计数原理。通过实例，总结出分类加法计数原理、分步乘法计数原理；能根据具体问题的特征，选择分类加法计数原理或分步乘法计数原理解决一些简单的实际问题。

② 排列与组合。通过实例，理解排列、组合的概念；能利用计数原理推导出排列数公式、组合数公式，并能解决简单的实际问题。

③ 二项式定理。能用计数原理证明二项式定理，会用二项式定理解决与二项展开式有关的简单问题。

（3）**教学重难点**

① 分类加法计数原理、分步乘法计数原理。

教学重点：归纳出分类加法计数原理和分步乘法计数原理，能应用它们解决简单的实际问题。

教学难点：正确地理解"完成一件事情"的含义；根据实际问题，区分"分类"

和"分步"。

②排列与组合。

教学重点：归纳、对比得出排列与组合概念；根据两个计数原理推导出排列数、组合数公式；应用排列与组合知识解决简单的实际问题。

教学难点：建立组合与排列的联系，结合两个计数原理推导组合数公式；根据实际问题的特征，正确地区分"排列"和"组合"。

③二项式定理。

教学重点：用两个计数原理分析 $(a+b)^2$ 的展开式，归纳得出二项式定理，并能用计数原理证明；掌握二项展开式的通项公式，能应用它解决简单问题；学会讨论二项式系数性质的一些方法。

教学难点：用两个计数原理分析 $(a+b)^2$ 的展开式；用两个计数原理证明二项式定理。

计数问题是数学的重要研究对象之一，分类加法计数原理、分步乘法计数原理是解决计数问题的最基本、最重要的方法，也称为基本计数原理。它们为解决很多实际问题提供了思想和工具。在本章中，学生将学习计数基本原理、排列、组合、二项式定理及其应用。了解计数与现实生活的联系，会解决简单的计数问题。

5.5.3.2　核心素养解读

计数原理的教学过程中蕴含了数学抽象、逻辑推理、数学运算等核心素养的学习。数学抽象有助于更好地发现数学的潜在规律，学生在计数原理的学习中，通过对实际例子的观察，分析完成的"一件事"是需要分类还是需要分步，在解决问题的过程中归纳总结出完成"一件事"的计数方法原理有分类加法计数原理和分步乘法计数原理。又通过对一类排序和选取问题的分析，抽象定义出了解决该类问题的一般计数公式——排列数与组合数，渗透了数学抽象这一素养的培养。

数学运算核心素养是《课标（2017年版）》中明确提出的学科核心素养之一，其为解决数学问题的基本手段。在计数原理的推理学习过程中，数学运算是对原理的数学规律进行总结；在学习计数原理内容的过程中，理解计数原理的本质是解决问题，掌握合适的运算法则，探究原理的形成过程，最终运算总结出结果。这一过程渗透了数学运算核心素养。而在运算过程中，每一步本身就包含了逻辑推理。

5.5.3.3　教学建议

（1）总体建议

① 计数问题大部分都来源于同学们的生活和学习中所熟悉的情境，其解题思路通常都是从生活和知识上的经验出发，将具体做事的过程用数学语言进行表达。因此在教学过程中，教师应注意学生的实际生活经验，创设合适的情境。例如，通过对世界杯足球赛每阶段赛事的比赛场次的计算，对城市的电话号码为什么要升位的思考，以此让学生们感受到计数原理的应用价值。同时排列、组合问题的应用背景非常丰富，但能够利用的公式却只有那么几个。因此在教学过程中，面对不同的实际问题时，应当培养同学们从中抽象出特定的数学模型的能力，并能够运用所学知识加以解决。

② 在计数原理的学习过程中，分类加法计数原理和分步乘法计数原理是两个重要的基本原理，其贯穿了排列、组合的全部学习过程。因此在学习两个计数原理时，一定要讲清楚他们之间的区别和联系。如分类加法计数原理是对完成一件事的所有方法的一个划分；分步乘法计数原理是指完成一件事的任何方法都要按照一定的标准分成几个步骤，只有连续完成这些步骤才算完成这件事。其中分步中的每个步骤可能不止一种方法，这就又要使用到分类加法计数原理。明确好两个计数原理的关系，才能为后面知识的学习打好基础。

③ 是否考虑顺序是在解决排列组合问题中容易混淆的地方。在刚开始学习排列组合时，一定要要求学生严格按照两个原理去分析问题，这样才能让学生理解到位、思路清晰，做到每一步都有理可依，在后期学习中才不容易混淆排列和组合与顺序的关系问题。若学生仍然对排列组合问题有所混淆，也应当细心指导学生根据生活经验和问题的本质来领悟问题是否与顺序有关，或者通过提出具体实例，指导学生通过交换事物位置等方法加以鉴别，让学生能够真正理解所学的知识，能举一反三、融会贯通。

④ 对于排列组合问题，其解法通常比较灵活，看待的角度不同就有不同的解法。因此在教学过程中要鼓励学生多思考，多从不同角度解决问题，并比较不同解法的优劣，同时也要提醒学生应该如何对一个问题进行思考才能得到最优方法。

例如，在学习过程中，可以提出相关问题，让学生合作交流各自的思路和解题过程，说明每类或每步中，C_n^m、A_n^m 及 n、m 取值的原因，相互启发、相互学习。让学生加深对问题的理解，激发学生学习的兴趣。

（2）两个计数原理及其教学

① 两个计数原理的理解并不困难，关键是根据具体问题的特征选择对应的原理，综合应用两个计数原理是学生感到困难的，因此可以先通过典型的、学生熟悉的实例，经过抽象概括得出两个计数原理，然后按照从单一到综合的方式，安排适当的例题，引导学生逐步体会两个计数原理的基本思想及其应用方法。

值得注意的是，教科书对两个计数原理的定义，分别只涉及"两类方案"和"两个步骤"，而把含有"n 类方案"和"n 个步骤"的问题作为计数原理的推广，用"探究"的方式，让学生自己去思考研究。这样做不但使得定义简洁又不失一般性，容易与学生熟悉的数的加法、乘法建立联系，更有利于学生认识两个计数原理之间的内在联系，而且也给学生留出了一定的独立思考、自主学习的空间。

在教学中，应注意结合实例阐述两个计数原理的基本内容，分析原理的条件和结论，特别是要注意使用对比的方法，引导学生认识它们的异同。

② 分类加法计数原理与分步乘法计数原理，都是讨论"完成一件事情"的所有不同方法种数的问题。"完成一件事情"是一个比较抽象的概念，它比学生熟悉的解应用题中遇到的"完成一件工作"等的含义要广泛得多，教学中应当结合实例让学生进行辨析。只有准确理解了什么叫"完成一件事情"，才能进一步分析解决问题的方法是什么，是否需要分类或分步完成，进而才能确定到底应该用哪个计数原理。

③ 两个计数原理的区别在于：分类加法计数原理与"分类"有关，类与类之间互不相容，用任何一类中的任何一种方法都可以完成这件事；分步乘法计数原理与"步骤"有关，只有依次完成每一个步骤，才能完成这件事情。

④ 在引导学生理解和应用两个计数原理时，应使学生有以下认识。

分类加法计数原理中的"完成一件事有两类不同方案"，是指完成这件事的所有方法可以分为两类，即任何一类中的任何一种方法都可以完成任务。两类中没有相同的方法，且完成这件事的任何一种方法都在某一类中。分步乘法计数原理中的"完成一件事需要两个步骤",是指完成这件事的任何一种方法,都要分成两个步骤,在每一个步骤中任取一种方法,然后相继完成这两个步骤就能完成这件事,即各个步骤是相互依存的,每个步骤都要做完才能完成这件事情。

分类时,首先,要根据问题的特点确定一个分类标准,在这个标准下进行分类。一般来说,标准不同,分类的结果也不同。其次,分类时要注意满足一个基本要求,即完成这件事的任何一种方法必须属于且只能属于某一类方案。简单地说,就是应用分类加法计数原理时要做到"不重不漏"。

分步时,要根据问题的特点确定分步标准,标准不同,分成的步骤数也会不同。一个合理的分步应当满足以下两点:一是完成这件事情必须且只需连续做完所分的步骤,即分别从各个步骤中选一种完成该步骤的方法,将各步骤方法依次串联在一起就得到完成这件事情的方法;二是完成任何一个步骤可选用的方法数与其他步骤所选用的方法无关。简而言之,就是应用分步乘法计数原理时要做到"步骤完整"。

⑤ 教科书在讲解两个计数原理时采用了如下过程:首先,给出一个简单的、学生熟悉的计数问题,得出解答后,利用"探究"引导学生分析问题的本质特征;其次,再概括出原理,接着配以简单应用来使学生初步熟悉原理;最后,通过"探究"引导学生将原理推广到更加一般的情形。为了突出两个原理的区别,两个例子研究的都是"座位编号"的方法数。

教学中,应当注意使学生充分经历从具体实例中概括出计数原理的过程。特别是要在分析问题的本质特征上多给学生一些时间和空间。为了使学生更好地概括出计数原理,教师还可以再举一些简单的例子。另外,两个计数原理的教学可以在同一课时中进行,以便进行适当的对比讲解。

为了帮助学生理解,教学中应当注意使用"树形图",而且应当要求学生学会使用"树形图"分析问题。

5.5.3.4 知识拓展

教材将二项式系数性质的讨论与"杨辉三角"结合起来,主要是因为"杨辉三角"蕴含了丰富的内容,由它可以直观看出二项式系数的性质,当二项式的次数不大时,可借助它直接写出各项的二项式系数。杨辉三角是我国古代数学的研究成果之一，它的发现远早于欧洲的帕斯卡三角形。它与勾股定理、圆周率的计算等其他中国古代数学成就一起，显示了我国古代劳动人民的卓越智慧和才能。

杨辉三角是二项式系数在三角形中的一种几何排列。在欧洲，这个表叫作帕斯卡三角形。帕斯卡是在1654年发现这一规律的，比杨辉要迟393年，比贾宪迟600年。杨辉三角是中国古代数学的杰出研究成果之一，它把二项式系数图形化，把组合数内在的一些代数性质直观地从图形中体现出来，是一种离散型的数与形的结合①。

（1）性质概述

前提：每行端点与结尾的数为1。

◎ 每个数等于它上方两数之和。

◎ 每行数字左右对称，由1开始逐渐变大。

◎ 第 n 行的数字有 n 项。

◎ 第 n 行数字和为2n-1。

◎ 第 n 行的 m 个数可表示为 C_{n-1}^{m-1}，即从 n-1个不同元素中取 m-1个元素的组合数。

◎ 第 n 行的第 m 个数和第 n-m+1个数相等，为组合数性质之一。

◎ 每个数字等于上一行的左右两个数字之和。可用此性质写出整个杨辉三角。即第 n+1行的第 i 个数等于第 n 行的第 i-1个数和第 i 个数之和，这也是组合数的性质之一。即 $C_{n+1}^{i} = C_{n}^{i} + C_{n}^{i-1}$。

◎ $(a+b)^n$ 的展开式中的各项系数依次对应杨辉三角的第 $(n+1)$ 行中的每一项。

◎ 将第2n+1行第1个数，跟第2n+2行第3个数、第2n+3行第5个数……连成一线，这些数的和是第4n+1个斐波那契数；将第2n行第2个数（$n>1$），跟第2n-1行第4个数、第2n-2行第6个数……这些数之和是第4n-2个斐波那契数。

◎ 将各行数字相排列，可得11的 n-1（n 为行数）次方：1=11⁰；11=11¹；121=11²……当 $n>5$ 时会不符合这一条性质，此时应把第 n 行的最右面的数字"1"

---

① 赵金成，陈中峰."有趣的杨辉三角"教学实录与评析 [J]. 中国数学教育（高中版），2013，（1）：25-28.

放在个位，然后把左面的一个数字的个位对齐到十位……，以此类推，把空位用"0"补齐，然后把所有的数加起来，得到的数正好是11的 $n-1$ 次方。以 $n=11$ 为例，第十一行的数为：1，10，45，120，210，252，210，120，45，10，1，结果为 $25937424601=11^{10}$。

（2）杨辉三角的应用

性质5和性质7是杨辉三角的基本性质，是研究杨辉三角其他规律的基础。

与杨辉三角联系最紧密的是二项式乘方展开式的系数规律，即二项式定理。例如在杨辉三角中，第3行的三个数恰好对应着两数和的平方的展开式的每一项的系数（性质8），第4行的四个数恰好依次对应两数和的立方的展开式的每一项的系数，即 $(a+b)^3=a^3+3a^2b+3ab^2+b^3$，以此类推。

又因为性质5：第 n 行的 m 个数可表示为 $\mathrm{C}(n-1,m-1)$，即从 $n-1$ 个不同元素中取 $m-1$ 个元素的组合数。因此可得出二项式定理的公式为：

$$(x+a)^n = \binom{n}{0}x^n a^0 + \binom{n}{1}x^{n-1}a^1 + \cdots + \binom{n}{n} \times x^0 a^n = \sum_{k=0}^{n}\binom{n}{k}x^k a^{n-k}$$

因此，二项式定理与杨辉三角形是一对天然的数形趣遇，它把数形结合带进了计算数学。求二项式展开式系数的问题，实际上是一种组合数的计算问题。用系数通项公式来计算，称为"式算"；用杨辉三角来计算，称为"图算"[①]。

（3）数在杨辉三角中的出现次数

由1开始，正整数在杨辉三角形出现的次数为∞，1，2，2，2，3，2，2，2，4，2，2，2，2，4…（OEIS：A003016）。最小而又大于1的数在贾宪三角形至少出现 n 次的数为2，3，6，10，120，120，3003，3003…

除了1之外，所有正整数都出现有限次，只有2刚好出现一次，6、20、70等出现三次；出现两次和四次的数很多，还未能找到刚好出现五次的数。120、210、1540等刚好出现六次。

因为丢番图方程 $\binom{n+1}{k+1}=\binom{n}{k+2}$ 有无穷个解，所以出现至少六次的数有无穷个多。解为 $n=F_{2i+2}F_{2i+3}-1$，$k=F_{2i}F_{2i+3}-1$，其中 F_n 表示第 n 个斐波那契数（$F_1=F_2=1$）。

---

① 杨明顺.杨辉三角的若干性质研究 [J].渭南师范学院学报，2016（4）：9-12.

5.6 数学建模活动与数学探究活动

5.6.1 数学建模活动

5.6.1.1 内容分析

（1）数学建模活动

数学模型就是用数学语言符号来描述客观事物的特征及其内在联系的一种结构模式。数学建模活动是对现实问题进行数学抽象，用数学语言表达问题、用数学方法建构模型解决问题的过程。主要包括：在实际情境中从数学的视角发现问题、提出问题，分析问题、建构模型，确定参数、计算求解，检验结果、改进模型，最终解决实际问题。数学建模活动是基于数学思维运用数学模型解决实际问题的一类综合实践活动，是高中阶段数学课程的重要内容①。

这是《课标（2017年版）》给出的数学建模活动的基本过程（图5-21）：

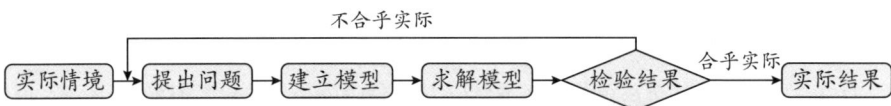

图5-21 《课标（2017年版）》对数学建模活动基本过程的描述

对其进行适当的优化与处理，得出如下数学建模活动的基本过程（图5-22）：

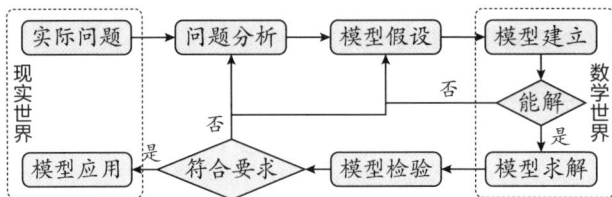

图5-22 优化后的数学建模活动的基本过程

① 实际问题。在数学建模中，问题是关键。数学建模的问题应是多样的，可以是学生根据自身生活经验发现并提出的问题，也可以是来自现实世界与各个学科等多个方面。同时，解决问题所涉及的知识、思想、方法应与高中数学课程内容有联系。

---

① 中华人民共和国教育部.普通高中数学课程标准（2017年版2020年修订）[M].北京：人民教育出版社，2020.

②问题分析。实际问题是非数学领域的问题，属于结构不良问题。因此建模的第一步就是要对问题所给的条件和数据进行分析，弄清楚问题。通过对问题的分析进一步明确问题所给的信息，要完成什么任务，涉及哪些相关知识领域，抓住关键词句，舍弃不必要的词句，明确主要因素和次要因素，重点、难点分别是什么，初步明确建模的方向，确定建模的类型。

③模型假设。在明确了研究问题的信息以及建模方向的基础上，就要对问题进行合理的假设，以简化问题，发现影响问题的核心因素。在明确主要和次要因素的基础上寻找基本数量及其关系，必要时建立几何或文字模型，注意发现已知量和未知量，挖掘问题中的隐含条件，进而定义变量、参数以及系统的边界、模型的范围等。

这是数学建模最为关键的一步，是数学化的第一步，要在现实问题中挖掘出数学的信息，并且进行合理的简化、假设。如果假设得太详细，考虑了过多的因素，建立的模型过于复杂导致下一步没法进行；如果假设得过于简单，与实际问题相差太远，建立的模型即使解出来了对实际问题也没有太多的指导价值，即假设的不合理会导致模型的失败。因此在建立模型的过程中需要随时修改或补充假设。

④模型建立。明确了建模的目的，有了相对合理的假设，接下来就是利用合适的数学工具刻画已知量和变量之间的关系，构造相应的数学结构（可以是数学表达式、图形、表格或算法等）。这一步要求学生具有较强的数学化能力和抽象概括能力。在建立模型后，要从误差、稳定性、求解难度上对模型进行分析，如果合理就可以进行下一步，如果不合理就要再进行更为合理的假设，这样反复慎重地思考能够培养学生灵活运用数学知识和方法的能力。

⑤模型求解。学生运用已有的数学知识方法、解题策略，必要时要学习一些新的计算机方面的知识，对所建立起来的数学模型求解。这一步，要求学生具有扎实的数学基本功以及学习新知识的能力。

⑥模型检验。因为数学建模是建立在假设的基础上的，具有不确定性，所以求解之后一定要检验，从而知道求得的解在实际问题中说明了什么、效果怎么样。如果求得的解符合实际问题或者误差很小则是一次成功的体验；如果求得的解不符合实际问题或者误差很大，就需要重新审视问题，进行更为合理的假设，重新求解、检验，直到得到满意的结果为止。

（2）模型应用

最后一步就是将已检验的、合理的模型应用于实际生活，解决实际问题。

"数学建模"相关知识分布在《课标（2017年版）》的必修课程、选择性必修课程、选修课程三大课程模块中。而"数学建模活动"在必修课程、选择性必修课程中各占一个主题（图5-23）。

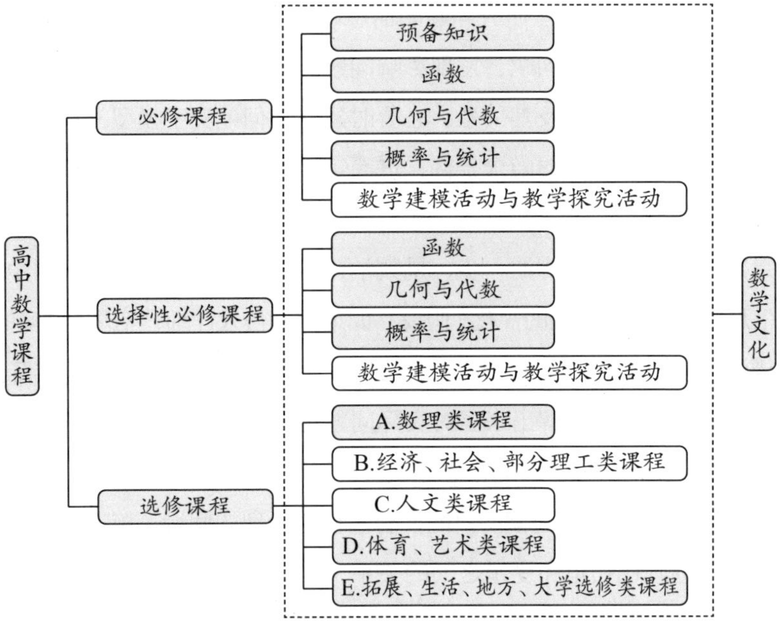

图5-23 《课标（2017年版）》中"数学建模"内容

（3）必修课程——"数学建模活动与数学探究活动"

① 内容要求。"数学建模活动与数学探究活动"，建议6课时，以课题研究的形式开展。在必修课程中，要求学生完成其中的一个课题研究。

② 教学提示。课题可由教师给定，或师生协商确定。课题研究过程包括选题、开题、做题、结题四个环节。

选题：在教师的指导下，自主选题，也可以在必修课程中数学建模活动或数学探究活动的研究基础上继续进行深入探究。

开题：学生需撰写开题报告，包括选题意义、文献综述、解决问题思路、研究计划、预期结果等。

做题：是解决问题的过程，包括描述问题、数学表达、建立模型、求解模型、得到结论、修改完善等。

结题：撰写研究报告和报告研究结果，开展结题答辩。报告可以采用专题作业、测量报告、算法程序、制作实物、研究报告或小论文等多种形式。

③ 学业要求。经历数学建模活动的全过程，整理资料，撰写研究报告或小论文，进行报告、交流。重点提升数学建模、数学抽象、数据分析、数学运算、逻辑推理和直观想象素养。

（4）选择性必修课程——"数学建模活动与数学探究活动"

① 内容要求。"数学建模活动与数学探究活动"，建议4课时，以课题研究的形式开展。在选择性必修课程中，要求学生完成其中的一个课题研究。课题可以是学生在学习必修课程时已完成课题的延续，或者是新的课题。

② 教学提示。如果是新的选题，与必修课程的要求类似；如果选题不变，是在必修课程中数学建模活动的研究基础上继续进行深入探究，则需要在研究报告中说明与必修课程中研究的差异，深入研究的新思路、新方法，得到的新结果。

③ 学业要求。与必修课程类似。

（5）选修课程

① B类课程——"模型"。本专题在必修课程和选择性必修课程的基础上，通过大量的实际问题，建立一些基本数学模型，包括线性模型、二次曲线模型、指数函数模型、三角函数模型、参变数模型。教学中要重视这些模型的背景、形成过程、应用范围，提升数学建模、数学抽象、数学运算和直观想象素养，提升实践能力和创新能力。

② C类课程——"数学模型"。本专题在必修课程和选择性必修课程的基础上，通过具体实例，建立一些基于数学表达的经济模型和社会模型，包括存款贷款模型、投入产出模型、经济增长模型、凯恩斯模型、生产函数模型、等级评价模型、人口增长模型、信度评价模型等。在教学活动中，要让学生知道这些模型形成的背景、数学表达的道理、模型参数的意义、模型适用的范围，提升数学建模、数学抽象、数学运算和直观想象素养。

（6）建模类型

高中数学知识繁多，可以把它们分成几大板块。虽然每个板块总会有交错，但是学生在学习数学知识时也是按板块进行的。高中阶段的数学模型主要有集合模型、函数模型、向量模型、几何模型、统计与概率模型、数列模型、不等式模型、导数模型、综合模型等。但建模背景不同，处理方法不同，因此可以归结为以下几种建模类型。

① 初等建模。

以上的集合模型、函数模型、向量模型、不等式模型和导数模型都是数学的基础模型。在解决一些初等的数学问题时，可以直接套用这些模型就能解决。

② 统计建模。

以计算机统计分析软件为工具，利用各种统计分析方法对批量数据建立统计模型和探索处理的过程，用于揭示数据背后的因素，诠释社会经济现象。而统计建模常常会用到函数模型、统计与概率模型。

例如：如何检测电子字典产品的实际词汇量。

市场上有许多英语电子词典产品，他们在介绍自己的功能时强调自己的词库有那么大，如"含有10万单词"等，作为消费者怎样简洁鉴别这类产品的标称功能是否属实？

③ 离散建模。

离散模型是把实际问题抽象成离散的数、符号或者图形，再用离散数字工具解决的一类数学模型，如数列模型。

④ 几何建模。

几何建模是形体的描述和表达，是建立在几何信息和拓扑信息基础的建模。最基本的几何元素是点、直线、面。拓扑信息是指拓扑元素（顶点、棱、表面等）的数量及其相互间的联系。高中的几何模型是解决这类问题的基础。

⑤ 跨科综合建模。

当实际问题涉及的领域不再局限于数学，而是建立在生物、物理、化学、经济等各学科背景下，需要学生具备数学知识和非数学知识。

例如：国际乒联为了增加乒乓球比赛的观赏性，希望降低球的飞行速度，现在比赛用球直径为38 mm。1996年国际乒联曾接受了一项关于对直径为40 mm的乒乓球进行试验的提案。请问，若采用40 mm的乒乓球，球从球台的一端飞往另一端的时间增加百分之几？

（7）数学建模的整体教学目标编排

《课标（2017年版）》对数学建模素养划分为三个水平。水平一是要求了解熟悉的数学模型的实际背景及其数学描述，知道数学建模的过程并能对学过的模型举例；水平二是要求在特定的情境中发现问题并转化为数学问题，会选择合适的模型解决问题；水平三是要求能够运用数学建模的一般方法和相关知识，创造性地建立数学模型，解决问题。

通过阅读课标的要求，这三个水平是随着年级的提升而逐渐升高。而我们的数学建模课程的开展应该参考布鲁纳的螺旋式课程理论，把学科中普遍的基本的概念和原理作为课程中心，随着年级提升而不断加深学科的基本结构，使之呈螺旋上升的态势。

第一阶段：简单建模。本阶段为学习数学建模的基础阶段，要求学生能理解学习建模的意义，了解什么是建模，如何进行数学建模。

知识与技能：了解数学建模的概念和意义，初步掌握数学建模的六个基本步骤，能用六步建模法解决简单的数学建模问题。

过程与方法：让学生初步的理解数学建模的过程，了解用数学工具解决实际问题的方法。

情感态度与价值观：初步培养学生用数学解决实际问题的意识，培养学生的数学建模思想。

第二阶段：典型案例建模。由于本阶段是学生建模能力提高的关键阶段。本阶段试图让学生去接触不同类型的建模问题，积累总结不同类型的数学问题。同时可以安排与教材相关的案例，吸引学生并提高学生的学习兴趣。

知识与技能：掌握和积累一些典型数学建模案例，对于类似的问题可以类比地解决。总结典型案例所用的方法。

过程与方法：通过学习典型数学建模案例，加深学生对建模基本步骤的理解。

情感态度与价值观：进一步培养学生用数学建模方法解决实际问题的意识，培养学生的数学建模思想。

第三阶段：综合建模。在第二阶段已经积累了大量的典型案例和模型，此阶段可以分小组合作开展数学建模活动。学生可以在此阶段参与课外建模活动并尝试撰写小论文。

5.6.1.2 核心素养解读

数学核心素养是数学课程目标的集中体现，是具有数学基本特征的思维品质、关键能力及情感、态度与价值观的综合体现，是在数学学习和应用的过程中逐步形成和发展的。有人认为，所谓数学核心素养，就是把具体的数学知识都排除或遗忘以后所剩下的东西；何小亚教授则认为数学核心素养是指满足学生终身发展和社会发展所必备的、关键的数学素养。那么数学建模活动具体体现了哪些数学核心素养，其有助于哪些素养的培养？下面将逐一进行分析。

（1）数学建模

"数学建模"是对现实问题进行数学抽象，用数学语言表达问题，用数学方法建构模型解决问题的素养。

数学建模活动让学生经历完整的数学建模过程，从发现问题和提出问题、建立和求解模型、检验和完善模型，到分析和解决问题。让学生学会有意识地用数学语言表达现实世界，发现和提出问题，感悟数学与现实之间的联系；学会用数学模型解决实际问题，积累数学实践的经验；认识数学模型在科学、社会、工程技术等诸多领域的作用，提升实践能力，增强创新意识和科学精神，显然有助于学生数学建模素养的形成。

（2）数学抽象

"数学抽象"是指通过对数量关系与空间形式的抽象，得到数学研究对象的素养。主要包括从数量与数量关系、图形与图形关系中抽象出数学概念及概念之间的关系；从事物的具体背景中抽象出一般规律和结构，并用数学语言予以表征。"数学抽象"体现的是弗赖登塔尔提出的"数学化"。

在数学建模活动中，从实际背景中发现问题，并对问题进行分析处理后提炼出主要因素和次要因素，理想化处理，建立数学模型，形成数学问题的整个过程便是一个数学抽象、垂直数学化的过程；而对数学模型不断优化改进的过程，则是一个水平数学化的过程。因此，数学建模活动有助于对学生数学抽象核心素养的培养。

（3）数据分析

"数据分析"是指对研究对象获取数据，运用数学方法对数据进行整理、分析和推断，形成关于研究对象知识的素养。数据分析过程主要包括搜集数据、整理数据、提取信息、构建模型、进行推断、获得结论。

在数学建模活动中，首先，在"问题分析"过程，需要学生搜集大量的数据并对搜集到的数据进行分析处理，从众多的信息中找出相关的信息，提炼出关键信息。这个过程能够很好地培养学生数据的搜集、整理、分析、推断等能力，提升学生获取有价值信息并进行定量分析的意识和能力，有助于对数据分析素养的培养。其次，"模型求解"过程中对于参数的求解，往往需要通过统计方法得到，这就涉及对数据的处理与分析，因而也有助于对学生数据分析素养的培养。

（4）逻辑推理

"逻辑推理"是指从一些事实和命题出发，依据规则推出其他命题的素养。包括从特殊到一般与一般到特殊的推理。

在数学建模活动中，几乎处处都需要学生进行数学推理。从现实世界中获取关键信息构建数学模型，得到一般规律的过程便是一个从特殊到一般的逻辑推理过程。而当得到合适的数学模型并用于解决具体问题的过程，则是一个从一般到特殊的逻辑推理过程。因此，数学建模活动能够让学生学会有逻辑地思考问题，能够在比较复杂的情景中把握事物之间的关联，形成重论据、有条理、合乎逻辑的思维品质和理性精神，培养学生的逻辑推理素养。

（5）直观想象

"直观想象"是指借助几何直观和空间想象感知事物的形态与变化，利用空间形式特别是图形，理解和解决数学问题的素养。

在数学建模活动的过程中，很多实际问题需要学生建立几何模型，借助几何直观来进行问题的分析与解决，这就需要学生能够建立形与数的联系，利用几何图形描述问题，借助几何直观理解问题，运用空间想象认识事物，从而提升数形结合的能力，增强运用几何直观和空间想象思考问题的意识，进而提高学生直观想象的数学核心素养。

（6）数学运算

"数学运算"是指在明晰运算对象的基础上，依据运算法则解决数学问题的素养。主要包括理解运算对象、探究运算思路、选择运算方法、设计运算程序、求得运算结果等。

在数学建模活动中，"模型求解"过程需要学生运用已有的数学知识和方法，计算出模型结果并进行检验。这里就涉及数学运算素养的培养。

由此可见，数学建模活动不仅能够培养学生的数学建模素养，更能够全方位地培养学生的各个数学核心素养，即数学抽象、数据分析、逻辑推理、直观想象与数学运算。

5.6.1.3　教学建议

（1）课题的选择

选题是数学建模的起点，它为整个数学建模的过程指明了研究方向。从某种意义来说，选题比求解方法和过程更重要。

① 寻找并确定课题的过程是一个培养思维习惯的过程。重点应放在激发学生的研究兴趣、激励学生的研究动力、激活学生的研究思维上。

② 让学生体验寻找、确定课题的过程。学生在具体选题中常常会提出许多"问题"问老师能不能做，教师切忌代替学生选题。可用"环境启发式"和"反思建议方式"两种来帮助学生选题。"环境启发式"是在问题情境中，教师适当的引导让学生自己提出问题。如教师引导学生观察广州某交通繁忙的十字路口，观察交通堵塞的原因，请学生提出自己的问题和解决方案。"反思建议方式"是学生初选了一些课题后，教师的建议应有利于学生优化课题而不是替学生做决定。如让学生把自己的课题再往大、往小、往平行、逆向角度提出四个子问题，比较哪个更好做。

③ 选题可以从课本改编而来的数学建模题目中挑选。教师主要以教材为资源，改编一些教材中的例题，使之既可以让学生很好地理解新学的内容，又可以通过习题达到巩固作用。教师在改编时可以在题目里添加许多现实因素，让学生能够在生活实际中找到原型。

（2）提问方式

教师可以针对性提出适合学生认知发展阶段的问题，启发性地设问。使学生在最近发展区内有效解决问题。常见的设问方式，如你能赋予它一个实际意义吗？你能从生活中找出类似的实例吗？你能想到用哪种数学模型解决问题吗？

（3）在课堂上渗透思想方法

其实很多时候，我们都在进行数学建模。只是教师没有向学生说明建模过程、建模的方法。如人教版必修1《函数模型的应用实例》中给出了不同函数模型的数学应用题，但在解答过程中依旧是采用了数学建模的六步法。数学建模的基本步骤如图5-24所示。

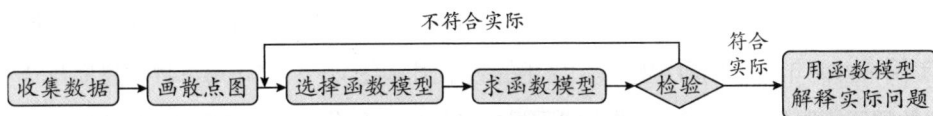

图5-24　数学建模的基本步骤

教师可以在这一章节讲解数学建模的相关概念，让学生开始了解并掌握数学建模的流程。同样，在讲解实际应用题时，教师也可以使用流程图的方式向学生展示或者引导学生自己总结建模的过程。

（4）恰当的反馈与评价

在课堂上或者学生的作业上，对学生将数学与生活联系的做法予以赞赏。教师的评语不仅仅是对学生的建模进行赞赏，还可以提出更进一步的要求和建议。这样使得学生对数学建模更感兴趣，又引导了学生探索的方向。

（5）探索多样的数学建模教学方式

除了在课堂上引入数学建模，数学建模还可以在实践活动课、数学写作等新颖方式的基础上进一步探索。学生通过撰写数学小论文掌握建模的基本步骤并学会反思，学会从多角度考虑各种因素，不断地修正模型。

5.6.1.4　知识拓展

数学作为人类的一种知识体系，它的产生与发展从来都是与人类的社会生产活动密切联系着的。几何学的知识来源于丈量土地、水利建设、房屋与陵墓的建筑施工，器皿与工具的制作；算术的知识来源于产品的生产、储备、分配、交换与流通等社会实践，这是众所周知的。

那数学建模是如何产生的呢？在运用数学知识来解决一个个具体的实际问题时，首要的一步是要把问题所涉及的各种物理量及各个物理量之间的关系暂时地剥离去它们的物理含义，转换成数学的量及数学符号、语言、表达式，通过数学的推理、演算得到结果，然后再结合原来的物理含义，得出实际问题的答案，这是简单的数学建模过程。有人说，数学建模的历史就是应用数学的历史，当数学应用到实践中的那一刻开始，人类就开始了数学建模。人类早期的结绳计数就是一种数学建模。

不过不同国家数学建模的兴起有所不同，20世纪70年代末，英国剑桥大学专门为研究生开设数学建模课程，并开展牛津大学与工业界的合作活动。1983年，美国举办两年一次的数学建模和应用的教学国际会议，1985年举办数学建模竞赛。"数学建模"作为一门课程进入我国是在20世纪80年代初，其主要内容是通过众多的示例着重介绍如何将实际问题"翻译"成数学问题，以及数学求解结果又如何"翻译"回到实际中去。出于对数学和应用数学发展的关注和数学对人的发展的作用的思考，国内一部分数学家和数学教育工作者提出要重视数学应用能力的培养，要关注如何通过数学培养人的理性精神、创新精神和实践能力。叶其孝教授等一批数学家摸索着首先在大学广泛开设数学建模课程，开展大学生数学建模竞赛活动，并把它看成是"一场数学教学改革"。数学建模的竞赛和数学活动随之逐渐在一小部分中学也展开了实践和探索。

《课标（实验）》正式将"数学建模"纳入其中一部分。部分高中成功开设了数学建模选修课。中学生的数学建模成果在全国创新赛、美国英特尔创新大赛上屡屡获奖。所有这些努力使得广大教师、数学教育研究者对数学建模教育价值的认识和重视程度逐渐增加。

在《课标（2017年版）》的附录中提供了不少数学建模活动的优秀案例。下面也提供几个适合高中数学建模活动的问题。

（1）燃气问题

① 实际问题。现在许多家庭都以燃气作为烧水做饭的燃料，节约用气是我们日常生活中非常现实的问题。怎样烧开水最省燃气?

② 问题分析与模型假设。

思考1："怎样烧开水"是什么意思? 在这个问题里需要考虑哪些变量?

这个问题较为开放，我们需对其做出进一步的条件限制以帮助我们解决问题。首先，我们把能够考虑到的变量全部列举出来：烧水的量、燃气的总量、火的大小、水的初始温度、单位时间消耗燃气的量、烧水的时间。

为了使问题的解决有明确的方向，我们需对变量的关系进行整理，这里，"最省燃气"指的是使用燃气的总量最少，显然，燃气使用的总量是一定要被考虑的。为考虑进更多的要素，我们借鉴物理实验中的控制变量法，提出假设，控制烧水的量和水的初始温度相同，问题改进为：烧开同一壶水，怎么做才能使燃气的使用总量最少。同时火的大小直接导致使用燃气的多少，如果火太小，热量不足以烧开一壶水，那么燃气的总量将无限增大；如果火太大，会产生过分的热量，从而使得燃气总量过大，那么这里我们研究火的大小和消耗燃气总量的关系就成为可能。

思考2：如何测量火的大小与燃气的总量？

火的大小并不可测，我们需寻找其他的量进行转化，这里很自然的就能想到控制火的开关。经验告诉我们，燃气灶上旋钮旋转的角度不同，火苗的大小也不同。所以，我们把问题改进为：燃气旋钮在什么位置时，烧开一壶水的燃气用量最少？

由此可见，要解决这一问题，为什么最终会选择研究"旋钮的位置"和"燃气的总用量"这两个量之间的关系，这并不是很容易就为所有人所理解的。设计的这个过程中包括了问题的分析、变量的选取、变量之间关系的整理、假设的提出、方案的初步设计，等等，实则可理解为现实模型的构建。

思考3：单位时间用气量、火的大小和使用燃气的总量之间到底是什么关系？

我们的问题涉及燃气灶旋钮的角度和燃气的用量这两个量，对于燃气的总量，可以在烧水前后读取燃气表的读数，并作差求出燃气量。而对旋钮旋转的角度，燃气灶关闭时，燃气旋钮的位置为竖直方向，我们把这个位置定为0°；燃气开到最大时，旋钮转了90°。所以我们可以选择间隔相同的五个位置：18°、36°、54°、72°、90°（如图5-25所示）

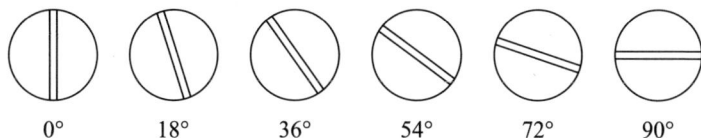

图5-25　燃气灶旋钮的角度

我们需进行5次实验,记录下每个旋转角度下所用燃气的总量,并在试验中控制水的总量及初始水温相同。

可利用表5-7记录数据。

表5-7　燃气表读数与燃气量

燃气灶旋钮的角度 /°	燃气表开始时读数 /m³	燃气表水开时读数 /m³	所用燃气量 /m³
18			
36			
54			
72			
90			

对记录下的数据,我们得到(旋钮角度,燃气用量)的数据组,做出散点图并进行系数拟合。利用拟合的函数解析式求用气的最小量,并对结果的合理性做出检验分析。

(3)模型建立

①通过实验获取数据。

在这个问题中,我们通过自行的实验获取数据,实验需控制水的总量相同,我们将同一个水壶灌满进行测量,控制水的初始温度相同,在实验前先用这只水壶烧开一壶水,然后把水倒掉,随即开始做实验并记录相关数据,数据见表5-8。

表5-8　燃气表读数与燃气量的数据

燃气灶旋钮的角度 /°	燃气表开始时读数 /m³	燃气表水开时读数 /m³	所用燃气量 /m³
18	9.080	9.210	0.130
36	8.958	9.080	0.122
54	8.819	8.958	0.139
72	8.670	8.819	0.149
90	8.498	8.670	0.172

②拟合函数。

首先我们根据获得的数据绘制出散点图(图5-26)。

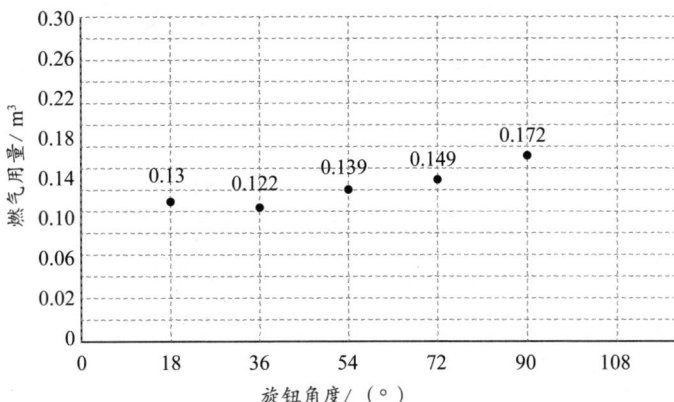

图5-26　燃气灶旋钮角度与燃气用量散点图

之后，我们需寻找一个函数对其进行拟合，不难发现，将散点连接后的曲线可近似看成一条二次函数的曲线，不妨设函数解析式为：$y=x^2+bx+c$，取三对数据即可求出系数，不妨取（18, 0.130）、（36, 0.122）、（90, 0.172），得到函数式为：

$$y=1.9033 \times 10^{-5} x^2 - 1.4722 \times 10^{-3} x + 1.5033 \times 10^{-1}$$

（3）模型求解

求燃气用量最少时的旋钮位置，由二次函数图象的性质可知，当 $x_0 = -\dfrac{b}{2a} = \dfrac{1.4722 \times 10^{-3}}{2 \times 1.9033 \times 10^{-5}} \approx 39°$ 时，这时的用气量最少，大约为0.1218 m^3，即当旋钮旋转到39°的位置时，燃气用量最少，约为0.1218 m^3。

（4）模型检验

①检验分析。

思考4：在整个解题过程中，哪些因素会造成结论的偏差？

偏差可能产生于很多方面，比如实验的方法可能造成记录的数据产生偏差，包括操作性和精确性的误差。又如检测到的数据可能并不能拟合成二次函数，若将度数间隔减小，记录若干组数据，可能会拟合成更为复杂的函数。再如在函数拟合过程中，我们选取了两组数据确定系数，一方面，我们是否选择了最佳的两组数据是存在疑问的；另一方面，这样的方法可能并不合理，有兴趣的同学可自行研究最小二乘法确定拟合函数的系数。

在这里，我们可以先用简单的方法来验证我们的结论（39°时用气最少为

0.1218 m³）是否精确，即将旋钮调至39°监测用气量，如果结论相差很大，特别是大于0.122 m³（实验数据中最小值），那么可以推测最小值点肯定不是39°。这时再做进一步分析，并回到相应的步骤做出调整。

②方案优化。

思考5：请选择一个你能考虑到的误差，对方案做出改进，并对结论完善。

例如：为使拟合的函数更为精确，我们调整旋钮度数的间隔，并进行若干组实验选取每个度数下数据的平均值以减少操作上的误差。

（5）身高体重问题

①实际问题。

一些减肥、健身的场所经常提供一个身高体重对照表，数据较为苛刻，进而吸引顾客去消费。一般情况下认为，体重低于相同身高的体重平均值0.8倍为偏瘦，高于1.2倍为偏胖，一位身高175 cm、体重78 kg的未成年男生体重是否正常？你能否编制一个合理的身高体重对照表。

②模型准备与假设。

利用问卷等方式搜集未成年男性身高和体重的数据。数据见表5-9。

表5-9　未成年男性身高和体重

身高/cm	60	70	80	90	100	110	120	130	140	150	160	170
体重/kg	6.13	7.90	9.99	12.15	15.02	17.50	20.92	26.86	31.11	38.85	47.25	55.05

假设所得数据真实可靠。

③模型建立、求解与检验。

数据表格中身高、体重两个变量存在着某种映射，具有函数关系，如果能求出身高 x 和体重 y 的函数关系，就可以知道身高175 cm的未成年男性的平均体重，进而对其体重情况做出判断。

画出散点图（图5-27），观察点的分布特征，确定函数模型。经小组讨论研究后出现了两种数学模型。

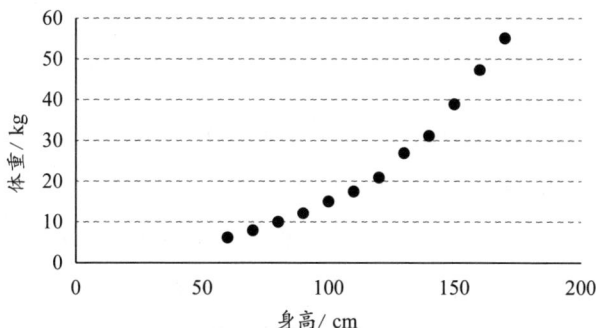

图5-27　未成年男性身高－体重散点图

模型 A：二次函数 $y= ax^2+bx+c$

认为散点分布在抛物线上，建立二次函数模型。代入前三组数据，解出 a=0.002、b=-0.031、c=2.23，解析式：y=0.002x^2-0.031x+2.23。

模型检验：把剩余数据代入模型检验模型优劣。发现当 x=100时，与实际值相差不大，其余相差较大，发现模型并不理想。

模型 B：指数型 $y=a \times b^x$ 或 $y=a^x+b$

认为散点分布在指数函数图象上，建立指数型函数模型，代入两组数据，得出函数解析式，并检验模型优劣。这里除了验证数据外，也可画出函数图象直观感受拟合程度。

经对比分析，选择拟合较好的模型 $y=2 \times 1.02^x$，说明它更能较好地反映未成年男子的体重与身高的关系。

④ 模型应用。

把 x=175代入 $y=2 \times 1.02^x$，算得 $y \approx 63.98$。

5.6.2　数学探究活动

5.6.2.1　内容分析

数学探究活动是围绕某个具体的数学问题，通过开展自主探究、合作探究并最终解决问题的过程。具体表现为：发现和提出有意义的数学问题，猜测合理的数学结论，提出解决问题的思路和方案，通过自主探究、合作探究论证数学结论。数学探究活动是运用数学知识解决数学问题（纯数学问题、真实世界中的数学问题）的一类综合实践活动，是高中阶段数学课程的重要内容，贯穿于整个高中数学课程。

（1）**教学目标**

① 通过数学探究这部分课程内容，学生能够自主地进行数学问题分析，根据已有经验做出合理的猜想，运用适当的方法解决数学问题，最后得出结论。

② 在数学探究活动的过程中，学生能发展数学建模、数学抽象、数据分析、数学运算、逻辑推理和直观想象的数学学科核心素养。

③ 通过数学探究这部分课程内容，学生能提高对数学学习的兴趣，在生活中发现数学问题，并乐于尝试用数学方法解决。增强学好数学的自信心，感受数学在生活中的魅力与影响；养成善于发现、勤于思考、乐于探究的良好的数学学习习惯；不断提高实践能力，认识数学的应用价值等。

（2）**教学重难点**

教学重点：正确理解数学探究活动的意义，掌握数学探究活动的步骤，并能完整的进行数学探究活动；从实际问题中抽象出数学问题，并能建立相应的数学模型来解决问题；完成数学探究活动报告的撰写。

教学难点：理解数学探究活动的意义；从实际问题中抽象出数学问题；利用数学模型解决问题。

5.6.2.2 核心素养解读

《课标（2017年版）》中指出：数学学科核心素养包括数学抽象、逻辑推理、数学建模、直观想象、数学运算和数据分析。这些数学学科核心素养既相互独立，又相互交融，是一个有机的整体。在数学建模活动与数学探究活动中，重点提升数学建模、数学抽象、数据分析、数学运算、逻辑推理和直观想象素养。

数学探究活动的始端是数学问题的提出，学生首先要从实际的生活中抽象得到数学问题，在这个过程中，数学抽象极为重要。数学抽象是数学的基本思想，是形成理性思维的重要基础，反映了数学的本质特征。数学抽象的过程是把握数学本质特征的过程。如在《课标（2017年版）》教学与评价案例中的案例19，将实际测量问题转化为平面上的几何图形的关系，这就是从实际问题到数学问题的一个抽象的过程。

在得到数学问题之后，学生需要进行猜想与验证。猜想与验证的过程，本质上就是数学建模并对数学模型进行求解的过程（图5-28）。在这个过程中，最重要的是培养学生的数学建模素养，学生需要对问题根据已有知识和经验建立相关的数学模型，以课标附录中的案例19 为例，学生既可以用两次测角法（图5-29），也可以用镜面反射法（图5-30）来构造相应的数学模型，并对数学模型进行求解。在对模型进行求解过程中，需要培养学生相关的数学核心素养，例如数学运算、直观想象、逻辑推理、数据分析等。

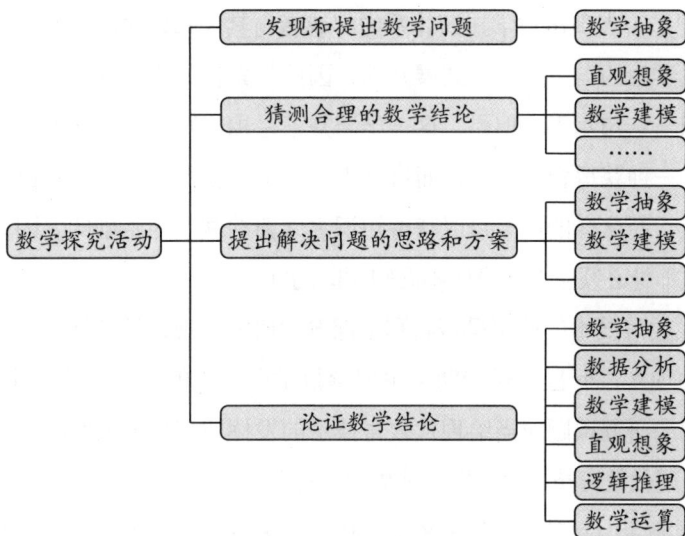

图5-28　数学探究活动

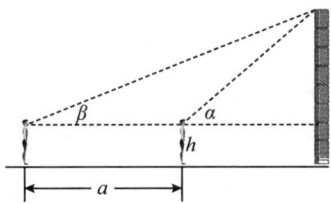

图5-29　两次测角法　　　图5-30　镜面反射法

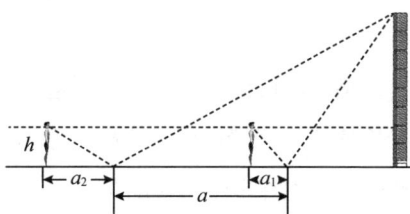

5.6.2.3　教学建议

（1）课题的选择要合理

①课题是否有利于建构一个数学模型。一个有价值的研究性课题，其最终目的不能定位于获得问题的解，而应当是让学生通过这样的学习活动，对数学获得一些新的理解，包括重新认识或者得到一个概念、一种方法、一个观念，或者一

些新的联系与观点。因此，一个有价值的研究性课题应当有利于达到这个目的，简单地说，就是有利于建构一个数学模型。

②课题的解决是否需要学生从事观察、思考、判断与交流等活动。如前所述，研究性课题的学习应当是学生自主与主动参与的活动，因此其活动形式绝不能够是模仿、记忆与练习，而应当是真正的思维性活动，是学生在自我及与他人交流基础上的探索性活动，它必然需要学生去从事观察、思考、判断与交流等活动。

③课题是否表现出数学知识体系内部或者与其他知识之间的联系。研究性课题学习是以学生的自主探索形式展开的，因此其素材的研究基础应是学生当时所具备的知识与认知水平。但是，这一学习并不是相应知识、方法的简单再现或者复习，而是一种获得新知活动，而且学生在这里所获得的主要是对自身已有知识结构的重组，而这样的重组是以获得知识之间新的联系为基础的。因此，他们所研究的课题本身必须包含丰富的不同知识间的联系。

④现代教育技术的使用是否有利于课题的研究。现代教育技术进入我们的课堂已经成为现实，而且它对帮助学生理解数学所带来的积极性作用也是明显的。因此，理想的研究课题应当给现代教育技术的发挥留下足够的空间，使得学生能够通过使用现代教育技术对课题形成更深刻的理解。

⑤课题能否引起学生的探究欲望。由于研究性课题学习是建立在学生自主与主动参与活动基础之上的，因此，所有教学目标的实现都依赖于学生能否主动地介入活动中来。而这一点很大程度上取决于研究课题能否引起学生的探究欲望。相对而言，高中阶段的学生对能够引起认知冲突、能够展现自我认知风格、能够体现自身价值的学习素材更感兴趣。作为一种新的数学学习形式，研究性课题的学习对教师会产生许多不适应的东西——包括自我与学生在学习过程中的角色定位、教学内容与教学方法的选择、学习结果的评价等，但它给我们所带来的教育价值却是巨大的，尤其是在素质教育、创新与实践能力培养方面。因此我们应当以开放的姿态接纳它、研究它、实践它。

（2）在探究过程中注重学生的主体地位

传统的学习方式主要是以教师讲授、学生听讲为主，这种学习方式只关注知识的传授却忽视了学生的内在感受和学生主动建构的重要性。数学探究是学生的一种自主性活动，它注重学生的主体作用，更加强调的是学生的自主建构。教师的"讲"与学生的"做"存在着本质的区别。

在数学探究中，学生首先要明确探究的问题，自己或者和他人合作收集和分析资料，做出假设和论证。探究完毕之后，也可以和其他组进行交流，互相学习不同的方法，获取新的观点和思维方式。在这个探究及交流过程中，学生要主动地建构、修正或者放弃原有的探究思路，另辟新径，从而深化对数学思想方法的理解和认识。在数学探究过程中，学生亲身经历探究数学知识的过程，学习数学知识、技能方法和数学思维，切身体会数学学习的乐趣，领悟数学思想和数学精神[①]。同时，在数学探究中进一步认识数学的价值，体会数学无与伦比的美，感受数学对人类社会和生活的影响与发展。正所谓"言传"要与"身教"相结合，通过数学探究加强了学生的体验，让学生感受到数学就在身边，产生探索数学知识的愿望，形成促进学生数学学习的动力。

（3）在探究过程中要给予学生适度的指导

学生探究区别于科学家探究的关键就在于有教师来指导学生的探究，在学生的探究活动中，教师的指导有着十分关键的作用。在课堂探究活动中，教师是主导者，同时也是学生探究活动的支持者，教师不但要在课前科学合理地预设好整个探究活动的过程，还要在课堂探究活动中对学生进行有效的点拨和调控。只有如此，根据学生探究活动的动态变化情况，教师才能够采用灵活恰当的提问来对学生的探究活动进行有效的引导，进而对学生的探究活动进行准确的定位，以便决定下一步探究活动的方向以及该选择怎样的引导策略，而不至于在探究活动中太过随意导致偏离教学的目标。此外，探究活动的组织形式可以多样化，究竟要选择何种形式必须要根据活动的要求及问题的特点来进行选择。在进行活动时，教师应当多注意观察学生的情况，对于活动中学生表现出来的创新性要及时进行鼓励及表扬。

5.6.2.4　知识拓展

米勒问题是指1471年德国数学家米勒（Joannes Miiller）向诺德尔（Christion Roder）教授提出了一个十分有趣问题：在地球表面的什么部位，一根垂直的悬杆

---

① 苏洪雨.基于问题设计的数学微探究评价体系构建 [J].数学教育学报，2019，28（1）：19-24.

呈现最长（即可见角最大）？

答案：以悬杆的延长线和水平地面的交点为圆心，悬杆两端点到地面的距离的积的算术平方根为半径在地面上作圆，则圆周上的点对悬杆的视角最大。

在米勒的家乡哥尼斯堡，称这个问题为雷格蒙塔努斯（Regiomontanus Johannes）极大值问题，此问题由于其为世界数学史上100个著名极值问题的第一个问题而引人注目。

米勒问题不仅在实际生活中应用十分广泛（如欣赏一幅画的最佳角度、沿边线踢足球的最佳射门点等），而且在高考、竞赛中屡屡出现。

雷格蒙塔努斯（Regiomontanus Johannes），又名 J. 米勒（John Müller），1436年6月6日生于柯尼斯堡（今属立陶宛），1476年7月6日卒于罗马。早年就学于莱比锡大学。他是德国数学家、天文学家，曾翻译、注释并出版了托勒密、阿波罗尼奥斯、阿基米德和海伦等希腊数学家的著作。

关于雷格蒙塔努斯的早期生活人们知道的不多，他12岁以前在家中受教育，然后去莱比锡学习。1450年4月14日在维也纳大学注册，开始跟随波伊巴赫（G. Peuerbach）教授学习天文学。雷格蒙塔努斯于1452年1月16日获得学士学位，这时他才15岁。但由于该大学的规章制度，他直到21岁才得到硕士学位。1457年11月11日，他受聘为维也纳大学教员，从而成为波伊巴赫的学生和同事。在雷格蒙塔努斯的一生中，波伊巴赫对他的影响最大。波伊巴赫曾在意大利讲授数学，之后定居维也纳并使该大学成为当时欧洲数学的中心之一。他写过一本算术书和许多天文学著作，其中大部分直到他去世后才出版。波伊巴赫最先认识到年轻的雷格蒙塔努斯的天才，他非常欣赏雷格蒙塔努斯对天文学的热爱，并极其认真地教育他。雷格蒙塔努斯从行星理论学起，逐渐掌握了托勒密的天文学说. 他还试图掌握一切对天文学有用的知识，努力钻研几何学、算术与三角学，为他以后的发展打下了基础。雷格蒙塔努斯翻译、注释并出版了托勒密、阿波罗尼奥斯、阿基米德和海伦等希腊数学家的著作。这些工作对欧洲数学的发展起了重要的推动作用。

1460年5月5日，神圣罗马教皇的使节贝萨里翁（C. Bessa-rion）到达维也纳，经过波伊巴赫的介绍，他成为第二个对雷格蒙塔努斯的一生产生重要影响的人物。贝萨里翁不仅是教皇的一位成功的外交家，而且也是一位有造诣的学者，尤其在天文学方面。他的母语是希腊语，又精通拉丁文，他热衷于向使用拉丁文的西方知识界介绍古希腊经典作家的著作，力劝波伊巴赫将托勒密的《天文学大成》（*Almagest*）缩写成拉丁文出版，使之"更简明易懂"，因为托勒密原著的语言晦涩，思想深奥。当时维也纳大学并不教授希腊语，波伊巴赫也未掌握这门语言，他利用12世纪克雷莫纳的杰拉德（Gerard of Cremona）的拉丁文本勉力译到第6卷便于1461年4月8日去世了，临终前他请求雷格蒙塔努斯继续完成这项工作。为了实现波伊巴赫的遗愿，雷格蒙塔努斯开始努力学习希腊语，由于有贝萨里翁的指导，他在较短的时间里便熟悉了这门语言。1461年11月20日他跟随贝萨里翁到达罗马。在这期间他阅读了贝萨里翁提供给他的一些希腊文科学著作。根据记载，1463年4月28日之前雷格蒙塔努斯便完成了《天文学大成》的缩写，名为《概论》（*Epitome*）。他把波伊巴赫和自己合作完成的这本著作题献给了贝萨里翁，但直到1496年8月31日该著作才得以出版，这已是雷格蒙塔努斯去世后20年了。

在罗马期间，雷格蒙塔努斯广交学者，尤其是那些熟悉希腊文的人，同时又忙于天文观测，收集珍本图书（包括希腊文和拉丁文的），有很大收获。1463年7月5日贝萨里翁作为教皇特使赴威尼斯共和国，雷格蒙塔努斯同行。1464年春天，雷格蒙塔努斯在帕多瓦（当时在威尼斯共和国统治之下）大学演讲，内容是关于9世纪穆斯林科学家法汉尼（Farghànì）的工作。他在这次演讲中声称自己读过所有拉丁文和希腊文的经典学术著作。1464年4月2日的月食之后，他离开帕多瓦赴威尼斯等候贝萨里翁，正是在这里的5—6月间他完成了《论各种三角形》（*De Triangulis Omnimodis*）一书。他将该书题献给了贝萨里翁，这是雷格蒙塔努斯最重要的著作，但直到1533年才首次出版。此外，他还在威尼斯撰写了一篇对话，其内容是关于行星理论的。

1467年，雷格蒙塔努斯接受匈牙利国王的邀请来到布达佩斯，在当时的皇家天文学家 M. 贝利卡（Martin Bylica）的协助下编制了他的《方位表》（*Tables of Directions*）。1468年，他在布达佩斯计算了一张正弦表（取 sin 90° =107）。1471年，他离开匈牙利来到纽伦堡，在那里建立了一个印刷所，以便出版科学著作，从而成为最早出版天文学与数学著作的人之一。可能是1476年1月第伯河决口之后横扫罗马城的一场瘟疫夺去了雷格蒙塔努斯的生命；对于他死因的另一种说法是，因他宣称要纠正乔治（Geroge of Trebizond）天文学著作中的错误，对方怀恨在心，导致乔治之子将他毒死。1476年7月6日，雷格蒙塔努斯卒于罗马。

　　1472年，雷格蒙塔努斯利用自己的观象台完成了对一颗彗星的观测，十分精确，200年后被判明就是哈雷彗星。

第6章　基于新高考的数学教学建议

6.1　新高考下的数学教学建议

2021年全国Ⅰ卷和2022年全国Ⅰ卷的命题注重数学基础考查的同时考查学生理解数学的水平，考查学生的数学学科核心素养和创新意识；作为过渡期的试题命题，承担着承前启后的重任，而高考改革创新的步伐会越来越坚定，这就需要我们在数学教学中进行适当调整，从而适应新高考。从广东考生的数学答题分析，我们也发现当前数学教学存在的问题，例如，学生对概念理解不清晰，代数运算能力不高，缺乏思维的灵活性，等等。因此，根据高考试题和学生答卷情况，我们提出下面六点教学建议。

（1）教学回归数学本质，注重数学学习过程

现象是事物的外部联系，是本质的表层呈现，具有丰富性、多样性和表面性的特征，由感觉器官即能感知；本质是事物的内部联系，是现象的深层结构，能决定事物的性质和发展的趋向，具有单一性、稳定性和深刻性的特征，需要思维才能把握。从此次高考试题可以发现，考查数学的基本概念、原理、方法等将是一个重要的方向，命题者尽量避免考查学生表面的数学形式，更加重视数学本质的考查；另外，从学生答卷可以发现，很多学生的错误都是对概念、定理的理解偏差，只重视问题的表面，不理解数学的本质。所谓数学本质，张奠宙先生认为主要是数学知识的内在联系，数学规律的形成过程，数学思想方法的提炼，数学理性精神的体验。因此，数学教学体现数学本质就是要揭示知识的内在联系，让学生理解数学概念、命题的形成过程，掌握相关的数学思想方法，经历"做数学"再创造的过程。例如函数的概念，其本质是数集之间的对应关系，是一类特殊的"映射"，那么学生学习函数必须理解"对应"的概念，与此紧密相连的还有集合、定义域、值域等，而其重要的思想就是"对应思想"，"函数思想"是建立在此基

础上的，通过解决相关的问题，让学生建立函数概念，理解对应思想。通过函数概念教学"再创造"，帮助学生理解函数的本质特征，掌握函数思想和方法，这必然会提升学生的数学学科核心素养。

回归数学本质的教学必须注重学生的数学学习过程，提高学生的数学思维水平。

首先，在数学概念、定理、公式、命题等学习过程中，注重形象思维、逻辑思维、分析思维等多种思维方式的培养，提高学生的数学抽象、逻辑推理、数学运算、直观想象、数据分析等关键能力。例如，在集合的概念和性质学习中，通过直观，让学生感知集合的概念和运算过程，抽象出集合的定义、运算法则，建立集合运算的推理原则，形成关于集合的知识体系和认知结构，并能够和其他数学领域的知识（不等式、方程、函数、几何等）建立联系。

其次，在问题情境中，发现其中蕴含的数学关系，用数学的眼光找到合适的研究对象，用恰当的数学语言予以表达，并运用数学思维进行分析，提出数学问题；能够借助图形探索解决问题的思路；能够在得到的数学结论基础上形成新命题。问题情境是多方面的，可以是数学情境，例如，基本的数学习题；也可以是现实情境或科学情境，例如，以生活背景或者科学情境设计的问题。无论是哪种类型的问题情境，要注重习题的层次性，由浅入深，帮助学生在掌握知识技能的同时，进一步感悟数学的基本思想，积累数学思维的经验；思考题要关注情境和问题的创设，有利于学生理解数学知识的本质，提升数学学科核心素养。

最后，在数学建模和探究中，经历发现数学关联、提出数学问题、构建数学模型、完善数学模型、得到数学结论、说明结论意义的全过程。发现、提出问题和数学关联是数学抽象的过程，是形成理性思维的重要基础，反映了数学的本质特征，贯穿在数学产生、发展、应用的过程中。运用数学的逻辑推理得到数学结论，构建数学体系，是数学思维严谨性的基本保证，是学生在数学活动中进行交流的基本思维品质。直观想象是发现和提出问题、分析和解决问题的重要手段，是探索和形成论证思路、进行数学推理、构建抽象结构的思维基础。通过运算促进数学思维发展，形成规范化思考问题的品质，养成一丝不苟、严谨求实的科学精神。数据分析则是获取有价值信息并进行定量分析的意识和能力；适应数字化学习的需要，增强基于数据表达现实问题的意识，形成通过数据认识事物的思维品质；积累依托数据探索事物本质、关联和规律的活动经验。

（2）加强数学"四基"训练，培养学生关键能力

当前，数学教学还是倾向于表面的方法传授，以训练学生的数学基础知识和基本技能为主，但是在培养学生基本的数学思想和数学活动经验方面存在不足，在落实"四基"方面都存在着一些问题，与"四基"关联的知识部分的教学、提高技能的教学设计、培养数学思维能力的意识等方面，各自存在着问题。"四基"教学的不足导致学生仅仅记住了相关的数学名词或公式，但是没有掌握数学思维方法，没有形成数学关键能力。

基本的数学思想对数学事实与理论经过概括后产生的本质认识，是现实世界的空间形式和数量关系反映到人们的意识之中，经过思维活动而产生的结果。数学思想是数学教学的核心和精髓，数学教学中应该努力反映和体现数学思想，让学生体会和领悟数学思想，提高数学素养。数学思想也是数学本质的体现，在数学教学中，在学生熟练掌握基础知识和基本技能的同时，要让学生领悟数学思想，提炼数学思想，并运用数学思想学习新的数学知识和方法，训练数学思维，提高数学能力。

基本活动经验是指学生亲自或间接经历了活动过程而获得的经验。基本活动经验是个体在经历了具体的学科活动之后留下的具有个体特色的内容，既可以是感觉知觉的，也可以是经过反省之后形成的经验。数学教学是数学活动的教学，教师的教学应该体现数学活动的过程，并鼓励学生参与课堂，体验数学，经历数学发现、发生的过程，渗透基本数学思想，训练基本技能，掌握基础知识。在教学中，避免仅仅开展基础知识、基本技能训练，在学习数学概念、进行问题解决中，例如解决数列或者函数问题，学生必然经历数学活动过程，通过研究特殊的数列或函数，探析函数的共性或者数列的通项，从而形成建模、化归、数形结合等思想方法，提高数学建模、抽象、直观想象能力。

（3）关注高考数学改革，把握复习备考方向

在高考改革的新时期，我们要时刻了解政策的实质，学习相关的文件，从而把握高考复习备考的方向。例如，在2021年2月，教育部发布的教学〔2021〕1号文《教育部关于做好2021年普通高校招生工作的通知》中，明确指明了深化考试内容改革。2021年新高考命题要坚持立德树人，加强对学生德智体美劳全面发展的考查和引导。要优化情境设计，增强试题开放性、灵活性，充分发挥高考命题的育人功能和积极导向作用，引导减少死记硬背和"机械刷题"现象。

在高考数学复习中，我们主要依据的就是《课标（2017年版）》和《中国高考评价体系》，课程标准给出了考查的范围，并提出了基本的要求，虽然比以往的《考试大纲》复杂，但是在课程理念、教学建议、高考命题建议等方面都有明确的指导意见，尤其是高考命题方面，提出考查内容应围绕数学内容主线，聚焦学生对重要数学概念、定理、方法、思想的理解和应用，强调基础性、综合性；注重数学本质、通性通法，淡化解题技巧；融入数学文化。应有一定数量的应用问题，还应包括开放性问题和探究性问题，重点考查学生的思维过程、实践能力和创新意识，适度增加试题的思维量；关注内容与难度的分布、数学学科核心素养的比重与水平的分布；努力提高试卷的信度、效度和公平性。这对于高考复习备考有着一定的参考价值，也是未来高考的命题方向。而高考评价体系从具体的命题操作方面给出了思想与方法，这有助于我们了解未来高考试题的命题基础与策略。

（4）文理不分科的数学，既重通法又有区分

文理不分科是新高考命题的方向，为数学教学提出了挑战，不同数学层次的学生面对同一份试题，如何合理应对，并开展有效的复习呢？

针对新高考试题的特点，既要重视试题的基础性、通性通法，又要注意到试题的梯度和有效区分。对于试题的基础性我们在前面已有叙述，那么什么是通性通法？章建跃先生认为，"通性"就是概念所反映的数学基本性质，"通法"就是概念所蕴含的数学思想和方法[1]。王明山、郤日昶两位教师认为：师生熟知、核心可广泛应用、明确的知识结论称通性；在知识结构相对稳定的时期内，由通性自然得到的，能解决一类问题的普通方法称通法[2]。在高三复习备考中，教师要整理高中数学中每个专题内容中的"通性通法"，帮助学生掌握数学基本性质，理解数学思想和方法，熟练运用常用的解题方法，为学生的专题复习指明方向；另外，避免学生通过刷题掌握"通性通法"，学生组织归纳能力有限，疲于奔命的刷题只

---

① 章建跃.注重通性通法才是好数学教学[J].中小学数学（高中版），2011（11）：50.

② 王明山，郤日昶.高中数学通性通法界定探究[J].数学教学研究，2015，34（7）：32-37，41.

会让学生脑海中的碎片堆积得更多更快。不得当的、太过强势的重复刷题，使学生形成思维定式。思维定式在应对熟悉问题情境时有效，但不利于变通。

在复习过程中，关注对数学知识脉络的完整性的考查，做好复习的节奏及问题梯度设置，提升学生的数学关键能力。学生在复习中，对于数学知识要有整体观念，注重数学的联系，建立系统的知识结构；遇到问题能够展开联想，从不同层次思考，能够深入浅出，稳扎稳打，从而能够快速思考，获得解决问题的方向。

（5）合理适量选择问题，掌握策略防止套路

在复习备考中，选择合适的数学问题进行教学是至关重要的，同时学生所做的题目也要适量，过多过少都会影响复习的效果。在解题中，要掌握数学解题的策略，而不是解题的套路，套路容易导致思维的僵化，当面对新问题的时候，思维僵化的学生将"一筹莫展"。

选择合适的问题进行解题可以结合微专题整卷练习相结合的方式。对于整卷练习，建议以"四翼"为命题基本维度，调整日常的测验、考试命题维度。微专题的设计可以是知识板块专题（第一轮复习常用）；通性通法专题（重点突破）；关键能力提升的专题；针对题型的专题；针对学生学习痛点的专题：符号运算能力提升专题、概念理解专题、数学阅读专题，等；拔尖学生专题：数学建模问题专题、探索创新性问题专题。

在解题策略方面，学会审题，能够把文字、符号、图形转换，提升数学阅读能力。理解算法，选择有助提升符号运算能力的专题，在运算有效性上下功夫。欣赏通性通法的优点，促进通性通法的内化，而不是陷入解题技巧或仅仅套路化。在例题之后，练习题、测试题适量选择对学生而言是基于新模型或针对学生学习的薄弱的题目，教学上多使用最自然的问题解决办法（虽然不一定是最优的方法），提高分析问题能力。练习"小题小做"技巧，在提高解题速度上下功夫。另外，重视应用性和创新性。随着高考改革的稳步推进，对这两个维度的考查会逐步加强，并逐步落实到每套试题"四翼"考查维度全覆盖，使应用性、创新性考查真正成为区分人才层次选拔的"特征量"。关于这两个维度的备考应对，有以下两点建议：以数学建模片段题的方向设计生活实践问题情境，不应停留在传统应用题；以胜任新知识学习、具备基本数学探究发现能力的方向设计学科探索问题情境。

（6）学会规范解题方法，形成良好答题习惯

从学生的答卷可以发现，很多学生解题不规范，书写潦草。因此，在复习备考中，要提高学生数学语言的规范性，以及数学表述的逻辑性和清晰性。还有的学生习惯省略步骤，不习惯作图，这些对于解答的规范性和完整性都会有影响。这也要求教师在课堂教学中，要以规范的数学书写为学生进行示范，避免误导学生使用简写或者自己创造的符号。

6.2　评价建议的理念与实施

数学教学评价应以课程目标、课程内容和学业质量标准为基本依据，日常教学活动评价，要以教学目标的达成为依据。评价要关注学生数学知识技能的掌握，还要关注学生的学习态度、方法和习惯，更要关注学生数学学科核心素养水平的达成。教师要基于对学生的评价，反思教学过程，总结经验、发现问题，提出改进思路。因此，数学教学活动的评价目标，既包括对学生学习的评价，也包括对教师教学的评价。

6.2.1　评价建议的理念

评价的目的是考查学生学习的成效，进而也考查教师教学的成效。通过考查，诊断学生学习过程中的优势与不足，进而诊断教师教学过程中的优势与不足，通过诊断，改进学生的学习行为，进而改进教师的教学行为，促进学生数学学科核心素养的达成。2001 年的课程改革提出了新的评价策略：重视发展，淡化甄别与选拔，实现评价功能的转化；重视综合评价关注个体差异，实现评价指标的多元化；强调参与互动、自评与他评相结合，实现评价主体的多元化；注重过程，终结性评价与形成性评价相结合，实现评价重心的转移。在评价方法上提出采用成长记录袋、学习日记、情景测验、行为观察和开放式考试等。然而，十多年的实践证明，这样的评价理念并没有落实到位[①]。

数学教育评价以课堂评价为中心，重点评价学生的数学核心素养发展。教学评价是数学教学活动的重要组成部分。评价应以课程目标、课程内容和学业质量

---

① 喻平.基于核心素养的高中数学课程目标与学业评价 [J].课程·教材·教法，2018（1）：80-85.

标准为基本依据，日常教学活动评价，要以教学目标的达成为依据。

6.2.2　基于数学核心素养的教学评价

（1）重视学生数学学科核心素养的达成

教学评价要以数学学科核心素养的达成作为评价的基本要素。

基于数学学科核心素养的教学要创设合适的教学情境、提出合适的数学问题。在设计教学评价工具时，应着重对设计的教学情境、提出的问题进行评价。评价内容包括情境设计是否体现数学学科核心素养，数学问题的产生是否自然，解决问题的方法是否为通性通法，情境与问题是否有助于学生数学学科核心素养的达成。基于数学学科核心素养的教学评价具有挑战性，可以采取教研组集体研讨的方式设计评价工具和评价准则。

在设计学习评价工具时，要关注知识技能的范围和难度，要有利于考查学生的思维过程、思维深度和思维广度（例如，设计好的开放题是行之有效的方法），要关注六个数学学科核心素养的分布和水平；应聚焦数学的核心概念和通性通法，聚焦它们所承载的数学学科核心素养。

（2）重视评价的整体性与阶段性

基于学业质量标准和内容要求制定必修、选择性必修和选修课程的评价目标，关注评价的整体性。

数学学科核心素养的达成是循序渐进的，基于内容主线对数学的理解与把握也是日积月累的。因此，应当把教学评价的总目标合理分解到日常教学评价的各个阶段，关注评价的阶段性。既要关注数学知识技能的达成，更要关注相关的数学学科核心素养的提升；还应依据必修、选择性必修和选修课程内容的主线和主题，整体把握学业质量与数学学科核心素养水平。

对于基于数学学科核心素养的教学评价，建立一个科学的评价体系是有必要的，学校可以组织教师与有关人员，进行专门的研讨，积累经验，特别是积累通过阶段性评价不断改进教学活动的经验，最终建立适合本学校的科学评价体系。

（3）重视过程评价

日常评价不仅要关注学生当前的数学学科核心素养水平，更要关注学生成长和发展的过程；不仅要关注学生的学习结果，更要关注学生在学习过程中的发展和变化。学生的知识掌握、数学理解、学习自信、独立思考等是随着学习过程而变化和发展的，只有通过观察学生的学习行为和思维过程，才能发现学生思维活动的特征及教学中的问题，及时调整学与教的行为，改进学生的学习方法和思维习惯。此外，教师还要注意记录、保留和分析学生在不同时期的学习表现和学业成就，跟踪学生的学习进程，通过过程评价使学生感受成长的快乐，激发其数学学习的积极性。

（4）关注学生的学习态度

良好的学习态度是学生形成和发展数学学科核心素养的必要条件，也是最终形成科学精神的必要条件。在日常评价中应把学生的学习态度作为教学评价的重要目标。

在对学生学习态度的评价中，应关注学生的主动学习、认真思考、善于交流、集中精力、坚毅执着、严谨求实等方面。与其他目标不同，学习态度是随时表现出来的、与心理因素有关的，又是日积月累的、可以变化的。在日常教学活动中，教师要关注每一个学生的学习态度，对于特殊的学生给予重点关注。可以记录学生学习态度的变化与成长过程，从中分析问题，寻求解决问题的办法。

促使学生形成良好的学习态度，不仅需要对学生提出合适的要求，还需要教师的引导与鼓励、同学的帮助与支持，更需要良好学习氛围的激励与熏陶、数学教师与班主任以及其他学科教师的协同努力。

6.2.3 评价方式的开放性

教学评价的主体应多元化，评价形式应多样化。评价主体的多元化是指除了教师是评价者之外，同学、家长甚至学生本人都可以作为评价者，这是为了从不同角度获取学生发展过程中的信息，特别是日常生活中关键能力、思维品质和学习态度的信息，最终给出公正客观的评价。合理利用这样的评价，可以有针对性地、有效地指导学生进一步发展。在多元评价的过程中，要重视教师与学生之间、教师与家长之间、学生与学生之间的沟通交流，努力营造良好的学习氛围。

评价形式的多样化是指除了传统的书面测验外，还可以采用课堂观察、口头测验、开放式活动中的表现、课内外作业等评价的形式。这是因为一个人形成的思维品质和关键能力通常会表现在许多方面，需要通过多种形式的评价才能全面反映学生数学学科核心素养的达成状况。

在日常评价中，可以采用形成性评价的方式。在本质上，形成性评价是与教学过程融为一体的。在教学过程中，教师既要获取学生的整体学习情况，也要关注个别学生的学习进展，在评价反思的同时调整教学活动，提高教学质量。基于数学学科核心素养的教学，在形成性评价的过程中，不仅要关注学生对知识技能掌握的程度，还要更多地关注学生的思维过程，判断学生是否会用数学的眼光观察世界，是否会用数学的思维思考世界，是否会用数学的语言表达世界。

在数学建模活动与数学探究活动的教学评价中，应引导每个学生都积极参加，可以是个体活动，也可以是小组活动。教学活动既包括对于给出的问题情境，经历发现数学关联、提出数学问题、构建数学模型、完善数学模型、得到数学结论、说明结论意义的全过程；也包括根据现实情境，反复修改模型或者结论，最终提交研究报告或者小论文。无论是研究报告还是小论文，都要阐明提出问题的依据、解决问题的思路、得出结论的意义，遵循学术规范，坚守诚信底线。可以召开小型报告会，除了教师和学生之外，还可以邀请家长、有关方面的专家，对研究报告或者小论文做出评价。可以把学生完成的研究报告或者小论文以及各方评价存入学生个人档案，为大学招生提供参考。

6.2.4 评价结果的呈现与利用

评价结果的呈现和利用应有利于增强学生学习数学的自信心，提高学生学习数学的兴趣，使学生养成良好的学习习惯，促进学生的全面发展。应更多地关注学生的进步，关注学生已经掌握了什么，得到了哪些提高，具备了什么能力，还有什么潜能，在哪些方面还存在不足等。

要尽量避免终结性评价的"标签效应"——简单地依据评价结果对学生进行区分。评价的结果应该反映学生的个性特征和学习中的优势与不足，为改进教学的行为和方式、学习的行为和方法提供参考。

教师要充分利用信息技术，收集、整理、分析有关反映学生学习过程和结果的数据，从而了解自己教学的成绩和问题，反思教学过程中影响学生能力发展和素养提高的原因，寻求改进教学的对策。

除了考查全班学生在数学学科核心素养上的整体发展水平外，更需要根据学生个体的发展水平和特征进行个性化的反馈，特别是要以适当的方式将学生的一些积极变化及时反馈给学生。个性化的评价反馈不仅要系统、全面、客观地反映学生在数学学科核心素养发展上的成长过程和水平特征，更要为每个学生提供长期、具体、可行的指导和改进建议。

6.3　基于数学核心素养的考试命题

6.3.1　命题原则分析

命题应依据学业质量标准和课程内容，注重对学生数学学科核心素养的考查，处理好数学学科核心素养与知识技能的关系，要充分考虑对教学的积极引导作用。在传统评分的基础上，可以根据解题情况对学生的数学学科核心素养水平的达成进行评价。

考查内容应围绕数学内容主线，聚焦学生对重要数学概念、定理、方法、思想的理解和应用，强调基础性、综合性；注重数学本质、通性通法，淡化解题技巧；融入数学文化。

命题时，应有一定数量的应用问题，还应包括开放性问题和探究性问题，重点考查学生的思维过程、实践能力和创新意识，问题情境的设计应自然、合理。开放性问题和探究性问题的评分应遵循满意原则和加分原则，达到测试的基本要求视为满意，有所拓展或创新可以根据实际情况加分。在命制应用问题、开放性问题和探究性问题时，要注意公平性和阅卷的可操作性。

在高中毕业的数学学业水平考试与数学高考的考试命题中，要关注试卷的整体性。处理好考试时间和题量的关系，合理设置题量，给学生充足的思考时间；逐步减少选择题、填空题的题量；适度增加试题的思维量；关注内容与难度的分布、数学学科核心素养的比重与水平的分布；努力提高试卷的信度、效度和公平性。

除了上述要求外，数学高考命题还应依据人才选拔要求，发挥数学高考的选拔功能。

6.3.2　考试命题路径分析

基于数学学科核心素养的考试命题，应注意以下几个重要环节。

① 构建数学学科核心素养的评价框架。依据数学学科核心素养的内涵、价值和行为表现的描述，参照学业质量的三个水平，构建基于数学学科核心素养测试的评价框架。评价框架包括三个维度：

第一个维度是反映数学学科核心素养的四个方面，它们分别为情境与问题、知识与技能、思维与表达、交流与反思；

第二个维度是四条内容主线，它们分别为函数、几何与代数、概率与统计、数学建模活动与数学探究活动；

第三个维度是数学学科核心素养的三个水平。

② 依据评价框架，统筹考虑上述三个维度，编制基于数学学科核心素养的试题，每道试题都有针对性地考查重点。

③ 对于每道试题，除了给出传统评分标准外，还需要给出反映相关数学学科核心素养的水平划分依据。

6.3.3 相关样题分析

在命题中，选择合适的问题情境是考查数学学科核心素养的重要载体。情境包括显示情境、数学情境、科学情境，每种情境可以分为熟悉的、关联的、综合的。数学问题是指在情境中提出的问题，从学生认识的角度分为简单问题、较复杂问题、复杂问题。这些层次是构成数学学科核心素养水平划分的基础，也是数学学科核心素养评价等级划分的基础。

对于知识与技能，要关注能够承载相应数学学科核心素养的知识、技能，层次可以分为了解、理解、掌握、运用以及经历、体验、探索。在命题中，需要突出内容主线和反映数学本质的核心概念、主要结论、通性通法、数学应用和实际应用。

在命题中，应特别关注数学学习过程中思维品质的形成，关注学生会学数学的能力。

2022年全国Ⅰ卷是广东第二次使用文理不分科的数学试题，继承了2021年全国Ⅰ卷以及往年全国卷试题的优点，并进行了适当调整，保留多选题，删减一题两空的题型。试题兼顾文理考生数学学习的特点，注重基础性的考查和问题解决的通性通法，强调数学本质，适度考查数学应用和创新，提升题目的区分度；但也存在计算量过多的不足。

（1）**注重基础，重视综合**

题目重视考查学生对基础知识、基本技能和基本的数学思想掌握情况；同时，适当设计问题的梯度，重视综合，对学生的数学学科核心素养合理评价。

例如，单选题的集合、复数、向量、概率统计等基本问题属于基础性问题，第4题考查台体体积的计算，难度不大，但是向考生渗透数学文化，后两道题目难度相对较大，特别是第7题，可以通过构造函数→判断函数单调性→取值比较函数值大小，其本质为高等数学知识——泰勒展开式的简单应用，向学生渗透"高观点"内容与思想。

7. 设 $a=0.1e^{0.1}$，$b=\dfrac{1}{9}$，$c=-\ln 0.9$，则（   ）

A. $a < b < c$ B. $c < b < a$ C. $c < a < b$ D. $a < c < b$

多选题的第9题考查异面直线所成角及线面所成角的简单计算，第10、11、12题难度逐渐增加，特别考查逻辑推理、数学运算的核心素养，同时隐含了函数与导数（抽象函数与一般函数）、平面几何等知识。

又如，填空题第13题为简单二项展开式系数的计算；第15题为导数的简单应用，涉及数学运算、逻辑推理的核心素养，难度中等；第14题和第16题较为综合，其中第14题为开放性问题，包含三个答案，考生可根据两圆的位置关系直观得到其中一条公切线为 $x=-1$，根据圆心到切线距离为半径计算出另外两条公切线，或是根据二级结论（两个圆外切时，两个圆的方程相减即为公切线方程）计算，体现了数形结合的思想，本题蕴含了丰富数学思维，给不同水平的考生提供了多层次的思考空间，在考查思维的灵活性和深刻性方面具有很好的选拔功能；第16题综合考查椭圆的定义及焦点弦的计算。

14. 写出与圆 $x^2+y^2=1$ 和 $(x-3)^2+(y-4)^2=16$ 都相切的一条直线的方程 _____。

16. 已知椭圆 $C:\dfrac{x^2}{a^2}+\dfrac{y^2}{b^2}=1(a>b>0)$，$C$ 的上顶点为 A，两个焦点为 F_1、F_2，离心率为 $\dfrac{1}{2}$。过点 F_1 且垂直于 AF_2 的直线与 C 交于 D、E 两点，$|DE|=6$，则 $\triangle ADE$ 的周长是 _____。

再如，在解答题中，第一小问相对比较基础，但是考查能力，例如，根据等差数列定义及前 n 项和 S_n 与通项 a_n 的关系求通项公式、两角和与差的正弦、余弦公式、等体积法求点到平面的距离、独立性检验、直线斜率关系、导数与函数最值等；第二小问则具有一定的数学深度和高度，考查考生思维的深刻性、严谨性、广阔性等，考生要理解相关的数学思想，例如函数与方程思想、化归思想、概率思想、数形结合思想等，同时，能够运用转化、构造等方法解决问题。这样的命题设计，不仅让学生能够较好地理解问题，同时又要进行多角度地探究，严谨细致地推导、准确地运算才能解决问题；既考查文理不同倾向的学生的数学基础情况，又能对他们进行合理区分，有利于人才的选拔。

（2）优化题型，强化梯度

在2022年全国Ⅰ卷中，比较合理地设计了多选题这一新题型。基于这些设计，在考查数学知识和关键能力方面，强化了试题的梯度，从而能够使不同水平的学生获得不同的分数，提高学生的得分率，有助于学生更好地发挥数学潜能。

例如，多选题第11题，题目的已知清晰简单，选项 A 和 B 为同一层次的问题，都是基于抛物线方程的简单计算，选项 C 和 D 为更高层次的问题，考查抛物线中弦长的计算及大小比较。这两个梯度对于不同的考生有着不同的要求，考查学生数学运算和逻辑推理的数学素养。

11. 已知 O 为坐标原点，点 $A(1,1)$ 在抛物线 $C: x^2=2py(p>0)$ 上，过点 $B(0,-1)$ 的直线交 C 于 P、Q 两点，则（　　　）

A. C 的准线为 $y=-1$　　　　B. 直线 AB 与 C 相切

C. $|OP|\cdot|OQ|>|OA|^2$　　　D. $|BP|\cdot|BQ|>|BA|^2$

不仅是新题型的问题有着梯度的划分，在解答题中，第一小问和第二小问也有着比较清晰的梯度。一般地，第一小问都是考查最基本的数学概念、原理或方法，第二小问考查的数学思维层次加深，综合考查考生的数学核心素养。

（3）淡化形式，注重本质

从2022年全国Ⅰ卷整体分析，命题的形式比较平实，都是学生日常练习过的类型，多选题也已经在2021年新高考卷中出现过；而解答题也没有超出学生的预期，数列、概率统计、三角函数、立体几何等依然是解答题的主要内容，解析几何和导数的应用问题作为最后的压轴。

尽管试题形式比较常规，但是试题重点考查了数学的本质，通过这些问题的考查，也恰恰体现了学生数学学习的薄弱环节，也揭示了数学教学的不足之处。

新高考数学Ⅰ卷试题除了保留多选题、删减了一题两空的题型外，其他题目在形式上与往年的高考题没有太大区别，都是学生比较熟悉的"类型"。在考查概念、原理和方法方面，2022年新高考试题考查了数学本质问题，如单项选择题第8题，题目设问简单，考点为球的内接正四棱锥的体积，看似比较常规，但是却隐含多个概念问题，例如，球的体积、正四棱锥的性质及体积、球的内接多面体的性质等，解答此题，需要学生具备一定的直观想象素养，结合图形获取信息，此外，还涉及函数与导数的知识，利用导数求函数的极值与最值，是一道比较综合的立体几何问题。

2022年全国Ⅰ卷多选题第12题，本题考查抽象函数的性质——奇偶性和对称性，导数的概念以及它们之间的联系，题干清晰简洁，但需要学生对函数的性质有较深刻的理解，需具备较强的数学抽象、直观想象、逻辑推理素养。填空题的第13题和第14题，一个是考查二项展开式的系数，另一个是曲线的切线问题。

12. 已知函数 $f(x)$ 及其导函数 $f'(x)$ 的定义域均为 $\mathbf{R}$，记 $g(x)=f'(x)$，若 $f\left(\dfrac{3}{2}-2x\right)$、$g(2+x)$ 均为偶函数，则（　　　　）。

A. $f(0)=0$　　　　B. $g\left(-\dfrac{1}{2}\right)=0$　　　　C. $f(-1)=f(4)$　　　　D. $g(-1)=g(2)$

解答题中数列、解三角形和概率统计等，都是以常见的题型命题，考查的却是问题的本质。例如，第20题概率统计问题，此题以生活情境为载体，问题不难理解，第一小问为简单的独立性检验问题，而第二小问为条件概率问题，看似比较简单，但是本题的考查方式与往常试题的简单计算有所不同，本题要求学生证明条件概率的等式，为学生制造了解题障碍，但是试题的本质还是条件概率的计算。

（4）情境合理，阅读适当

高考评价体系中的"四层"考查内容和"四翼"考查要求，是通过设计问题情境为载体来实现的。合适的情境可以有效地考查学生的数学基础、应用和创新。2022年试题中的情境设计合理，体现了学习情境、探索创新情境、生活实践情境。数学学科有着与其他学科显著的不同，那就是高度的抽象性，过于复杂的情境可能干扰考查学生的数学理解，不一定能够评测学生的数学学科核心素养。除了第4题和第20题两个具有一定特殊性的生活实践情境的试题外，其他都是学生熟悉的学习、探索情境,这有助于学生正确理解问题。

试题在数学阅读方面也适当降低了复杂性,学生能够比较快速地读懂问题,并且转化为数学语言,表征为数学符号。 阅读难度的降低也有利于学生在短时间内运用合适的数学知识、技能解决问题,展现真实的数学能力。

（5）落实政策,合理导向

新高考是新课程改革以来的检验方式,落实新高考政策,有助于推进新课标和新教材的实施。 新高考结合新课标和高考评价体系进行命题,对未来的数学教学起到引导作用。

《课标（2017年版）》在命题建议中指出:考查内容应围绕数学内容主线,聚焦学生对重要数学概念、定理、方法、思想的理解和应用,强调基础性、综合性;注重数学本质、通性通法,淡化解题技巧;融入数学文化。 应有一定数量的应用问题,重点考查学生的思维过程、实践能力和创新意识,适度增加试题的思维量;关注内容与难度的分布、数学学科核心素养的比重与水平的分布;努力提高试卷的信度、效度和公平性。

从前5点分析可以发现新高考试题落实了相关的政策,严格按照教育部提出的"要优化情境设计,增强试题开放性、灵活性,充分发挥高考命题的育人功能和积极导向作用,引导减少死记硬背和'机械刷题'现象"。 这对于未来的数学教学有着良好的引导作用。

6.4　新高考视野下的数学教师专业发展

教师专业发展是实施课程标准的关键,学校要加强对数学教师的培训,提升教师的专业水平。学校要加强培养数学骨干教师,充分发挥骨干教师的带头作用,关注青年教师的成长,注重发展教师的数学教育理论、实践能力等,形成高效、专业的教师团队。

教师应具备先进的理念以引领教育教学的方向,从而能正确处理数学核心素养与知识点间的内在联系,能寻求数学与生活及其他学科的联结点,从而促进学生实践能力和创新意识不断发展。总之,要使先进的教育理念和富有创造性的教育教学工作相互协调、相互促进,才能提高数学教学的实效性,最终提升教师自身的专业化发展。教师的工作集复杂性与创造性于一体，其中，教学实践是一种情境性活动，是个性与共性矛盾统一的直接体现。就数学课堂教学而言，数学教师要通过合理设计探究式、启发式等教学方式，以妥善处理教学生成。换言之，数学教师应掌握丰富的学科教学知识，将复杂、抽象的数学知识进行加工、转化、再创造，进而传授与学生个体，以便学生理解掌握。但如何理解学科教学知识？舒尔曼指出，学科教学知识是指教师将学科知识通过适当的教学表征形式进行阐释，将其转化成学生能理解且易于接受的一种独特知识形式。对此，高中数学教师应创造性地开展课堂教学，授课时要深入浅出、见微知著，从而易化数学教学的重难点，进而科学有效地实现教学目标。高中数学教师应展现娴熟的数字教学技术，在数学教学中将信息技术与课程内容深度整合，恰当运用信息技术实现传统教学难以达到甚至达不到的教学效果，将高度抽象、逻辑严密的数学知识以多样的形式呈现，促进学生对知识的理解，助力学生提升自身的数学核心素养，进而助推自身的专业化发展。高中数学教师要坚持专注、求实的科学精神，以教育理论为依据，对学科教育领域的实践和理论进行有意识的探索活动，做到善发现、勤思考、爱研究，在教育教学实践中不断反思，在反思中不断成长，助推自己的专业化发展[①]。

6.4.1　教师如何在教学中落实新教材

教材是教师教学和学生学习所用之材，是教材编写者精心选择、组织和编排的，专家的观点和智慧都融入其中，不同版本教材也各有特色，教师必须充分利用好教材，最大可能地发挥教材的特殊功效[②]。使用教材要把握数学内容的本质，创设合适的问题情境，提出合适的数学问题，设计有效的数学建模活动和数学探究活动，鼓励多样化的学习方式，感悟数学思想，积累思维经验，形成和发展数学核心素养。

6.4.1.1　把握数学内容的本质

数学是什么？对于数学的不同认识，也将影响着数学教学的效果。形式主义

---

① 孟彩彩，巩铠玮. 论新课标视域下高中数学教师专业发展及其实现路径 [J]. 中学数学月刊，2022（2）：77-79.

② 邵光华，张妍. 人教 A 版高中数学新教材特色分析及使用建议 [J]. 课程·教材·教法，2019，39（12）：109-114.

的数学，还是现实主义的数学？数学的教育价值何在？数学是思维的体操？数学是产生经济效益的技术？数学是绝对真理吗？数学是经验的，还是理性的？[①] 对于数学的理解体现了教师的数学专业素养。如果教师在数学的内容知识、实质性结构知识等方面有欠缺，那么将导致他们对知识的发生发展过程、重点、难点和关键等不甚了了，从而就抓不住内容的核心，不能设置有利于学生理解知识的教学主线，也很难在教学中提出具有启发性和挑战性的问题，对学生数学学习指导的针对性、有效性也就大打折扣[②]。把握数学的本质就要"理解数学"，也就是了解数学概念的背景，把握概念的逻辑意义，理解内容所反映的思想方法，挖掘知识所蕴含的科学方法、理性思维过程和价值观资源，区分核心知识和非核心知识等[③]，这在数学教学中至关重要。"数学本质"就是指数学内容本身所固有的根本属性，是本数学内容区别于其他学科内容的基本特质。从价值功能的角度看，数学内容的数学本质决定了该内容在解决相应的数学问题时的运用方法、规律及作用。

突出数学本质就要充分揭示数学内涵。数学内涵是指一个数学概念所反映的数学对象的本质属性的总和，也就是数学概念的核心内容，因此，内涵是本质的，数学内涵一定反映数学本质。函数的奇偶性是刻画函数图象对称性的数学概念，正由于此，我们看到一些课堂上，老师向学生展示丰富多彩的对称图形（自然界的、艺术作品等），说明对称之美，然后展示数学中函数的图象，让学生"发现"它们的对称性，提出研究课题：关于原点对称、关于 y 轴对称的函数具有怎样的特性（满足的代数条件）。于是，学生们从图象的对称性去寻找满足的代数关系。但是，初始问题应该是：为什么函数 $f(x)=-1/x$ 的图象关于原点对称？为什么函数 $y=x^2$ 的图象关于 y 轴对称？让学生由解析式的特点找函数值的关系，并将函数值的关系转换为点之间的关系。在这个课题中，我们需要明确的是，为了刻画图象的对称性，我们引入了函数的奇偶性的概念而函数奇偶性的概念作为知识的整体由两部分构成：满足这样的条件的函数叫奇（偶）函数（概念），奇（偶）函数的图象关于原点（ y 轴）对称（性质）。如果不能明确这个逻辑关系，就不可能正确

① 张奠宙，宋乃庆. 数学教育概论 [M]. 北京：高等教育出版社，2016.

② 章建跃. 理解数学是教好数学的前提 [J]. 数学通报，2015，54（1）：61-63.

③ 章建跃. "卡西欧杯"第五届全国高中青年数学教师优秀课观摩与评比活动总结暨大会报告：理解数学　理解学生　理解教学 [J]. 中国数学教育，2010（24）：3-7，15.

认识函数奇偶性的内涵，从而使对知识的数学本质产生误解甚至错乱。

突出数学本质就要全面审视数学体系。数学教学内容的数学本质通常寓于数学知识的结构体系之中，只有从知识体系的整体架构上进行考察，才能准确把握其数学本质。"平面的基本性质"是研究平面性质的吗？从标题上看有些像，但看到具体内容的"标记"就会发现这个理解是错误的，因为它们分别被标以"公理1""公理2"……公理是规定的，在数学知识结构体系中显然不属于"性质"的范畴。如果对教学内容的数学本质搞偏了，教学定位就会出错，教学路径与教学过程也就不可能对路，这就是为什么我们让学生探索平面的性质时，学生根本无法操作（除非直接看教材）的原因所在。那么，"平面的基本性质"的数学本质是什么呢？无论是欧几里得的《几何原本》，还是希尔伯特的《几何基础》，这些公理都是用来定义点、直线、平面等几何元素及其之间关系的，也就是说，满足了这些公理的数学对象就叫作点、直线、平面（欧氏几何）。不同的公理体系可以定义不同的几何类别（欧氏几何、罗氏几何、黎曼几何……），不同类别几何中的点、直线、平面的意义是不一样的，这种区别就是因为公理（或部分公理）的不同而决定的。

突出数学本质就要深入分析数学思想，数学学科由很多不同分支构成，这些数学分支除了具有数学的一些共同的思想外，不同的数学分支又有其独特的基本思想方法，这种思想方法的独特性决定了它们在培养学生数学素养、数学观念方面的不同作用。数学教学要突出教学内容作为数学的学科分支所具有的独特的基本思想。

突出数学本质就要注重凸显内在关联。数学本质通常体现在数学知识的内在关系之中，凸显数学知识内容之间的关联，就能揭示出教学内容的数学本质。

突出数学本质就要努力挖掘知识背景。数学内容的产生都是基于一定的现实或理论背景的，从数学来看，就是数学本质。数学教学需要揭示内容的背景，只有这样，才能揭示必要性、合理性，才能让学生认识到其本源所在，本质所指[①]。

6.4.1.2　创设合适的问题情境，提出合适的数学问题

所谓问题情境就是能够激起学生情感体验的一种问题背景，其目的之一在于激发学生的学习兴趣，引起学生比较良好的情感体验，因而这样的背景应该是现

---

① 石志群.数学教学如何突出数学本质[J].数学通报，2019，58（6）：23-26.

实的、有趣的；当然，作为数学课堂教学的一个具体素材，这样的问题背景同样应该引发学生对于某个数学知识的学习，或者说应该指向某个具体的数学知识内容，因而这样的问题情景应该具有一定的数学一致性。因此，现实性、趣味性和数学一致性应该是数学问题情境创设的基本原则。

问题情境式教学就是教师深入钻研教材，从中挖掘，不是简单临摹教材的，而是有一定思考价值的知识内容，辅以生产、生活、科学实验等实际内容将其设计成有一定情境的数学问题，以诱发学生探究数学本质的欲望和动机，进而促进知识的升华，引发科学思维方法形成的教学过程。创设问题情境的教学突出问题情境的创设，问题情境式教学的前提和载体是已赋予了情境的问题，通过为数学问题设置生产、生活以及社会背景情境，激发学生认知内驱力，使学生产生认知冲突，迫使学生进入积极思维状态，因此"情境"的创设作为问题情境式教学的一个前奏和序曲，为学生参与教学过程、探究新知做了铺垫；创设问题情境的教学尊重学生学习的主体地位，重视学生参与教学活动的感知过程、理解过程和反馈过程，让他们在开放性的问题情境中自由地探索，使思维的广阔性、深刻性、敏捷性和创造性得到充分的发展；创设问题情境的教学是评价学生智力发展状况的有效手段，学生只有在处理真实问题的过程中，才能对原有知识和现有水平进行真实评价，找出知识缺陷和思维障碍，从而促进知识的升华和科学思维方法的形成。教师可以根据评价所得的反馈信息，及时调整教学节奏，控制教学内容的深度和广度，帮助学生形成最佳思维策略。

在数学教学中重视问题提出，不仅有助于提高学生的数学认知，而且有助于促进数学理解能力、数学学习兴趣和问题意识等方面的发展。好的数学情境应该具备三点：学生所熟知的素材、学生所喜闻乐见的情境内容、呈现方式以及触发学生的"问题意识"蕴藏于其中的数学信息。数学情境的创设应符合学生的年龄特征及其数学思维的发展特点。数学问题情境与数学问题提出受教师所持的"数学问题提出"认识观的影响。持静态性"数学问题提出"认识观的教师关注的大多不是数学情境的创设，而是学生的数学问题提出，使得学生的数学问题提出成为一种缺乏探究性和创造性的数学活动。而持动态性"数学问题提出"认识观的教师则比较注重数学情境的精心创设，因而，他们给学生提供的数学情境在激发质疑和探究意识方面往往具有启发性和导向性，从而使学生提出的数学问题呈现出层次性、开放性和创造性的思维特点①。好的数学问题情境犹如肥沃的土壤，为数学问题提出提供源源不断的养料，将"数学问题提出"植根于数学问题情境的沃土之中，使得提出的数学问题更具价值、更开放新颖。与此同时，教师所持的"数学问题提出"认识观也会影响数学问题提出。教师要根据学生的学龄阶段，结合学生的生活环境和知识环境创设恰当的数学情境，把学生置于一种宽松、有趣的学习氛围当中，以趣生疑，由疑点燃思维的火花。

在数学课堂教学过程中，用布点教学法培养学生"提出问题"的能力，它的操作步骤是：阅读教材、合书布点、分层推进、贯通回顾。阅读教材，它要求教者不做任何提示，不给任何具体"问题"，要求学生带着"写什么""学什么""怎么学"等适用于阅读对象的抽象的问题读。合书布点是指学生在阅读教材后，通过对教材回忆、联想进行"述点"，教师根据学生的述点进行踩点板书。布点教学法的"分层递进"是布点以后带着问题学的教学过程，布点布出的知识结构是学习中要解决的问题，它具有层次性。结构的层次性决定了教学过程的层次性，这便是教师讲授的需要。贯通回顾，要求学生再次梳理自己的知识结构，明确自己又学到了什么，并且明白是怎么学来的，进行必要的策略问题，这是提高"提问"水平的关键一步②。

6.4.1.3 设计有效的数学建模活动和数学探究活动

数学建模活动是对现实问题进行数学抽象，用数学语言表达问题、用数学方法构建模型解决问题的过程。主要包括：在实际情境中从数学的视角发现问题、提出问题，分析问题、构建模型、确定参数、计算求解，检验结果、改进模型，最终解决实际问题。数学建模活动是基于数学思维运用模型解决实际问题的一类综合实践活动，是高中阶段数学课程的重要内容。

数学建模活动的基本过程如图6-1所示。

---

① 夏小刚.关于"情境—问题"教学中几个问题的思考[J].贵州师范大学学报（自然科学版），2005（1）：91-94.
② 严定壁.培养学生"提出问题"能力的一种途径：布点教学法[J].数学教育学报，2000（2）：62-66.

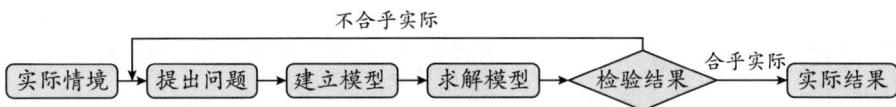

图6-1　数学建模活动的基本过程

数学探究活动是围绕某个具体的数学问题，开展自主探究、合作研究并最终解决问题的过程。具体表现为：发现和提出有意义的数学问题，猜测合理的数学结论，提出解决问题的思路和方案，通过自主探索、合作研究论证数学结论。数学探究活动是运用数学知识解决数学问题的一类综合实践活动，也是高中阶段数学课程的重要内容。

数学模型搭建了数学与外部世界联系的桥梁，是数学应用的重要形式。数学建模是应用数学解决实际问题的基本手段，也是推动数学发展的动力。

数学建模主要表现为：发现和提出问题，建立和求解模型，检验和完善模型，分析和解决问题。

通过高中数学课程的学习，学生能有意识地用数学语言表达现实世界，发现和提出问题，感悟数学与现实之间的关联；学会用数学模型解决实际问题，积累数学实践的经验；认识数学模型在科学、社会、工程技术诸多领域的作用，提升实践能力，增强创新意识和科学精神。《课标（2017年版）》把数学建模素养分为三个水平，如表6-1。

表6-1　数学建模素养的水平划分

水平	素养
	数学建模
水平一	◎了解熟悉的数学模型的实际背景及其数学描述，了解数学模型中的参数、结论的实际含义。 ◎知道数学建模的过程包括提出问题、建立模型、求解模型、检验结果、完善模型。能够在熟悉的实际情境中，模仿学过的数学建模过程解决问题。 ◎对于学过的数学模型，能够举例说明建模的意义，体会其蕴含的数学思想；感悟数学表达对数学建模的重要性。 ◎在交流的过程中，能够借助或引用已有数学建模的结果说明问题
水平二	◎能够在熟悉的情境中，发现问题并转化为数学问题，知道数学问题的价值与作用。 ◎能够选择合适的数学模型表达所要解决的数学问题；理解模型中参数的意义，知道如何确定参数，建立模型，求解模型；能够根据问题的实际意义检验结果，完善模型，解决问题。

水平	素养
	数学建模
	◎能够在关联的情境中，经历数学建模的过程，理解数学建模的意义；能够运用数学语言，表述数学建模过程中的问题以及解决问题的过程和结果，形成研究报告，展示研究成果。 ◎在交流的过程中，能够用模型的思想说明问题
水平三	◎能够在综合情境中，运用数学思维进行分析，发现情境中的数学关系，提出数学问题。 ◎能够运用数学建模的一般方法和相关知识，创造性地建立数学模型，解决问题。 ◎能够理解数学建模的意义和作用；能够运用数学语言，清晰、准确地表达数学建模的过程和结果。 ◎在交流的过程中，能够通过数学建模的结论和思想阐释科学规律和社会现象

可以从以下六个方面的维度培养学生的数学建模能力。

① 阅读理解能力。一般意义上的数学阅读理解能力是指较流畅地实现文字语言、符号语言、图形语言的相互转化，发现数学题目解释的内涵和外延。在数学建模中遇到的实际问题材料都是比较复杂的，没有明确给出数学关系。要把复杂的实际问题转化为数学问题，需要读懂材料，也就是从所给材料中提取可以帮助问题解决的有价值的主要要素和数据，这是本文中所指的阅读理解能力。

② 数学应用意识。对数学应用意识有许多不同的解释，此处的数学应用意识是指学生在面对生活实际中的问题，能用与数学有关的知识、方法、思维等解决实际问题的心理倾向。

③ 分析和逻辑推理能力。分析和逻辑推理能力是指把一个比较复杂的问题，经过敏锐细致的思考分析，迅速掌握问题的核心，把问题分成相对比较简单的部分，并能对问题做出合理的回答与选择。

④ 创新和发散思维能力。创新和发散思维能力是指当人们面对问题时，根据问题特征和已有经验，运用所掌握的知识，让思维展开出各种可能的联想与想象。

⑤ 数学化能力。"数学化"是由弗赖登塔尔提出，他认为数学化能力是指用数学的思想和方法来分析和研究客观世界的种种现象并加以整理和组织的过程。数学化是指学生通过已有的数学知识储备和数学思想方法，能将实际问题抽象为数学模型。通俗地讲，数学化能力就是把实际问题转化为数学模型的能力。

⑥ 模型求解能力。在建模过程中，将实际问题转化为数学模型后，需要对数学模型进行求解，以达到得到结果的目的。所以模型求解能力是指能利用简单有效的数学知识和数学思想方法，对数学模型进行合理的求解，获得结果的能力。

6.4.1.4　数学建模教学建议

（1）教学提示

课题可以由教师给定，也可以由学生与教师协商确定，课题研究的过程包括选题、开题、做题、结题四个环节。学生需要撰写开题报告，教师要组织开展开题交流活动，开题报告应包括选题意义、文献综述、解决问题思路、研究计划、预期结果等。做题是解决问题的过程，包括描述问题、教学表达、建立模型、求解模型、得到结论、反思完善等。结题包括撰写研究报告和报告研究结果，由教师组织学生开展结题答辩。根据选题的内容，报告可以采用专题作业、测量报告、算法程序、制作的实物、研究报告或小论文等多种形式。在数学建模活动与数学探究活动中，鼓励学生使用信息技术。

（2）教学设计基本要求

数学建模的突出特点是应用性、实践性，数学建模的主要思想是强化数学与其他学科、与生产实际的联系，特别是用数学知识发现、解决社会和生活中的实际问题，并力求找到规律，再次回归实际生活。

在中学开展数学建模活动，其教与学的活动设计应反映数学教育发展及改革的方向，具体来说，它更应强调以下基本要求。

① 高中《数学建模》校本课程教学要以学生为主体、教师为主导，要转变传统数学教学模式中以教师为主"满堂灌""填鸭式"教学，在数学建模校本课程教学中，教师主要起启发引导、答疑辅导的作用。在组织教学中结合教材和学生已有的基础知识、基本方法，用事先设计好的层进问题启发学生，充分调动学生的积极主动性，引导学生自主思考，通过课下查找文献资料、利用网络资源等，鼓励学生开展协作讨论，培养他们自主活动意识，使学生分析问题、解决问题的能力得到提高。

② 着重发展学生数学各方面的能力，特别是数学的应用能力，不仅包括计算能力、逻辑推理能力、空间想象能力等抽象能力，还应包括辨明关系、转化形式、

驾驭计算工具、查阅文献、能进行口头和书面的分析交流等实际应用能力。

③培养学生的建模意识。结合正常教学的教材内容，把现行数学教材与数学应用和建模相结合，把高中数学教材中所学的数学知识应用于解决现实生活的实际问题中，这意味着数学建模不仅要适应教学内容和要求上的变化，还应该包括教育思想和教学观念的改变和更新。这也要求教师既要了解数学科学的发展历史、动态及现状，还需不断地学习一些新的数学理念、数学方法。北京大学附属中学张思明老师对此提供了非常典型的事例：将一张四条腿的方桌放在不平的地面上，不允许将桌子移到别处，但允许其绕中心旋转，是否总能设法使其四条腿同时落地？在上述建模过程中，用到了必修一中连续函数零点的存在性定理，对于这一定理，条件要求是连续不间断的函数，所以在建模过程中做了大胆而合理的假设，这一点难能可贵。同时，对问题进行数学的再加工，从函数的角度思考，借助抽象函数模型等对于学生而言都有一定的难度，需要老师做出合理的铺垫和引导，也是教师运用数学建模进行教学的良好机会。

④结合学生的实际水平、分层次逐步地推进。数学建模是一种多样性、新奇性的学习，教师和学生都需要一个逐步学习和适应的过程，设计数学建模活动时，要考虑到学生的年龄阶段和实际水平，起点低、形式活泼的学习更有利于初涉数学建模学习的学生的参与。教学中，教师在讲解知识的同时有意识地介绍知识的应用背景，逐步训练学生的实际语言和代数语言（用字母表示某种量，用代数式表示某些条件和结果），列方程或不等式解题等，进而让学生用已有的数学知识分析一些实际结果，描述某些现象，再到独立地解决教师提供的数学应用题和建模问题，最后发展到能自主地发现、提出一些生活中常见的实际问题，并能用数学建模的方法来思考和尝试解决它们。

⑤在《数学建模》校本课程实施的过程中鼓励学生在分析问题及解决问题中使用现代信息技术。学生可在计算过程中使用计算工具，在猜想、争辩、探索、发现、模拟、证明、作图、检验中亦可适当地借助计算机来完成。教师适当使用多媒体技术辅助教学，可以使教学内容更加具体、形象，从而起到更好的教学效果。如在介绍某两类数值的拟合问题时，教材上一般只出现一个拟合图象，而借助多媒体演示，可将多个图象或拟合过程展示，将会更加直观。

⑥在《数学建模》校本课程实施的过程中，与数学建模相关的数学软件，既

是必不可少的教学内容，也是很重要的教学工具，往往能达到事半功倍的效果。函数作图、复杂函数求值等都可借助软件实现，如常用的 MATLAB、几何画板等数学软件。

⑦ 积极调动学生参与，把教学过程自觉转化成学生自主活动探究的过程，教师提供一些求解的建议，提供可参考的信息，引导学生去查阅资料、发现问题，督促学生弄清楚问题，完整地叙述问题，并对已完成该建模活动的学生进行评价。在此过程中，教师作为一个仲裁者和鉴赏者，需要评判他们的学习过程，学习成果的优劣，尤其要鼓励学生有创造性的想法和做法。

6.4.2　教师实施课程标准应注意的几个问题

（1）以教师专业标准的理念为指导，提升自身的专业水平

《中学教师专业标准》提出了"育人为本，师德为先，能力为重，终身学习"的基本理念，从专业理念与师德、专业知识、专业能力三个维度提出了教师专业发展的基本要求。数学教师要以《中学教师专业标准》的理念为指导，以数学学科核心素养为依托，终身学习，不断实践，掌握教学所需基础知识，提升教书育人基本能力，达到《中学教师专业标准》对教师专业发展提出的基本要求。

（2）数学教师要努力提升通识素养

教师应主动提升自身的通识素养，包括科学素养、人文素养和信息技术素养等。应养成良好的自主学习习惯，能学习、会学习、善学习，努力成为学生主动学习、不断进取的榜样。在教学活动中，应勇于创新，包括教学方式的创新，也包括从教学实践中总结经验；包括指导学生学习方式的创新，也包括对学生认知规律的探索；包括对数学知识更为深刻的理解，也包括对数学结构的梳理。实现对自身数学教学经验的不断反思和超越。

（3）数学教师要努力提升数学专业素养

教学建议强调："'四基'是培养学生数学学科核心素养的沃土，是发展学生数学学科核心素养的有效载体。"因此，为了培养学生的数学学科核心素养，数学教师必须提升自身的"四基"水平、提升数学专业能力，自觉养成用数学的眼光发现和提出问题、用数学的思维分析和解决问题、用数学的语言表达和交流问题的习惯。可以关注以下几个方面：① 把握高中数学的四条主线脉络，理解知识之间的关联。② 把握数学核心概念的本质，明确什么是数学的通性通法。③ 理解与高中数学关系密切的高等数学的内容，能够从更高的观点理解高中数学知识的本质。例如，通过导函数理解函数的性质，通过运算法则理解初等函数，通过矩阵变换和不变量理解几何与代数，通过样本空间和随机变量理解概率与统计。④ 理解数学知识产生与发展过程中所蕴含的数学思想，能够通过实例理解和表述数学抽象与数学的一般性、逻辑推理与数学的严谨性、数学模型与数学应用的广泛性之间的必然联系，具有在数学教学中渗透数学基本思想的意识和能力。

（4）数学教师要努力提升数学教育理论素养

数学教师要有良好的数学教育理论素养，能把握数学教育的价值取向，有效落实数学教育的育人目标。可以关注以下几个方面：① 结合教育教学实践，阅读和理解教育与数学教育经典著作，关注前沿进展的要求。② 认真研读课程标准，理解和把握高中数学课程的目标，深入思考教与学的关系。③ 基于课程标准，认真研读教材，把握"四基"与数学学科核心素养的关联。④ 基于理论与实践，不断探索数学教学的规律，特别是学生学习高中数学的规律，探索如何把科学形态的数学转化为教育形态的数学。⑤ 理解和把握评价的作用，思考如何通过评价鼓励学生学习的自觉性、如何通过评价调整自己的教学。

（5）数学教师要努力提升教学实践能力

数学教师应用理论指导实践，不断总结与反思自己的教学实践，不断提高教学能力，最终落实到课堂、落实到学生。可以关注以下几个方面：① 提升教学设计和实施能力。首先要把握数学知识的本质、理解其中的教育价值，把握教学中的难点、理解学生认知的特征；其次在此基础上，探索通过什么样的途径能够引发学生思考，让学生在掌握知识技能的同时，感悟知识的本质，实现教育价值；最后能够创设合适的情境、提出合适的问题，设计教学流程、写好教案。在实施过程中，能够有效处理预设和生成的关系，积极启发学生思考，关注每一个学生的成长。② 提升教学案例的分析能力。教学活动是不断实践的过程，实践能力的提升本质上是一种经验的积累，除自我反思之外，与同事或者教研组共同分析教学案例也是一种有效手段，同时还能促进数学教师团队的共同成长。要注意不断

积累教学资源，掌握基本的教学策略。③ 提升信息技术的使用能力。基于信息技术的教育资源和教学手段日新月异，正在改变着数学教与学的方式。教师要适应时代的发展，按照课程标准的要求，发挥信息技术直观便捷、资源丰富的优势，帮助学生发展数学学科核心素养。④ 提升数学教育研究的能力。数学教育研究要落实到课堂，落实到学生。一方面要善于发现自己在教学过程中、学生学习过程中的问题，另一方面要善于借鉴其他教师的教学经验，把这些问题或经验作为自己的研究课题，实现教学活动的理性思考，不断提升理论水平和教学能力。

高中数学课程标准修订的重点是落实数学学科核心素养，这对数学教师提出了新的要求。通过校本教研、学习讨论、教学实验、展示交流等途径，数学教师要深刻认识数学学科核心素养的育人价值，把握数学学科核心素养与知识技能之间的关联，理解数学学科核心素养的内涵和水平划分，将数学学科核心素养的落实变成自己的自觉行动。要通过创设合适的学习任务、学习情境、学习活动等，把学生数学学科核心素养的养成渗透到日常教学中；要创新评价的形式和方法，把知识技能的评价与数学学科核心素养达成状况的评价有机融合，完成课程标准中提出的学业质量的要求，落实立德树人根本任务。

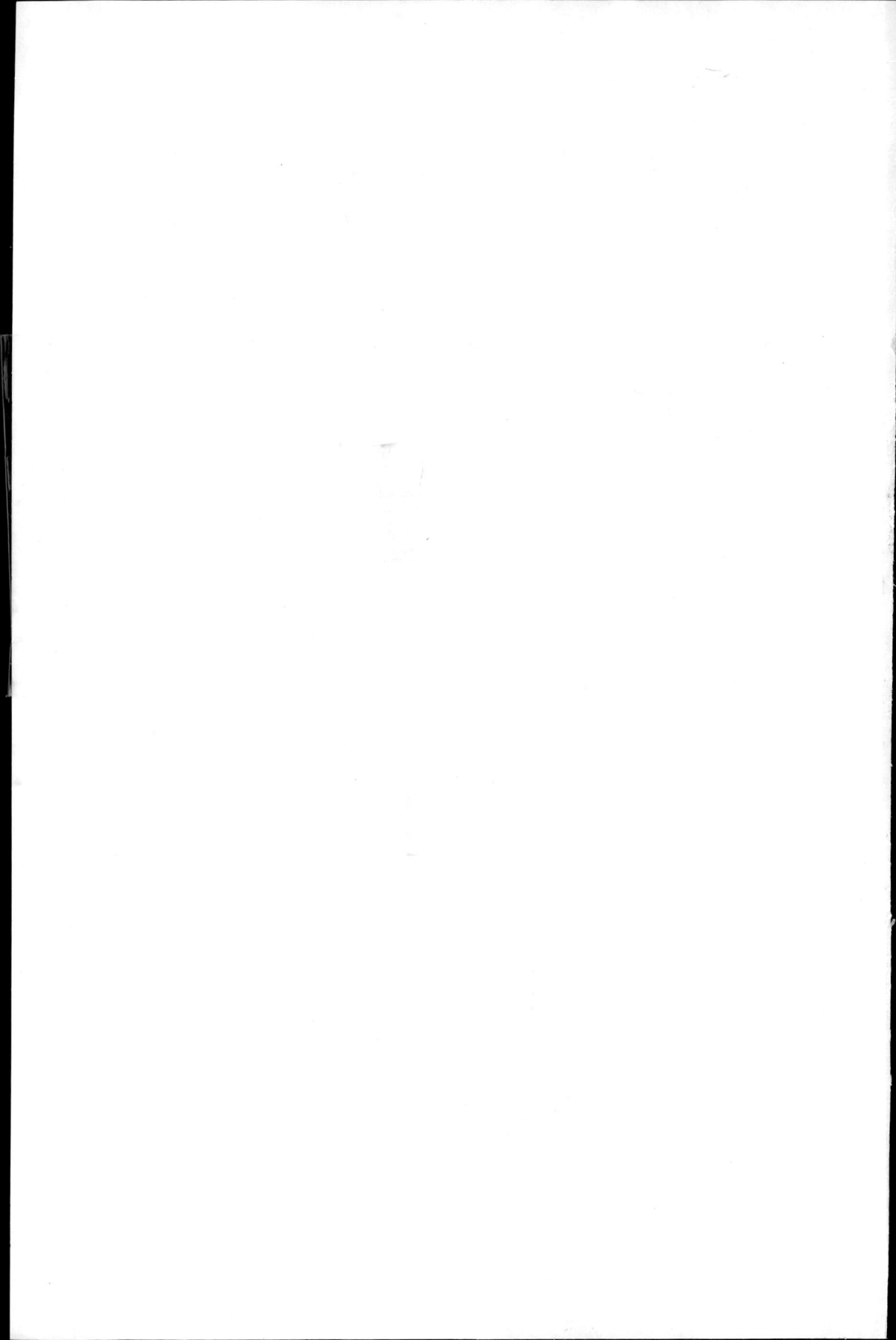